GTB

Gütersloher Taschenbücher

1140

Udo Hahn

evangelischer Theologe und Publizist,
lebt in Rethmar bei Hannover.

Zeitzeichen 2000

Herausforderung für Religion und Gesellschaft

Herausgegeben von Udo Hahn

Gütersloher Verlagshaus

Originalausgabe

Die Deutsche Bibliothek – CIP-Einheitsaufnahme

Zeitzeichen 2000 : Herausforderung für Religion
und Gesellschaft / hrsg. von Udo Hahn. –
Orig.-Ausg. – Gütersloh : Gütersloher Verl.-Haus, 1999
(Gütersloher Taschenbücher ; 1140)
ISBN 3-579-01140-5

ISBN 3-579-01140-5

Umschlaggestaltung: INIT, Bielefeld,
unter Verwendung von Porträtfotos der Autoren
Satz: Weserdruckerei Rolf Oesselmann GmbH, Stolzenau
Druck und Bindung: Clausen & Bosse, Leck
Gedruckt auf chlorfrei gebleichtem Werkdruckpapier
Printed in Germany

Inhalt

Vorwort

Um Mitternacht des 31. Dezember 1999 ändern sich alle Ziffern der Reihe, die das neue Jahr angeben: 2000. Ein besonderer Augenblick, dem sich wohl kaum jemand entziehen kann. Die bevorstehende Jahrtausendwende wird viele Menschen dazu anregen, Bilanz zu ziehen und gleichzeitig Perspektiven zu entwickeln: für sich selbst wie auch für die Gesellschaft und – in globaler Sicht – für die Welt, in der wir leben.

Schwellen, wie der Übergang ins 21. Jahrhundert, regen in besonderer Weise an, sich mit grundsätzlichen Fragen zu beschäftigen: Woher komme ich? Wohin gehe ich? Was ist der Sinn meines Lebens? Die Autorinnen und Autoren dieses Buches gehen auf zentrale Themen ein, die Herausforderungen markieren, vor denen wir stehen.

Hans Küng ist der Überzeugung, daß die Welt ein verbindliches verbindendes Ethos braucht, das autonome Selbstverantwortung und solidarische Verantwortung verbindet. Ein Ethos, das gleichermaßen von Christen wie Nichtchristen getragen werden kann.

Norbert Walter wehrt sich gegen die pessimistische Sicht auf eine engere Verflechtung der Weltwirtschaft: Die Entwicklung führt nicht ins Abseits, sondern nach vorn.

Hans-Otto Hahn fordert, daß der Norden seine Verantwortung für den südlichen Teil der Erde wahrnimmt. Solidarität mit den Armen und Entrechteten trägt dazu bei, eine weltweite geschwisterliche Sozialkultur zu stärken.

Renate Köcher weist darauf hin, daß die Gesellschaft selbst entscheidet über das gesellschaftliche Klima und ihre Menschlichkeit durch die Werte und Leistungen, die sie anerkennt und fördert, wie durch das, was sie verurteilt und ächtet.

Bernhard Vogel vertritt die Überzeugung, daß für unser Zusammenleben entscheidend ist, daß wir bei allen regionalen und politischen Unterschieden den festen Willen haben, unsere Zukunft gemeinsam zu gestalten – als Deutsche im geeinten Deutschland.

Ignatz Bubis betont, daß die heute Zwanzigjährigen im nächsten halben Jahrhundert die gesellschaftliche und politische Entwicklung in Deutschland entscheidend mitbestimmen und mitgestalten. Dieses kann nicht geschehen ohne das Wissen um die Schoa, die letztendlich zeigt, was Menschen anderen Menschen plötzlich antun können. Die Lehren aus dieser Zeit können nur dann beachtet werden, wenn man die schrecklichen Seiten dieser Zeit kennt.

Konrad Raiser sieht u.a. in den Bemühungen um die Einheit der Kirchen den wichtigsten christlichen Friedensdienst in der heutigen Welt.

Manfred Kock erwartet von der evangelischen Kirche, daß sie die biblische Botschaft in ihrer Bedeutung für die Gegenwart erfahrbar macht, so daß sie zur Orientierung und Ermutigung wird und Menschen den Versuch wagen, mit ihr zu bestehen.

Annette Schavan sieht die katholische Kirche zu kritischer Zeitgenossenschaft herausgefordert, zu einer unzeitgemäßen Zeitgemäßheit. Denn im Glauben an die Unverbrauchbarkeit der Gegenwart Gottes in der Zeit hat sie keinen Grund, eine Epoche im ganzen zu verdammen.

Eugen Biser ist es um die Zukunft des Christentums dann nicht bange, wenn es diesem gelingt, sich dem nach Identität verlangenden Menschen als die vollgültige Beantwortung seiner Lebens- und Sinnfrage glaubhaft zu machen.

Udo Tworuschka wirbt für den Dialog der Religionen, denn sie können sich gegenseitig bereichern. Identität ist keine statische Größe. Sie wird lebenslang entwickelt.

Wolfgang Huber sieht als Voraussetzung dafür, daß Christentum und Kultur wieder ins Gespräch miteinander kommen, daß Christen ihren Glauben ins – öffentliche – Gespräch bringen, vernünftige Gründe dafür anführen können, kurzum: ob sie sprach- und dialogfähig sind.

Ernst-Ludwig Winnacker bezeichnet den Fortschritt als unser Schicksal, dessen Grenzen und seine Ambivalenz gleichwohl nicht übersehen werden können. Dabei gilt es, alle denkbaren Anstrengungen zu unternehmen, daß die Gesellschaft nicht zum Diener der Wissenschaft, sondern umgekehrt, die Wissenschaft zum Diener der Gesellschaft wird.

Michael Rutz analysiert die Medien und wie sie die mentale Prägung der Menschen übernommen haben. Er hält es für nicht ausgeschlossen, daß der einzelne die neue Technik nur zur Information nutzt und (wieder mehr) Gemeinschaften außerhalb elektronischer Gegenwart sucht.

Udo Hahn stellt eine Leichtigkeit des Christseins vor Augen, die den Ernst des Lebens nicht ignoriert, aber doch voller Vertrauen in die Zukunft blickt, auf die wir – obwohl sie im einzelnen noch ungewiß ist – im Ganzen doch in der Zuversicht des christlichen Glaubens zugehen dürfen.

Im Mai 1999

Hans Küng

Weltethos – Was braucht die Menschheit, um zu überleben?

Für das 21. Jahrhundert erhoffen wir einen *Frieden der Religionen*. Nein, ich sage *nicht*: eine *Einheit* der Religionen. Die christlichen Kirchen, sie haben die eine und selbe Basis im einen Jesus Christus, sie können und sollen von dort her bei aller Verschiedenheit eine Einheit bilden. Die großen Religionen aber haben eine sehr verschiedene Basis; sie können und sollen nicht eine Einheit bilden. Der Welt wäre genug geholfen, wenn sie miteinander im Frieden lebten.

Nun erscheinen aber die Weltreligionen bei diesem epochalen Paradigmenwechsel leider nicht als die großen Geburtshelfer einer neuen Weltepoche, vielmehr als die großen Bremser und Störer des Weltfriedens – von Nordirland angefangen über den Balkan und Nahen Osten bis nach Kaschmir und Sri Lanka. Zahllos die grausamen Beispiele, wie Religionen zu Haß und Feindschaft animieren, wie sie Kriege inspirieren und legitimieren können. So fragen sich denn manche: Ist das alles vielleicht nur ein Vorspiel zu einer neuen großen Tragödie der Menschheitsgeschichte: dem Zusammenprall der Zivilisationen? »Der nächste Weltkrieg, wenn es denn einen geben sollte, wird ein Krieg zwischen Zivilisationen sein«, meint der amerikanische Politologe Samuel Huntington prophezeien zu können.

So fördert dieser Pentagonberater freilich ein neues Blockdenken – der Westen gegen den Islam, der Westen gegen die chinesisch-konfuzianische Zivilisation – und bietet nur scheinbar ein einfaches Koordinatensystem. Denn die Gemeinsamkeiten zwischen den Kulturen ignoriert dieser Politologe. Seine Theorie ist deshalb kein guter Kompaß für künftige

Weltpolitik. In einem Punkt freilich hat er gegenüber manchen seiner oberflächlicheren Zunftgenossen recht: Er nimmt die grundlegende Rolle der *Religionen* in der Weltpolitik ernst, welche nun einmal die bewußt-unbewußte Tiefendimension weltpolitischer Konflikte bilden. Und in der Tat werden wir gewiß auch in Zukunft mit religiös-kulturell bedingten Antagonismen und Konflikten rechnen müssen: nicht nur zwischen den Nationen, sondern noch mehr innerhalb der Nationen –, in den Regionen, Städten, Schulen, Betrieben, Familien.

Im entscheidenden Punkt aber muß man Huntington unbedingt widersprechen: Ein *Kampf der Kulturen und Religionen* ist *keineswegs unvermeidbar*. Der angeblich unausweichliche globale Zusammenprall der Kulturen ist bestenfalls ein neues Angstmodell, wie es von manchen Militärstrategen zur Begründung neuer Aufrüstung benutzt werden kann, aber das ist kein konstruktives Zukunftsmodell. Die zukunftsweisende Vision für die Menschheit ist vielmehr der mit allen Kräften anzustrebende globale *Friede zwischen den Religionen*. Und ich kann hier nur die Programmsätze wiederholen, die ich vielfältig begründet und entfaltet habe:

- Kein Frieden unter den Nationen ohne Friede unter den Religionen.
- Kein Frieden unter den Religionen ohne Dialog zwischen den Religionen.
- Kein Dialog zwischen den Religionen ohne Grundlagenarbeit in den Religionen.

Also nicht Konfrontation der Kulturen, sondern Kooperation der Kulturen. Nicht der Kampf, sondern der Austausch zwischen den Kulturen ist das Modell für die Zukunft. Wir wollen mutig neue Wege gehen. Damit sind wir bei der entscheidenden Dimension unserer Vision angelangt.

Für das 21. Jahrhundert erhoffen wir eine neue *Gemeinschaft der Nationen*. Gerade der stark von den Religionen mitgeprägte Krieg im früheren Jugoslawien hat manchem die Augen geöffnet nicht nur für das Versagen der Kirchen, sondern auch für die Schwächen von Politik und Diplomatie: Wir erlebten eine Diplomatie bar jeglichen ethischen Willens; eine Interessenpolitik jenseits aller Moral; eine Weltpolitik ohne ein Weltethos. Immer neues Unrecht, neue Krisen, neue Konflikte, neue Kriege zwischen den Nationen wurden produziert.

Was einst auf internationaler Ebene mit den Vereinten Nationen begonnen wurde, braucht heute angesichts der vielen globalen Herausforderungen mehr denn je eine ethische Verankerung. Soll das Miteinander der Nationen gelingen, so brauchen wir eine neue Politik aus Verantwortung, jenseits von unmoralischer Realpolitik und moralisierender Idealpolitik. Eine Politik der Verantwortung setzt ethische Gesinnung voraus, fragt aber auch realistisch nach den Möglichkeiten und Folgen des politischen Handelns. Soll das Miteinander der Nationen gelingen, so brauchen wir auch ein neues Wirtschaften aus Verantwortung, jenseits des unbezahlbaren Wohlfahrtsstaates und eines unsozialen Neokapitalismus. Eine neue Gemeinschaft der Nationen kann nur gründen auf dem Fundament einer Weltgerechtigkeit: im Miteinander der Nationen gilt es neue, gerechtere Strukturen der Weltwirtschaft zu gestalten.

Doch wer wollte bestreiten, daß wir noch immer in einer religiös-politisch zerrissenen, kriegerisch-konfliktreichen und zugleich einer orientierungsarmen Zeit leben: in einer Zeit, in der viele moralische Autoritäten an Glaubwürdigkeit verloren haben; in einer Zeit, in der viele Institutionen in den Strudel tiefgreifender Identitätskrisen gezogen sind; in einer Zeit, in der viele Maßstäbe und Normen ins Gleiten kamen, so daß viele Menschen kaum noch wissen, was gut und was böse ist.

Und wer wollte bestreiten, daß ein neuer Gesellschaftskonsens notwendig ist: eine Rückbesinnung auf ein Minimum an humanen Werten, Grundhaltungen und Maßstäben. Wie sollen Eltern und Lehrer Kinder erziehen, wenn sie selber nicht wissen, woran sie sich halten sollen? Wie sollen die Schulen gegen die stark angestiegene Gewaltbereitschaft ankommen? Wie soll unsere Gesellschaft lokal, national und auch global wieder humaner werden?

Das ist unser zentrales Anliegen für diesen epochalen Übergang: Es braucht ein allen Menschen gemeinsames elementares Ethos, ein kulturübergreifendes Menschheitsethos, ein Weltethos. Mit Weltethos ist wahrhaftig keine neue Weltideologie gemeint, gar der Versuch zu einer uniformen Einheitsreligion. Der Appell an die Religionen und die Nichtreligiösen für ein Minimum an gemeinsamen Werten, Grundhaltungen und Maßstäben will die hochethischen Forderungen jeder einzelnen Religion nicht etwa durch einen ethischen Minimalismus ersetzen. Es wäre lächerlich, ein Weltethos an die Stelle der Tora, der Bergpredigt, des Koran, der Bhagavadgita, der Reden des Buddha oder der Sprüche des Konfuzius setzen zu wollen.

Auch die *»Erklärung zum Weltethos« des Parlaments der Weltreligionen*, die 1993 in Chicago als erste Ausformulierung eines solchen Weltethos verabschiedet wurde, will alles andere als eine neue Moral erfinden, die dann den verschiedenen Religionen von außen (und gar vom »Westen«) aufgedrängt werden sollte. Vielmehr will sie bewußt machen, was schon jetzt Christen, Juden und Muslimen, den Religionen in Ost und West, in Nord und Süd an ethischen Maßstäben gemeinsam ist, was aber durch ihre zahlreichen dogmatischen Streitigkeiten und oft unerträgliche Rechthaberei verdunkelt wird. Kurz, die »Erklärung zum Weltethos« will jenes Minimum an Ethos herausstellen, das für das Überleben der Menschheit einfach notwendig ist. Sie ist gegen niemanden gerichtet, sondern lädt alle ein, Gläubige wie auch Nicht-Gläubige, sich dieses Ethos zu eigen zu machen und entsprechend zu handeln.

Zur Zeit wird in wichtigen internationalen Gremien daran gearbeitet, durch die Unesco oder die Uno der Allgemeinen Erklärung der Menschenrechte des Jahres 1948 eine *»Allgemeine Erklärung der Menschenpflichten«* als sogenannte zweite Tafel zur Seite zu stellen: »A Universal Declaration of Global Responsibilities«, wie sie vom InterAction Council früherer Minister- und Staatspräsidenten 1997 vorgeschlagen wurde. Von den Menschenpflichten her soll so das Engagement für die Menschenrechte verstärkt werden.

Die ethische Grundforderung einer solchen Erklärung der Menschenpflichten muß die elementarste sein, die man überhaupt an Menschen stellen kann und die doch so ganz und gar nicht selbstverständlich ist: mehr *Menschlichkeit* muß von den Menschen verlangt werden, wahre Menschlichkeit, Humanität anstelle von Unmenschlichkeit und Bestialität. Das heißt:

– *Jeder Mensch*, unabhängig von Geschlecht, ethnischer Herkunft, sozialem Status, Sprache, Alter, Nationalität oder Religion, *soll wahrhaft menschlich behandelt werden*.

- *Jeder Mensch* soll anderen gegenüber im Geist der *Solidarität* handeln. Auf jeden und alle, Familien und Gemeinschaften, Rassen, Nationen und Religionen soll die uralte Weisung so vieler ethischer und religiöser Traditionen angewendet werden: *Was du nicht willst, das man dir tu', das füg' auch keinem anderen zu.*

Diese beiden Prinzipien sollen die unverrückbare, unbedingte Norm für alle Lebensbereiche sein, für Familie und Gemeinschaften, für Rassen, Nationen und Religionen. Und auf ihrer Grundlage sollen dann vier unverrückbare Weisungen als Selbstverpflichtung formuliert werden, wie wir das im Team im folgenden darlegen werden:

- die Verpflichtung auf eine Kultur der Gewaltlosigkeit und der Ehrfurcht vor allem Leben;
- die Verpflichtung auf eine Kultur der Solitdarität und eine gerechte Wirtschaftsordnung;
- die Verpflichtung auf eine Kultur der Toleranz und ein Leben in Wahrhaftigkeit;
- die Verpflichtung auf eine Kultur der Gleichberechtigung und die Partnerschaft von Mann und Frau.

Nein, die heutige Gesellschaft kann in ihrer Tiefe nicht durch Fundamentalismus oder Moralismus und auch nicht durch einen Beliebigkeitspluralismus zusammengehalten werden, sondern nur durch ein verbindliches verbindendes Ethos, das autonome Selbstverwirklichung und solidarische Verantwortung verbindet. Dieses Ethos ist für uns Glaubende im Glauben an eine erste-letzte Wirklichkeit verwurzelt, die wir Gott nennen. Dieses Ethos kann aber auch von Nicht-Glaubenden aus humanen Gründen mitgetragen werden, so daß es ganz unterschiedliche gesellschaftliche Gruppen und politische Parteien, Nationen und Religionen zu umgreifen vermag.

Wir Christinnen und Christen haben besonders viele Gründe, uns für ein Weltethos einzusetzen. Wir brauchen eine Wende zu mehr Nachdenklichkeit, Verbindlichkeit und Verantwortlichkeit. Und diese wird nur erreicht, wenn Menschen das Gefühl haben, daß die ethischen Normen und Maßstäbe nicht Ketten oder Fesseln sind, sondern Hilfen und Stützen, um in einer Zeit, die nach Orientierung sucht, Lebensrichtung und Lebenswerte immer wieder neu zu finden: Es geht also um ein wahrhaft befreiendes Ethos.

Norbert Walter

Globalisierung – Werden die Banken künftig die Politik bestimmen?

Globalisierung weckt zwiespältige Gefühle. Der Prozeß der weltweit immer engeren wirtschaftlichen Verflechtung, der unter dem Stichwort *Globalisierung* in aller Munde ist, ruft unterschiedliche Gefühle und Reaktionen hervor. Auf der einen Seite nimmt eine wachsende Zahl von Bürgern die Vorteile des Zusammenwachsens der Märkte mit großer Selbstverständlichkeit in Anspruch. Exotische Früchte aus Afrika und Lateinamerika, Unterhaltungselektronik aus Asien und die Vielzahl anderer Importwaren in den Regalen der Supermärkte selbst in Kleinstädten zeugen davon ebenso wie der ungebrochene Trend zu Reisen in ferne Länder. Und auch das Internet – gleichsam Sinnbild des neuen Zeitalters globaler Kommunikation und Transaktion – wird immer populärer. All diese Entwicklungen werden vielfach willkommen geheißen, weil sie das Leben angenehmer und farbiger machen.

Auf der anderen Seite lösen die mit der Globalisierung verbundenen Umwälzungen bei vielen Furcht und Abwehr aus. Aus dem offenkundigen Widerspruch zwischen dem rasanten Tempo des wirtschaftlichen und technologischen Wandels und der in vielen Punkten starren, eher rückwärtsorientierten Haltung der Gesellschaft in Deutschland resultiert diffuses Unbehagen. Viele Hoffnungen sind noch immer auf den Staat gerichtet. Er soll Richtung und Tempo des Wandels bestimmen und durch Festigung des sozialen Netzes ein Höchstmaß an Sicherheit in unsicheren Zeiten bieten. Um so größer ist die Sorge, daß die nationale Politik angesichts des zunehmend globalen Wirtschaftens die dazu erforderlichen Gestaltungsspielräume verliert.

Pessimistische Einschätzungen sind vor allem unter Intellektuellen verbreitet. Nicht wenige Geistesarbeiter nehmen die Globalisierung zum Anlaß, um alte Ressentiments gegen das marktwirtschaftliche System zu beleben. Bestseller warnen vor der »Globalisierungsfalle« oder dem »Terror der Ökonomie«. Sie zeichnen düstere Zukunftsbilder einer von übermächtigen ökonomischen Interessen dominierten Welt, in der die traditionellen kontinentaleuropäischen Ideale Freiheit, Gleichheit und Brüderlichkeit in Form sozialer Sicherheit zum Niedergang verurteilt sind. Steigende Arbeitslosigkeit, wachsende Umweltzerstörung, anhaltender Verfall der Löhne sowie der Massenkaufkraft und daraus folgend die Gefahr wirtschaftlicher Krisen bis hin zur globalen Deflation heißen in dieser einseitigen Sichtweise die Folgen der Globalisierung, die die Weltwirtschaft in das Chaos eines erbarmungslosen Wettlaufs um die beste Kapitalverwertung stürze mit der unaufhaltsamen Konsequenz globaler Verelendung.

Dabei richtet sich das Augenmerk vieler Kritiker einmal mehr auf die Banken in den Zentren der westlichen Welt. Als vermeintliche Herrscher über die eng verflochtenen globalen Finanzmärkte gelten sie als die eigentlichen Antreiber und Lenker der Globalisierung. Mit ihrer Verfügungsmacht über mehrstellige Milliardenbeträge könnten sie sich – so die einfache Sicht der Dinge – alle anderen Zweige der Wirtschaft und ebenso die Politik zu Willen machen. Angesichts der enormen Summen, die die Akteure an den internationalen Finanzmärkten bewegen, sei deren ungebändigte Macht eine dauerhafte Bedrohung für die Stabilität der Weltwirtschaft. Die jüngsten Krisen an den Finanzmärkten der Schwellenländer, die weite Teile Asiens, Lateinamerikas und Rußland in eine schwere Rezession gestürzt haben, gelten dafür als Beleg.

Aus dieser noch nicht ausgestandenen Finanzmarktkrise werden unterschiedliche Schlußfolgerungen gezogen. Die Kassandras, die darin nur den Vorläufer für noch weit dramatischere globale Krisen sehen, fordern eine konsequente Kehrtwende der Wirtschaftspolitik. Nach zwei Jahrzehnten einer fragwürdigen Vorherrschaft neoliberaler Wirtschaftspolitik sei es demnach an der Zeit, dem ungehemmten Kapitalismus durch umfassende Regulierung der Märkte Fesseln anzulegen und den Primat der Politik durch Stärkung des Staates zu sichern. Wieder andere treten für einen »Dritten Weg« zwischen Laissez-faire und staatlichem Interventionismus ein, um Wohlstand und Gerechtigkeit auch im Zeitalter der Globalisierung zu sichern. Dabei gibt es unter den Verfechtern des Dritten Weges freilich ein breites Spektrum von Meinungen über die Mittel, mit denen diese Ziele zu erreichen seien.

Die Herausforderungen der Globalisierung sind jedoch weder mit Rezepten aus der ideologischen Mottenkiste noch mit einer Politik des »wasch mir den Pelz, aber mach mich nicht naß« zu meistern. Völlig verfehlt ist auch die Ansicht, daß einzelne Marktteilnehmer, etwa die Banken diesen Prozeß steuern könnten.

Mit der Globalisierung durchläuft die Weltwirtschaft einen von vielfältigen Triebkräften generierten Prozeß der »schöpferischen Zerstörung«, wie ihn der österreichische Nationalökonom Josef Schumpeter in den zwanziger Jahren dieses Jahrhunderts für einzelne Volkswirtschaften beschrieben hat. Der globale Strukturumbruch wird durch einen weltweiten Siegeszug marktwirtschaftlicher Prinzipien und – im Wechselspiel damit – die rasante Entwicklung neuer Technologien vorangebracht. Durch Deregulierung, Privatisierung, entschlossene Steuersenkungen und langjährige Lohnzurückhaltung haben reformbereite Industrieländer wie die USA und Großbritannien seit Mitte der achtziger Jahre neue Stärke gewonnen. Zudem resultiert aus der Öffnung früher verschlossener Märkte in Osteuropa sowie in Asien (China) ein sprunghafter Anstieg des weltweiten Angebots an Arbeit zu niedrigen Preisen.

Parallel zur Öffnung nationaler Märkte wurden in den vergangenen eineinhalb Jahrzehnten erhebliche Fortschritte bei der Liberalisierung des Welthandels erzielt. Zuammen mit einer Leistungsexplosion im Transportwesen und insbesondere in der Informationstechnologie ermöglicht dies globales Wirtschaften zu niedrigen Transaktionskosten und in neuen zeitlichen Dimensionen. So sind im Zeitraum 1987 – 1993 die Kosten der Datenspeicherung um den Faktor 20, der Datenübertragung sogar um den Faktor 100 gefallen.

Die weltweite Öffnung von Märkten, immer geringere Transportkosten und neue Technologien wie das Internet sprengen den engen Rahmen der Volkswirtschaft. Wissen und Kapital, die Schlüsselfaktoren des Informationszeitalters, sind über alle staatlichen Grenzen hinweg mobil. Nicht die traditionelle Form des grenzüberschreitenden Waren- und Dienstleistungshandels, sondern die Globalisierung unternehmerischer Aktivitäten prägen mehr und mehr das Wirtschaftsgeschehen rund um den Globus.

Immer mehr Unternehmen diversifizieren Produktions- und Vertriebsstandorte weltweit, vor allem um Kundennähe zu gewinnen, aber auch um Kostenvorteile, wie günstige Löhne und niedrige Steuern nutzen zu können. Selbst Forschung und Entwicklung werden dort angesiedelt, wo aufgrund der Ausstattung mit Universitäten und Forschungseinrichtungen und einem günstigen Regulierungsumfeld die besten Ergebnisse zu erwarten sind. Von diesem Trend zeugt die weltweit rasante Entwicklung unternehmerischer Direktinvestitionen im Ausland, die in den vergangenen eineinhalb Jahrzehnten weit kräftiger gestiegen sind als der Welthandel.

Die Bildung der global vernetzten Unternehmen geht einher mit der weltweiten Integration der Märkte. Infolge dieser Prozesse verschärft sich der Wettbewerb in einem bislang nicht bekannten Maß. Dies gilt um so mehr, als immer neue Anbieter aus den Schwellenländern auf den Weltmarkt drängen. Der immer intensivere Wettbewerb erfaßt alle Bereiche. Er macht selbst vor dem Arbeitsmarkt nicht Halt. Dort ändern sich die Bedingungen nicht nur wegen der Möglichkeit der Unternehmen, Arbeitsplätze ins Ausland verlagern zu können. Vielmehr sorgt auch die zunehmende internationale Mobilität vor allem junger Fachkräfte für veränderte Knappheitsrelationen, die die relative enge Lohnskala in Deutschland noch nicht widerspiegelt.

Am stärksten haben die Finanzmärkte ihr Gesicht verändert. Die Vision vom *global village* ist dort bereits Realität. Der Umbruch begann bereits in den siebziger Jahren, als sich Importeure und Exporteure sowie die im internationalen Finanzgeschäft tätigen Banken nach dem Zusammenbruch des Währungssystems von Bretton Woods mit schwankenden Wechselkursen konfrontiert sahen. Mit dem Übergang zu frei beweglichen Wechselkursen traten neue Risiken auf, deren Absicherung spezielle Finanzgeschäfte über die nationalen Währungsräume hinweg erforderte. Infolge der beiden Ölkrisen 1973/74 und Anfang der achtziger Jahre und dem damit verbundenen sprunghaften Anschwellen der Finanzströme zwischen den Industrieländern einerseits und den Erdölexporteuren andererseits ging die Internationalisierung der Finanzmärkte in großen Schritten weiter voran. In den folgenden Jahren sorgten dann vor allem die revolutionären Fortschritte in der Kommunikationstechnik und der Datenverarbeitung sowie eine Welle weitreichender Deregulierung der Finanzmärkte rund um den Globus für kräftige Wachstumsimpulse. In Europa sind mit den Start der Währungsunion die Weichen sogar in Richtung einer völligen Integration der Finanzmärkte gestellt.

Mit der beschleunigten Expansion des internationalen Finanzsektors ging eine rasante Entwicklung neuer Finanzprodukte einher, die den Bedürfnissen der wachsenden Zahl der Marktteilnehmer nach erleichtertem Marktzugang, günstigeren Anlage- bzw. Finanzierungskonditionen und neuen Möglichkeiten der Risikodiversifikation Rechnung trugen. Eine besondere Rolle spielen dabei die derivaten Produkte. Dabei handelt es sich um aus traditionellen Finanztransaktionen, wie der Kreditvergabe oder dem Handel von Wertpapieren oder Devisen, abgeleitete innovative Instrumente, mit denen die spezifischen Risiken der zugrundeliegenden Geschäfte, etwa das Zinsänderungsrisiko oder das Wechselkursrisiko, separat gehandelt werden können. So lassen sich mittels der Derivative selbst größte Wertpapierportfolios und umfangreiche Zahlungsforderungen oder -verbindlichkeiten effizient und preisgünstig absichern und die damit verbundenen Risiken auf viele Schultern verteilen. Die verbesserten Möglichkeiten der Risikostreuung erhöhen grundsätzlich die Stabilität moderner Finanzsysteme. Allerdings erwachsen aus den Derivaten, die es zulassen, mit relativ kleinen Beträgen große Chancen und Risiken zu handeln, im Fall des gleichgerichteten Verhaltens vieler Marktteilnehmer auch besondere Gefahren, wie sich im Verlaufe der jüngsten Krise an den internationalen Finanzmärkten gezeigt hat.

All diese Entwicklungen haben dazu geführt, daß das Handelsvolumen an den Finanzmärkten weit stärker gestiegen ist als das Volumen grenzüberschreitender Transaktionen in der Realwirtschaft. So nahm etwa das Volumen der Auslandsforderungen der Banken von Ende 1980 bis Ende 1997 von

1.322 Milliarden US-Dollar auf 9.038 Milliarden, d.h. um fast 600 Prozent zu. Und der weltweite Devisenumsatz wuchs allein in den vergangenen zehn Jahren um 150 Prozent. Im April 1998 betrug er täglich 1.490 Milliarden US-Dollar. Im selben Monat lag der börsentägliche Umsatz derivativer Produkte bei 362 Milliarden Dollar. Hingegen stieg das Volumen des Welthandels von 1980 bis 1997 nur um 160 Prozent auf insgesamt 5.295 Milliarden. Kräftig expandierte freilich auch das Volumen der weltweiten Direktinvestitionen, und zwar um 140 Prozent in den vergangenen zehn Jahren und rund 700 Prozent seit 1980.

Rechtfertigen diese Trends die These, daß sich die Finanzmärkte immer mehr von der Realwirtschaft abkoppeln? Stimmt es gar, daß – wie oft behauptet wird – die Finanzmärkte im Zuge der Globalisierung das Zepter übernommen haben und nun in Umkehrung der einst besser geordneten Verhältnisse weltweit die wirtschaftliche Entwicklung bestimmen? Beherrschen die Banken nicht doch die Politik?

Die These von der Entkoppelung von internationalen Finanz- und Warengeschäften ist nur bedingt haltbar. Ein erheblicher Teil des enormen Transaktionsvolumens an den Finanzmärkten läßt sich auch heute noch auf realwirtschaftliche Vorgänge zurückführen. So beruhen die hohen Umsätze an den Devisenmärkten größtenteils auf der Tatsache, daß jeder Kundenauftrag, der mit einem die (Währungs-)Grenzen überschreiten Geschäft verbunden ist, in der Regel mehrere Transaktionen im Handel zwischen den beteiligten Banken auslöst, etwa zur Absicherung des Währungsrisikos.

Freilich hat die jüngste Krise an den Finanzmärkten der Schwellenländer, der sogenannten *emerging markets*, Schwachstellen im internationalen Finanzsystem offenbart. Der außergewöhnliche Umfang, in dem in den Krisenmonaten seit dem Spätsommer 1997 Kapital aus den *emerging markets* – zunächst insbesondere aus den asiatischen Ländern, dann aus Rußland und jüngst vor allem aus Brasilien – abgezogen wurde, und die Hast, mit der dies geschah, deuten darauf hin, daß viele internationale Investoren die Risiken ihrer zuvor umfangreichen Engagements in den Schwellenländern nur unzureichend berücksichtigt hatten. Dies gilt etwa für die Gefahr des raschen Übergreifens der

Turbulenzen von einem Land zum anderen. Hinzu kommt ein Herdenverhalten, vor dem selbst professionelle Anleger offenkundig nicht gefeit sind. Zudem wurde wohl nicht immer hinreichend bedacht, in welchem Maße sich das Risikoprofil eines privaten Schuldners, der in großem Maße derivative Finanzprodukte als Vermögenswerte hält, innerhalb kürzester Zeit radikal verändern kann.

Diese Faktoren mögen die Finanzkrise in den Schwellenländern verstärkt haben. Die zentralen Probleme sind jedoch ebenso hausgemacht wie die Auslöser der jüngsten Krisen. In Asien gehören dazu gravierende Mängel in der Bankenaufsicht der betroffenen Staaten, eine in vielen Ländern undurchschaubare Verflechtung von Banken und Industrie sowie das zu lange Festhalten an falschen, überbewerteten Wechselkursen gegenüber dem US-Dollar. Diese Faktoren begünstigten eine vielerorts exzessive Kreditvergabe der Inlandsbanken und einen gemessen an sinnvollen ökonomischen Anlagemöglichkeiten überreichlichen Zufluß an Auslandskapital. Der Mittelzufluß wurde freilich durch die Mißachtung von Vorsichtsprinzipien im Ausland verstärkt: Zu viele ausländische Anleger – auch Banken – versuchten, am Boom in Asien zu partizipieren, ohne die Qualität der Schuldner und fundamentale Länderrisiken hinreichend zu analysieren. Ergebnis war eine »Spekulationsblase« an den Wertpapier- und Immobilienmärkten. Sie platzte, als offenkundig wurde, daß die asiatischen Tigerstaaten die hohe Wachstumsdynamik vergangener Jahre nicht fortsetzen konnten. In einer sicher nicht immer rationalen Kettenreaktion haben viele internationale Anleger Kapital in hohen Summen aus den emerging markets abgezogen und damit einen rasanten Verfall der betroffenen Währungen sowie einen kräftigen Zinsanstieg ausgelöst. Die Folgen sind bekanntlich gravierend. Die hauptbetroffenen Staaten befinden sich in einer tiefen Rezession. Sie ist eine schwere Bürde für Länder mit teilweise gravierenden sozialen Problemen und raschem Bevölkerungswachstum.

An dem komplexen Gemenge hausgemachter Ursachen und von Schwachstellen im internationalen Finanzsystem müssen die Strategien zur Überwindung der gegenwärtigen Malaise und zur Vermeidung künftiger Krisen ansetzen. So liegt es zuerst in der Hand der Problemländer selbst, wie schnell sich ihre Lage verbessert. Eine gute Wirtschaftspolitik, die sich zum einen um eine solide Geld- und Fiskalpolitik zur Minderung der Abhängigkeit von ausländischen Kapital bemüht und zum anderen den Abbau der strukturellen Defizite etwa im Bankenbereich erkennbar in Angriff nimmt, könnte das Vertrauen der internationalen Anleger wiedererwecken und damit die Voraussetzung für das Wiedereinsetzen von Kapitalzuflüssen in einem vernünftigen Umfang schaffen.

Gleichwohl wird die Rückkehr der *emerging markets* auf einen angemessenen Wachstumspfad Zeit in Anspruch nehmen – zumal es dazu außer der Rückkehr ausländischer Investoren auch verstärkter Exporte von Süd nach Nord bedarf. All dies ist jedoch nur im Kontext der Globalisierung möglich.

Mit generellen Beschränkungen des internationalen Kapitalverkehrs oder der von verschiedenen Seiten immer wieder geforderten Besteuerung kurzfristiger Devisentransaktionen wäre niemand gedient. Solche Interventionen führen in aller Regel zu unkalkulierbaren Verzerrungen der Marktergebnisse – insbesondere auf den hochsensiblen Finanzmärkten. Der Staat ist nicht in der Lage, zwischen »guten«, d.h. wirtschaftlich sinnvollen und »schlechten«, eher problematischen Finanztransaktionen zu unterscheiden. So wäre etwa eine Beschränkung oder gar ein Verbot der Geschäfte mit derivativen Finanzprodukten kontraproduktiv, weil den entsprechenden Geschäften nicht anzusehen ist, ob sie der Risikominderung oder spekulativen Zwecken dienen. Auch sind isolierte Eingriffe, wie die Einführung einer Devisenumsatzsteuer auf den eng verflochtenen Finanzmärkten kaum noch praktikabel. So ist zu erwarten, daß der Devisenhandel bei einer Besteuerung an den traditionellen Finanzzentren in Steueroasen abwandern würde, die es angesichts unterschiedlicher Interessen der Vielzahl von Staaten immer geben wird.

Erforderlich ist nicht der Ersatz des Marktes durch den Staat. Vielmehr geht es darum, die Effizienz der Märkte zu stärken, um Fehlentwicklungen zu verhindern. Daher verdienen Bemühungen des Internationalen Währungsfonds und der Bank für Internationalen Zahlungsausgleich um mehr Transparenz und eine bessere Datenlage im globalen Finanzsystem sowie eine Stärkung der Bankenaufsicht in den *emerging markets* größtmögliche Unterstützung. Durch Fortschritte auf diesen Feldern könnte das Risiko künftiger globaler Finanzmarktturbulenzen wesentlich vermindert werden. Je höher die Transparenz der Märkte ist und je mehr Information den Anlegern zur Verfügung steht, desto geringer ist dort die Gefahr von Fehlentscheidungen und Herdenverhalten. Künftige Krisen auf den Finanzmärkten können nicht gänzlich ausgeschlossen werden. Gleichwohl gilt wie im Straßenverkehr: Bei Nebel sind Unfälle häufiger als bei guter Sicht.

Im Hinblick auf das Engagement in den *emerging markets* haben gewiß auch die Banken in den vergangenen Jahren Fehler begangen. Sie sind aber keineswegs die Schurken im Stück, wie manche ihrer notrischen Kritiker behaupten.

Die Banken nehmen zweifellos eine Schlüsselfunktion in der arbeitsteiligen Wirtschaft ein. Das war im nun zu Ende gehenden Zeitalter der nationalen Volkswirtschaft der Fall und so wird es in der neuen Epoche der Weltwirtschaft sein. In ihrer exponierten Stellung verfügen die Banken zweifellos auch über Einfluß, ja Macht in dem Sinne, daß sie für Entscheidungen anderer Wirtschaftsakteure relevante Rahmendaten beeinflussen können. Das trifft aber auch für andere Anbieter wichtiger Vorleistungen zu, ebenso wie für jene Unternehmen und Konsumenten, die in größerem Umfang Güter oder Dienste nachfragen, und es gilt für viele gesellschaftliche Gruppen und Institutionen. Einfluß- und Gestaltungspotentiale sind nicht per se verwerflich. Zu einem Problem werden sie nur dann, wenn sie mißbraucht werden oder eine schädliche Konzentration von Macht auftritt. Davon kann aber im Bankenbereich keine Rede sein.

Zunächst einmal sind sich die Banken ihrer Verantwortung bewußt. Sie kennen die Bedeutung ihres Handelns im gesamtwirtschaftlichen Kontext. Private Banken müssen zwar im Interesse einer angemessenen Verzinsung des ihnen überlassenen (Eigen-)Kapitals gewisse Risiken eingehen. Dies bedeutet jedoch nicht, daß das traditionelle Vorsichtsprinzip ausgedient hat. Vielmehr gehört es zu den Kernaufgaben des modernen Bank-Managements, die unterschiedlichen Interessen der Bezugsgruppen, also etwa von Kreditnehmern, Einlegern und Kapitalgebern, erfolgreich auszubalancieren. Im Einklang mit diesem Prinzip haben die Banken beispielsweise in den vergangenen Monaten durchaus wichtige Beiträge zur Stabilisierung der internationalen Finanzmärkte und der Lage in den Schwellenländern geleistet. Zu erinnern ist an die Mitwirkung auch deutscher Banken an der für das internationale Finanzsystem wichtigen Rettung des mit fehlgeschlagenen derivativen Geschäften an den Rand des Ruins geratenen Risikofonds LTCM in den USA. Hinzuweisen ist auch auf die mehreren asiatischen Staaten ermöglichte Umschuldung kurzfristiger Forderungen, die den begünstigten Ländern wichtige Atempausen verschafft haben. Freilich sind die Banken weder Wohlfahrtsinstitute noch verlängerter Arm der Politik. Vielmehr sind sie Unternehmen, die im Wettbewerb stehen.

Gerade der Wettbewerb bietet den wirksamsten Schutz vor jeglicher Art eines möglichen Mißbrauchs wirtschaftlicher Einflußmöglichkeiten. Und der Wettbewerb auf dem Bankenmarkt ist hart. Dieser Markt wird von zwei Seiten her umkämpft. Auf der einen Seite verstärkten die großen Kreditinstitute, die *global player*, weltweit ihre Auslandsaktivitäten und fordern damit die Konkurrenten selbst auf den angestammten Heimatmärkten heraus. Auf der anderen Seite verlieren die Kreditinstitute traditionelles Geschäft durch den Trend der Disintermediation. Immer mehr große Unternehmen finanzieren sich direkt an den Finanzmärkten und schalten die Banken nur noch als Emittenten entsprechender Finanzprodukte ein. Im Ergebnis ist der Bankenmarkt wie viele Märkte heute ein Käufermarkt.

Es versteht sich daher von selbst, daß Kundenfokussierung oberstes Prinzip des modernen Bankgeschäftes ist. Die Kunden erwarten von den Kreditinstituten ein umfassendes Service-Angebot sowohl im Hinblick auf die Breite der Produktpalette als auch hinsichtlich der regionalen Präsenz. So sind die Kunden heute weniger an einzelnen isolierten Dienstleistungen interessiert, sondern mehr und mehr an integrierten Problemlösungen. Statt eines Kredites zum Beispiel wird die Finanzierung einer Investition nachgefragt.

Die Herausforderungen des globalen Wettbewerbs sind nicht in Heimschläfermanier zu meistern. Wer sich im weltweiten Ringen um die besten Mitarbeiter und lukrative Kunden behaupten will, muß die Chancen weltweiter Präsenz nutzen. Die Deutsche Bank zum Beispiel, für die die Betätigung im Ausland seit ihrer Geburtsstunde im Jahr 1870 elementarer Teil der Geschäftstätigkeit ist, hat daher in den vergangenen Jahren ihr Auslandsengagement verstärkt. Ihrem Selbstverständnis entsprechend, *die* Bank für Europa zu sein, richtet sich ihr besonderes Augenmerk dabei auf diesen Kontinent, wo mit der Einführung des Euro der zweitgrößte Finanzmarkt der Welt mit kaum einschätzbarem Zukunftspotential entstanden ist. Als »Universalbank neuen Stils« strebt die Deutsche Bank darüber hinaus in strategisch bedeutsamen Geschäftsfeldern wie dem *Investment Banking* weltweit eine führende Position an. Dabei hat die jüngst erfolgte Übernahme der amerikanischen Großbank *Bankers Trust*, mit der die Deutsche Bank zum größten Kreditinstitut der Welt aufsteigt, in der Öffentlichkeit besondere Beachtung gefunden. Aber Größe stand bei dieser und bei keiner anderen Transaktion im Vordergrund. Größe allein garantiert keine Profitabilität. Entscheidend ist, daß die Deutsche Bank mit *Bankers Trust* eine Plattform für eine Öffnung nach Amerika erhält, die ihr vielversprechende Perspektiven verschafft.

Die grenzüberschreitende Zusammenführung von Unternehmen mit verschiedenen Unternehmenskulturen ist eine hochkomplexe, mit Risiken behaftete Aufgabe. Kein verantwortungsbewußter Unternehmensführer nimmt sie auf sich, ohne daß die Chance einer nachhaltigen Stärkung der Marktposition seines Unternehmens zweifelsfrei überwiegt. Das Zusammengehen von Unternehmen liegt daher auch im Interesse der großen Mehrheit der Mitarbeiter, selbst wenn der Verlust bestimmter Arbeitsplätze dabei oft nicht zu vermeiden ist. Wer strategische Entscheidungen mit der Forderung nach umfassenden Beschäftigungsgarantien erschwert oder gar verhindert, kann in unserer Zeit, in der die Märkte in neue Dimensionen wachsen, allenfalls einen Pyrrhussieg erreichen.

Daß besonders die Großfusionen – vor allem unter wettbewerbspolitischen Aspekten – auch Fragen aufwerfen, soll nicht geleugnet werden. Fusionen bergen die Gefahr, daß der Wettbewerb beeinträchtigt wird. Freilich ist dieses Problem empirisch von eher geringer Relevanz. So haben etwa die fünf größten Banken in Deutschland gemessen an der

Bilanzsumme nur einen Anteil von 15 Prozent am deutschen Bankenmarkt (zum Vergleich: der Anteil der öffentlich rechtlichen Kreditinstitute beläuft sich auf fast fünfzig Prozent). Zudem ist zu bedenken, daß sich die relevanten Märkte geändert haben. Immer häufiger kann nicht mehr der nationale, sondern muß der europäische oder gar der Weltmarkt Maßstab für die wettbewerbspolitische Bewertung von Fusionen sein. Die Schaffung einer mittlerweile gut funktionierenden europäischen Fusionskontrolle trägt dem bereits Rechnung.

Mit Hinweis auf die potentielle Gefahr eines Scheiterns von Großunternehmen und den in einem solchen Fall möglichen gravierenden gesamtwirtschaftlichen Schäden wird oft nach der Kontrolle unternehmerischer Entscheidungen gefragt. In der Marktwirtschaft obliegt diese Aufgabe ungeachtet der Regelungen der Arbeitnehmermitbestimmung den Unternehmenseignern. Bei den ganz überwiegend in der Rechtsform der Aktiengesellschaft tätigen Großunternehmen sind dies die Aktionäre. Vieles spricht dafür, daß die Kontrolle durch die Aktionäre in der Regel gerade wegen der zunehmenden Internationalisierung der Kapitalmärkte effizient und verläßlich ist.

Damit ist ein weiteres strategisches Erfordernis angesprochen. Die Globalisierung erzwingt nicht nur den Aufbau weltweit vernetzter Betriebsstrukturen und intensivierte Fokussierung auf Kundenwünsche. Die Banken müssen darüber hinaus – wie alle Unternehmen – auch die Interessen der Kapitalgeber verstärkt beachten. Sie müssen sich – um hier den in der Öffentlichkeit umstrittenen und mit Emotionen belegten Fachbegriff zu nennen – am *shareholder value* orientieren.

Diese Notwendigkeit resultiert aus dem weltweit verschärften Wettbewerb um Eigenkapital. An den Aktienmärkten wird das Geschehen zunehmend von institutionellen Investoren, wie den Verwaltern von Pensionsvermögen, und den Managern der immer populärer werdenden Publikumsfonds beeinflußt. Diese Großinvestoren vertreten die Interessen breiter Kreise der Bevölkerung an hochrentierlichen Anlagen. Daher stellen die institutionellen Anleger hohe Forderungen an die Gewinnerzielung der großen Publikumsgesellschaften, deren

Aktien sie im Portefeuille halten, d.h. sie fordern *shareholder value* ein. Die Unternehmungen werden einem schonungslosen Quervergleich über Branchen und Länder hinweg ausgesetzt. Aktien von Großunternehmen, die ihre Kosten nicht im Griff haben oder wenig überzeugende Geschäftsstrategien verfolgen, werden in den Portefeuilles nicht oder nur mit geringem Gewicht berücksichtigt. Folge ist, daß der Aktienkurs der weniger erfolgreichen Unternehmen sinkt. Auf diese Weise nehmen die internationalen Kapitalmärkte die Unternehmensführungen in Disziplin.

Die wachsende Bedeutung des *shareholder value* heißt nicht, daß in den Unternehmen zunehmend zügelloses Gewinnstreben dominiert. Wer dies behauptet, verkennt die Realität. Es geht nicht um kurzfristige Profitmaximierung. Gefordert ist eine längerfristige Orientierung an der nachhaltigen Steigerung des Unternehmenswertes. Gewinnverantwortliche Unternehmensführung heißt die Zielvorgabe. Sie schließt eine ausreichende Berücksichtigung der Interessen aller Bezugsgruppen des Unternehmens, insbesondere auch die der Mitarbeiter, zwingend mit ein.

Der Folgen der Globalisierung bleiben aber keineswegs auf die Banken und die Wirtschaft insgesamt beschränkt. Auch für Staat und Gesellschaft erwachsen neue Herausforderungen. Sie müssen sich darauf einstellen, daß der globale Wettbewerb die Unternehmen zwingt, ihre Forschungs-, Produktions- und Vertriebsstandorte an den dort jeweils herrschenden ökonomischen Bedingungen zu messen und gegebenenfalls zu verlegen. Insbesondere die Beschäftigungschancen der weniger mobilen Arbeitskräfte werden zunehmend von der Position eines Landes im globalen Wettlauf um Investitionen und Arbeitsplätze abhängen.

Dabei hat Deutschland bekanntlich keine guten Karten. Der aufgeblähte Staatssektor hierzulande bürdet den Unternehmen hohe Kosten auf, die im Wettbewerb nur noch verdient werden können, wenn scharf, d.h. oft zu Lasten von Arbeitsplätzen rationalisiert wird. Die hohen Steuern und Abgabenlasten verstellen alle Wege zu mehr Beschäftigung. Es spricht Bände, daß am Sozialprodukt gemessen der Sozialaufwand die Investitionsausgaben um mehr als fünfzig Prozent übersteigt. So ist die Zukunft nicht zu gewinnen – zumal mit der bald zunehmenden Überalterung der Bevölkerung schwierige Entwicklungen erst noch bevorstehen.

Wie das Beispiel USA zeigt, wo die Zahl der Arbeitsplätze seit 1980 um mehr als ein Drittel bzw. mehr als dreißig Millionen zugenommen hat, würde es der Beschäftigung hierzulande in hohem Maße zugute kommen, wenn der deutsche Staat den Unternehmen mehr Luft zum Atmen ließe. Das heißt nicht, daß wir vom Sozialstaat Abschied nehmen müssen. Aber das soziale Sicherungssystem in Deutschland muß treffsicherer und kostengünstiger werden. Das heutige, von dem Ökonomen Bernhard Külp treffend als Umverteilung von den »nicht ganz Reichen zu den nicht ganz Armen« beschriebene Verfahren bedarf einer neuen Balance zwischen Solidarität und Eigenverantwortung. Wenn es gelänge, einen Teil der Verantwortung für die soziale Sicherheit zurück zu den Bürgern zu verlagern, könnte der Teufelskreis immer höherer Abgaben und weiter steigender Arbeitslosigkeit durchbrochen werden. Dann bliebe auch mehr Raum für Hilfen für jene wirklich Bedürftigen, die derzeit mitunter zu kurz kommen. Das Gros der Bürger ist heute durchaus in der Lage, mehr Eigenverantwortung zu übernehmen.

Der unbequeme Weg zu mehr Eigenvorsorge steht derzeit allerdings nicht hoch im Kurs. Populär ist hingegen die Forderung, im Welthandel einheitliche Sozialstandards zu implementieren. Nur auf diese Weise, heißt es, sei die Abwärtsspirale hin zu sinkenden Einkommen und immer geringerem Sozialschutz der Arbeitnehmer aufzuhalten, die infolge des Standortwettbewerbs in den Industrieländern wie in den Schwellen- und Entwicklungsländern drohe.

An dieser pessimistischen Sichtweise ist vieles schief. Die vor allem unter Soziologen verbreitete These des »race to the bottom« widerspricht aller Theorie und Erfahrung. Was vom Prozeß zunehmender Spezialisierung in der Volkswirtschaft bekannt ist, gilt auch für die immer engere Verflechtung der Weltwirtschaft: Die Entwicklung führt nicht nach unten, sondern nach vorne. Von intensiverer internationaler Arbeitsteilung profitieren alle beteiligten Länder. Die Geschichte des internationalen Handels läßt daran keinen Zweifel; und es gibt keinen Grund, warum dies künftig anders sein sollte. Die vielfachen positiven Erfahrungen werden durch den jüngsten wirtschaftlichen Einbruch in den Schwellenländern nicht widerlegt. Dieser bedeutet nicht das Ende, sondern nur eine befristete Unterbrechung des rasanten Aufholprozesses der *emerging markets* – insbesondere wenn die dort anstehenden wirtschaftspolitischen Hausaufgaben rasch erledigt werden.

Wer soziale oder auch ökologische Standards auf einem hohen Niveau fordert, begibt sich zu ökonomischen und ethischen Regeln gleichermaßen in Widerspruch. Die Schwellenländer können sich gegenwärtig weder weitgespannte soziale Sicherungsnetze noch komplexe Umweltschutzwerke leisten. Würde ihnen solches als Vorbedingung für den Handel mit uns abverlangt, wären sie wesentlicher Wettbewerbsvorteile beraubt und gerieten im internationalen Handel damit auf die Verliererstraße. Nur prosperierende Länder werden letztlich den gesamtwirtschaftlichen Überschuß erwirtschaften können, der nötig ist, zukünftig das Verhältnis von Mensch und Natur auszubalancieren. Dessen ungeachtet erfordert unsere Verantwortung für die »Eine Welt« selbstverständlich die Achtung und Sicherung von Mindestnormen. Um die Ächtung von Sklaven- und Kinderarbeit oder der Ausrottung von Tierarten kann es keine Debatte geben.

Der in jüngster Zeit immer lautere Ruf nach dem Interventionsstaat entbehrt somit sachlicher Grundlagen. Das heißt aber nicht, daß die Globalisierung zurück zum Nachtwächterstaat des 19. Jahrhunderts führt, wie manche Kritiker behaupten. Der Standortwettbewerb erfordert nicht den Minimalstaat früherer Zeiten, sondern den starken Staat als Regelsetzer und Schiedsrichter. Statt eines Staates, der sich in Allvorsorge und Überregulierung verliert, brauchen wir einen leistungsfähigen Staat, der sich auf seine Kompetenzen konzentriert und seine Kerntätigkeiten wirkungsvoll verrichtet. Neben den klassische Aufgaben wie der inneren und äußeren Sicherheit geht es dabei um die Bereitstellung einer modernen Infrastruktur. Und es geht um das Bildungs- und Ausbildungswesen. In diesem Bereich liegt bedauerlicherweise inzwischen auch in Deutschland manches im Argen. Erinnert sei etwa an die im internationalen Vergleich lange Dauer der Erstausbildung oder das zu selten überdurchschnittliche Niveau der Hochschulausbildung. Die immer engere Verknüpfung von Wissen und Wohlstand legt es nahe, solche Fehlentwicklungen im Interesse aller Arbeitskräfte rasch zu korrigieren.

Eine Politik, welche die Qualität des Standorts verbessert, hat auch im Zeitalter der Globalisierung sehr wohl Zukunft. Mehr noch: Eine solche angebotsorientierte Politik ist dringend geboten. Interventions- und Verteilungspolitik aber, die stärker belastend wirken als in den Konkurrenzstandorten, werden zum Niedergang und zur Auswanderung von Produktionsfaktoren führen. Diese Tatsache kann man bedauern, zu ändern ist sie jedoch nicht. Das überkommene deutsche Modell des durch umfangreiche Sozialtransfers und hohe Subventionszahlungen herbeigeführten Konsenses mag in bester Absicht geschmiedet worden sein und im Utopia des Sozialstaates die erwünschten Ergebnisse zeitigen. In der Realität dürfte sein begrenzter Nutzen aber bereits von den steigenden Kosten aufgezehrt worden sein. Gleichwohl mangelt es hierzulande noch immer an der Einsicht, daß gerade in der Wirtschaftspolitik Ziele und Mittel im Einklang stehen müssen und eine gutgemeinte Absicht keineswegs ethisches Handeln impliziert. Noch immer scheint Gesinnungsethik mehr zu gelten als Verantwortungsethik. Dabei darf es nicht bleiben.

Hans-Otto Hahn

Dritte Welt – Verliert der Süden für immer den Anschluß?

Als vor vierzig Jahren die Aktion »Brot für die Welt« begann, stand im Mittelpunkt des Spendenaufrufs die vielfältige Not und das Elend der Menschen in den Ländern Afrikas, Asiens und Lateinamerikas. Die Reaktion war überwältigend: 12.000 Menschen strömten zur Eröffnungskundgebung in die Berliner Deutschlandhalle. Über 19 Millionen Mark wurden gespendet, davon ein Viertel in der Deutschen Demokratischen Republik. Ein Jahr zuvor hatte die katholische Kirche ähnliche Erfahrungen bei der Gründung des Bischöflichen Werkes »Misereor« gemacht.

Ein Grund für die positive Annahme der Aktion ist in den Nachkriegserfahrungen der Bevölkerung zu suchen: Wer hätte 1945 nach der nationalsozialistischen Gewaltherrschaft und angesichts der schweren Zerstörungen zu hoffen gewagt, daß Deutschland jemals wieder moralisch oder physisch »Anschluß« an die Völkergemeinschaft und ihre Wirtschafts- und Wohlstandsentwicklung finden würde. In dem erschöpften Land kämpften viele Menschen, vor allem die bald 13 Millionen Flüchtlinge, ums nackte Überleben und versuchten, aus den Trümmern wieder eine prekäre Existenz aufzubauen.

In dieser Situation erlebten sie, daß wildfremde Menschen gerade auch aus den Feindländern uneigennützig und unterschiedslos, als Nächste eben, zur Versöhnung und Hilfe bereit waren. Einzelne Christen und die ökumenische Bewegung hatten zum »gemeinsamen Dienst der Kirche an Menschen in Not« aufgerufen und eine Welle der Hilfsbereitschaft ausgelöst, in die sich bald auch Regierungen und Hilfsorganisationen in der ganzen Welt einreihten. Care-Pakete wurden zur Chiffre der Barmherzigkeit.

Als Opfer der Dankbarkeit und Zeichen der Barmherzigkeit verstanden Spender und Verantwortliche 1959 auch die Aktion »Brot für die Welt«. Hilfe für Menschen in Not und Katastrophenhilfe wurden zu wichtigen Arbeitsfeldern der ökumenischen Diakonie.

Ferner wurde über die Bekämpfung von Not und Elend nachgedacht. Auch bei dieser Frage orientierte man sich an den eigenen Nachkriegserfahrungen: Ab 1948 hatten die USA Europa im Rahmen des Marshallplans umfangreiche Kredite für den Wiederaufbau der Infrastruktur und für Investitionen in neue Produktionsanlagen zur Verfügung gestellt. Diese Kapital- und Technologiehilfe trug fühlbar zur raschen Wirtschaftsentwicklung und Wohlstandssteigerung bei.

Entsprechend wurden Kapital- und Technologietransfer in den sechziger Jahren zu Beginn der ersten Entwicklungsdekade als Schlüssel für das Wirtschaftswachstum der Entwicklungsländer angesehen. Sie würden helfen, das Volkseinkommen pro Kopf zu erhöhen und die Steuerkraft zu steigern. Beides würde die soziale Lage verbessern, ein selbsttragendes Wirtschaftswachstum initiieren und die armen Länder sich den reichen annähern lassen.

Zusätzlich zur Hilfe an Menschen in Not, zur Befriedigung der Grundbedürfnisse der »Ärmsten der Armen« engagierte sich die Aktion »Brot für die Welt« daher in der Entwicklungszusammenarbeit. Sie unterstützte durch »Hilfe zur Selbsthilfe« überseeische Partner beim Aufbau von Einrichtungen des Gesundheits- und Bildungswesens. In einem durchaus arbeitsteiligen Verständnis wurde erwartet, daß deren laufende Kosten im Zuge der gesamtwirtschaftlichen Entwicklung weitgehend vom Staat übernommen würden. Projekte der landwirtschaftlichen Entwicklung wurden als Beitrag zur Ernährungssicherung unterstützt und Handwerk und Gewerbe zur Verbesserung der Einkommenslage der Armen. Die Vermittlung deutscher Fachkräfte über »Dienste in Übersee« und die Ausbildung Einheimischer sollte den notwendigen Technologietransfer sicherstellen helfen.

Den Optimismus des Aufbruchs bringt noch 1969 der Pearson-Bericht zum Ausdruck: »Das Ziel der internationalen Entwicklungsarbeit besteht darin, die Entwicklungsländer so rasch wie möglich in die Lage zu versetzen, ihre Hoffnungen und wirtschaftlichen Fortschritte auch ohne ausländische Hilfe verwirklichen zu können ... Kann aber die Mehrzahl der Entwicklungsländer bis zum Ende dieses Jahrhunderts das Stadium selbsttragenden Wirtschaftswachstums erreichen? Unsere Antwort darauf ist ein klares ›Ja‹.«

Schon von der Mitte der sechziger Jahre ab wurde jedoch deutlich, daß sie sich zu einer Dekade der Enttäuschungen entwickeln würden. Die 4. Vollversammlung des Ökumenischen Rates der Kirchen (ÖRK) 1968 in Uppsala stand völlig unter dem Eindruck mörderischer regionaler Kriege, weitverbreiteter Gewaltherrschaft und einer die Entwicklungsländer schwer benachteiligenden Weltwirtschaft mit Verelendung großer Bevölkerungskreise als Folge. Es wurde auf die Gleichheit aller Menschen und ihre Teilhabe am gemeinsamen Menschsein verwiesen und daraus die Perspektive vom Wohfahrtsstaat zur Wohlfahrtswelt entwickelt. In dem rasch fortschreitenden technischen Fortschritt wurden die notwendigen materiellen Voraussetzungen für eine Weltsozialpolitik gesehen, die die unerträglichen Ungleichheiten zu überwinden hätte. Die Vollversammlung forderte Gerechtigkeit und Frieden. Sie würden jedoch nur durch eine radikale Infragestellung und Veränderung der herrschenden Strukturen in den Entwicklungs- und Industrieländern gleichermaßen zu verwirklichen sein.

Es wurde ferner die Verantwortung der Industrieländer für eine Weltwirtschaft hervorgehoben, die die Entwicklungsbemühungen des Südens durch Protektionismus, sich verschlechternde Austauschverhältnisse und drückenden Schuldendienst zunichte machte. Wir sind nicht in den Fängen eines blinden Schicksals. Die Kirchen wurden aufgefordert, sich leidenschaftlich für eine gerechte Weltwirtschaftsordnung einzusetzen.

An die Entwicklungsländer wurde appelliert, die Menschenrechte einzuhalten: Repressive Regime verfolgten die politische Opposition und Minderheiten, Bauern wurde der Zugang zu Land, Arbeitern das Eintreten für bessere Arbeitsbedingungen verwehrt. In allen Kontinenten schwoll der Strom der Flüchtlinge und der internen Migration an. Die Kirchen wurden aufgerufen, sich für die Opfer der Gewaltherrschaft und dafür einzusetzen, daß die ausgegrenzten und unterprivilegierten Gruppen voll am wirtschaftlichen, politischen und sozialen Leben teilhaben.

»Brot für die Welt« hat den Ruf Uppsalas nach einer gesellschaftlichen Diakonie, d. h. einer Diakonie, die die Ursachen sozialer Not in den Blick nimmt und sich für gerechtere Strukturen und soziale Ordnungen einsetzt, aufgenommen. »Empowerment«, Stärkung und Zurüstung der Armen wurde zum erklärten Ziel. Programme der Bewußtseinsbildung, Organisationsförderung und zur Entwicklung sozialer und politischer Kompetenz traten neben Nothilfe und entwicklungsorientierte Projektförderung. Sie entfalteten sich vor dem Horizont einer gerechten und friedlichen Weltgesellschaft, in der auch die skandalöse Kluft zwischen armen und reichen Ländern überwunden werden würde.

Angestoßen von Uppsala beschloß auch die Synode der Evangelischen Kirche in Deutschland (EKD) im Oktober 1968, die Gliedkirchen zu bitten, zunächst zwei Prozent ihrer Haushaltsmittel für die Überwindung von Armut, Hunger und Not in der Welt und ihrer Ursachen bereitzustellen und den Kirchlichen Entwicklungsdienst (KED) zu gründen. Der programmatische Ansatz dieser neuen Initiative kommt in dem Titel der Denkschrift der EKD von 1973 zum Ausdruck: »Der Entwicklungsdienst der Kirche – ein Beitrag für Frieden und Gerechtigkeit in der Welt«. Sie sagt ferner: »Die ökumenische Diskussion hat gezeigt, daß das Eintreten für soziale Gerechtigkeit im Weltmaßstab in christlicher Verantwortung gründet und zu neuen Formen gesellschaftlicher Diakonie herausfordert ... Es genügt nicht, Schäden und Mängel, die sich aus ungerechten Verhältnissen ergeben, nachträglich aus Gründen christlicher Barmherzigkeit und Gerechtigkeit zu lindern. Vielmehr gehören Barmherzigkeit und Gerechtigkeit, Dienst am Einzelnen und an der Gesellschaft, die Beseitigung der Ursachen sozialer Ungerechtigkeit sowie die Fürsorge für deren Opfer gleichermaßen unter die Botschaft des kommenden Gottesreiches« und »Entwicklungsverantwortung, Eintreten für Gerechtigkeit und dauerhaften Frieden sind ... unmittelbar miteinander verknüpft.«

Als sich die ökumenische Bewegung Ende 1975 in Nairobi zur 5. Vollversammlung trifft, muß sie beklagen, daß die Kluft zwischen Arm und Reich noch größer geworden und Armut und Hunger durch Gewalt und Unterdrückung, Kriege und Menschenrechtsverletzungen weiter verbreitet sind denn je. Die Kirchen werden aufgefordert, sich für Gerechtigkeit, Frieden und Freiheit und den Aufbau einer demokratischen Gesellschaft einzusetzen. Hierzu sei vor allem die Unterstützung der Organisationen und Initiativen der Armen, Frauen und Minderheiten notwendig und zu intensivieren.

Die Ölkrise ist für die Entwicklung vieler Länder zu einer schweren Belastung geworden. Nicht nur die Energie- und Transportkosten haben sich empfindlich erhöht. In ihrem Gefolge verschlechtern sich auch die Austauschverhältnisse weiter. Um ihre Energie- und Handelsdefizite zu decken, nehmen die Entwicklungsländer neue Kredite meist aus privaten Quellen auf. Ihre Verschuldung steigt. Andererseits versuchen sie, ihren Importbedarf und wachsenden Schuldendienst durch höhere Exporteinnahmen zu decken. Dies ist häufig nur durch einen folgenreichen Raubbau an den natürlichen Rohstoffvorkommen möglich.

Der *Club of Rome* hatte in seinen Studien bereits die Grenzen des Wachstums thematisiert. Auf der Vollversammlung in Nairobi werden diese Gedanken aufgegriffen und weiterentwickelt: Die Menschenrechte erstrecken sich auch auf zukünftige Generationen und ihre Lebensaussichten. Angesichts fortschreitender Zerstörung der Umwelt sind Christen aufgerufen, sich ihrer als Haushälter besonders anzunehmen und sich für eine nachhaltige Nutzung einzusetzen.

Dieser Ruf geht besonders an die Kirchen des Nordens. Dessen wachstumsorientierte Überflußgesellschaften mit ihrem ungehemmten Energie- und Rohstoffverbrauch werden als Hauptverursacher der Klima- und Umweltzerstörung ausgemacht. Die Kirchen werden aufgerufen, das Bewußtsein dafür zu schärfen, daß es um die Bewahrung der Schöpfung geht und der hemmungslose Ressourcenverbrauch eingeschränkt werden muß.

Andererseits impliziert eine gerechte, friedliche und nachhaltige Welt, daß auch die Menschen im Süden ihr Leben in Würde und Fülle führen können. Die dafür notwendige Entwicklung wird aber nicht ohne größeren Ressourcenaufwand realisierbar sein. Ein Gleichziehen aller Menschen auf den Stand der Industrieländer würde jedoch das Weltökosystem existentiell gefährden. Ein Ausgleich ist angesagt. Hierzu wird von den Industrieländern als den größten Umweltbelastern eine »Anpassung von oben« erwartet. Ökologische Gerechtigkeit ist nicht zum Nulltarif zu haben.

»Brot für die Welt« hat sich mit dieser Problematik im Bemühen um eine »Strategie gegen den Hunger« auseinandergesetzt. 1976 hat die Aktion eine Studie unter dem Titel »Welternährungskrise oder Krise der Entwicklung?« vorgelegt, die eine heftige Diskussion auslöste. Folgende Überlegungen fanden Eingang auch in die praktische Arbeit:

- Die Entwicklungsmodelle der westlichen und östlichen Industrieländer haben versagt. Es ist eine »andersartige Entwicklung« angezeigt, die sich an den Prinzipien sozialer Gerechtigkeit, der Eigenständigkeit und Teilnahme der Bevölkerung am Entwicklungsprozeß und an einem qualitativen, umweltschonenden Wachstum orientieren.
- »Andersartige Entwicklung« geht von jeweils konkreten, an den lokalen Vorgaben orientierten Lösungsansätzen aus. In der Landwirtschaft knüpft sie an traditionelle und biologisch-ökologische Produktionsverfahren an und zielt auf eine Stärkung der Selbstversorgung und des Warenaustausches unter den Armen.
- Die Industrieländer haben durch ihre wachstumsorientierten Entwicklungsmodelle bei gleichzeitig extremer Wahrnehmung nationaler Welthandelsinteressen eher einer Unterentwicklung mit steigender Arbeitslosigkeit, Hunger und Verelendung Vorschub geleistet. Angesichts der Grenzen des Wachstums und zunehmender Armut auch bei ihnen sind sie ebenfalls zu einer »andersartigen Entwicklung« aufgerufen.

Die durch Dürre und Wüstenbildung verursachten massiven Hungerkatastrophen in Afrika und die Not großer Teile vor allem der Landbevölkerung in anderen Kontinenten unterstreichen die Dringlichkeit einer »andersartigen«, einer nachhaltigen und zukunftsfähigen Entwicklung. Der Brandt-Bericht setzt 1980 das Signal dafür in seinem programmatischen Titel: »Das Überleben sichern« – Anschluß an den Norden scheint in weite Ferne gerückt.

1983 nimmt die 6. Vollversammlung des ÖRK in Vancouver das Thema Umwelt auf und stellt Bewahrung der Schöpfung neben Gerechtigkeit und Frieden in das Zentrum seines konziliaren Prozesses. Damit werden ökologische und Umweltprobleme zu Schwerpunkten der Entwicklungsdiskussion. Spätestens seit dem »Erdgipfel« 1992 in Rio de Janeiro hat sich der Begriff »nachhaltige, zukunftsfähige Entwicklung« auch international durchgesetzt.

Nachhaltige Entwicklung wurde auch immer als sozialverträgliche Entwicklung verstanden. Jedoch vollziehen sich in einigen Entwicklungsländern soziale und wirtschaftliche Wandlungsprozessse, die nicht zu realem Wirtschaftswachstum und schon gar nicht zu besseren allgemeinen Lebensbedingungen führen. Vielmehr steigt die Kluft zwischen Arm und Reich in diesen Ländern weiter. Eine Entwicklung kann jedoch nur erfolgreich sein und zu einer gerechten, friedlichen und zukunftsfähigen Gesellschaft führen, wenn alle Menschen und Gruppen an ihrer Gestaltung und Nutzung beteiligt werden, vor allem auch Frauen und Jugend, Ausgegrenzte und Minderheiten.

Mit dieser Aufgabe und ihrer Rolle dabei hat sich »Brot für die Welt« 1989 in ihrer Erklärung »Den Armen Gerechtigkeit« auseinandergesetzt. Darin stellt sie fest, daß für das bisherige Entwicklungsversagen zum einen externe Bestimmungsfaktoren verantwortlich sind: hohe außenwirtschaftliche Abhängigkeit begrenzt den Handlungsspielraum der Entwicklungsländer und macht sie verletzlich gegenüber Weltmarktentwicklungen und der Handels- und Währungspolitik der Industrieländer. Ihre hohe Verschuldung ist Ursache und Ergebnis dieser Abhängigkeit. Um sie zu bedienen wird die Exportorientierung intensiviert. Jedoch bleiben die Einnahmen gering, da sich die Austauschverhältnisse verschlechtern. Die Leidtragende ist die breite Bevölkerung, deren Versorgung vor allem mit sozialen Diensten immer spärlicher wird. Es ist eindeutig, daß der Reichtum im Norden in einem ursächlichen Zusammenhang mit der Armut im Süden steht.

Zum andern sind es interne Bestimmungsfaktoren in den Entwicklungsländern: Eine verfehlte Wirtschafts- und Agrarpolitik führte ebenso zu dem Versagen wie weit verbreitete Ausbeutung, Gewalt gegen Minderheiten, Menschenrechtsverletzungen und Unterdrückung, die sich gegen das Bemühen um Beteiligung an der Gestaltung der Entwicklung richtet. Die Erklärung stellte fest, daß die Entwicklung durch Prozesse sozialer Polarisierung gekennzeichnet ist und die Macht- und Rechtlosigkeit der meisten Menschen in der Dritten Welt eine wesentliche Ursache für ihre Verarmung und den weitverbreiteten Hunger darstellt.

Dies gilt auch für die »Schwellenländer«. Im Gegensatz zu den armen Entwicklungsländern verzeichnen sie ein hohes Wirtschaftswachstum und beträchtliche Industrialisierungs- und Exporterfolge. Es werden Industriearbeitsplätze geschaffen, die Nahrungsmittelproduktion gesteigert und das reale Pro-Kopf-Einkommen erhöht. Viele Menschen haben an dieser Entwicklung jedoch nicht teil. Sie führen im informellen Sektor eine eher prekäre Existenz, häufig ausgegrenzt und bedroht von Machteliten, die sich ihre Vorrechte mit Hilfe der Staatsgewalt sichern.

Um Armut und ihre Ursachen bekämpfen zu können, müssen sich die Armen organisieren. Zur »Stärkung der Kraft der Armen«, besonders der Frauen, intensivierte »Brot für die Welt« ihre Unterstützung von Bildungs- und Ausbildungsprogrammen sowie die Organisations- und Projekthilfen für Gruppen, die auch den Schutz der Menschenrechte verfolgen. Da eine nachhaltige Entwicklung nur mit einer gerechteren Weltwirtschaftsordnung zu machen ist, setzte sich die Aktion dafür ein, in den eigenen Kirchen und der Gesellschaft sowie international das Bewußtsein für einen notwendigen Wandel im Horizont von Gerechtigkeit, Frieden und Bewahrung der Schöpfung zu schärfen. Dazu die EKD-Denkschrift von 1973: »Ungerechte Strukturen haben oft ungerechte Verteilung von Macht zur Grundlage. Eine dementsprechende Verlagerung der Herrschaftsverhältnisse kann daher die Voraussetzung für größere Gerechtigkeit sein.«

In den neunziger Jahren ändert sich nach dem Fall der Berliner Mauer und nach dem Zusammenbruch des Ostblocks und der Sowjetunion die Situation dramatisch. Globalisierung, dieser Prozeß der unmittelbaren Verknüpfung von Wirtschaftsereignissen und -entscheidungen, von Kapital und Güterbewegungen, der durch den raschen Fortschritt der Kommunikations- und Verkehrstechniken weltweit beflügelt wird, wird zum Merkmal und Streitpunkt des ausgehenden Jahrtausends.

Ihre Befürworter halten sie für eine entscheidende Voraussetzung, eine wohlhabendere Welt zu errichten: Sie vermittelt über freie Märkte und Bewegungen den wirtschaftlichsten Kapital-, Technologie- und Wissenseinsatz, ohne den Entwicklung nicht stattfinden und Armut nicht überwunden werden kann. Tatsächlich sind durch die Globalisierung Kapitalströme und Produktionsverlagerungen besonders für die Schwellenländer in einem Maße mobilisiert worden, das die internationale Entwicklungshilfe bei weitem übertraf. Sie bewirkten hohe Wachstumsraten und Einkommenssteigerungen, die auch andere Länder zu einer Politik der Liberalisierung, Deregulierung und Privatisierung bewegten. Die internationalen Finanzinstitute, IWF und Weltbank, wirkten durch ihre Unterstützung, vor allem die strukturellen Anpassungsprogramme, in die gleiche Richtung. Es entstand ein weitgehend freier und interdependenter Weltmarkt.

Mit ihrem Fortschreiten wurden aber auch die Defizite der Globalisierung offenbar: Viele Entwicklungsländer blieben von den Wachstumsimpulsen ausgeschlossen, da sie nicht die erforderliche Attraktivität für das Kapital auswiesen. Im Gegenteil, durch die Öffnung ihrer Märkte setzten sie sich einem Wettbewerbsdruck aus, dem sie nicht gewachsen waren. Die Schwellenländer ihrerseits gerieten in den Sog spekulativer Finanzströme, die sich bei der ersten Vertrauenskrise zurückzogen und den erreichten Entwicklungsstand in Frage stellten: Die Produktion brach ein, Millionen Menschen wurden arbeitslos, bei gleichzeitigem Währungsverfall gerieten viele ins Elend. Die Enttäuschung machte sich in sozialen Unruhen Luft. Dadurch daß die Krise Asien, Lateinamerika und Rußland fast zur gleichen Zeit traf, wurden auch die Industrieländer in Mitleidenschaft gezogen.

Die Globalisierung hatte sie schon vorher getroffen: Importkonkurrenz und Produktivitätsfortschritte, Produktionsverlagerungen, starre Politik und unbewegliches Management hatten die Arbeitslosenzahlen in vielen Industrieländern anschwellen lassen, ebenso die Zahl der Sozialhilfeempfänger. Armut breitete sich aus und angesichts der Krisensituation in den Schwellenländern auch die Erkenntnis der weltweiten Abhängigkeit und des Ausgeliefertseins an anonyme Marktkräfte.

Damit wurde deutlich: die Globalisierung der Wirtschaft hat auch zu einer Globalisierung der sozialen Probleme geführt. Sie zeitigt die gleichen Entwicklungen überall. In Nord und Süd profitiert ein Teil der Bevölkerung und gewinnt an Wohlstand – der sogenannte globale Norden. Und in Nord und Süd gibt es, wenn auch mit großen Unterschieden, Verlierer, die durch die Globalisierungen ausgegrenzt werden – der sogenannte globale Süden. Die Globalisierung wirkt auf die »Eine Welt« hin, indem sich die Problemstellungen angleichen und zu gemeinsamen Lösungsansätzen herausfordern.

Global hat sich auch der Widerstand organisiert. Eine grundlegende Neuordnung der Weltwirtschaft, die Wiederbelebung der Politik gegen die anonymen Kräfte des Marktes und die Entwicklung einer gerechten, partizipatorischen und zukunftsfähigen Gesellschaft sind nicht mehr nur das Anliegen der Armen und ihrer Organisationen im Süden. Auch im Norden finden sich zunehmend direkt Betroffene, die die gleichen existentiellen Interessen und Ziele haben, sich zu deren Durchsetzung organisieren und sich weltweit nach Allianzen umsehen.

Ihre Chancen stehen gut. Inzwischen hat sich nicht zuletzt mit Unterstützung von Hilfswerken wie »Brot für die Welt« eine Vielfalt von sozialen Bewegungen, Selbsthilfe-, Nachbarschafts- und Bürgergruppen gebildet, die gegen die wirtschaftlichen, gesellschaftlichen und kulturellen Gefahren der Globalisierung Front machen. Sie suchen Alternativen, die eine »Ökonomie des Lebens« und eine Gemeinschaft aller in Vielfalt, Gerechtigkeit und Frieden gewährleisten.

Auf seiner 8. Vollversammlung 1998 in Harare interpretiert der ÖRK die Globalisierung auch als eine theologische und spirituelle Herausforderung an die Kirchen und stellt fest: »Gottes Liebe, die in Christus ihren vollkommenen Ausdruck findet, zeigt eine Vision der Fülle des Lebens für alle; die entstehende Weltwirtschaft zeichnet eine Vision der grenzenlosen materiellen Befriedigung für all die, die es sich leisten können. So sind die Kirchen dazu aufgerufen, angesichts der zunehmenden Globalisierung und der dahinterstehenden Wertvorstellungen Gottes Absicht für die Welt zu bezeugen und ihr konkrete Gestalt zu geben.«

»Brot für die Welt« wird diesen Ruf aufnehmen und sich mit den neuen Herausforderungen vor dem Hintergrund ihrer Erfahrungen aus 40 Jahren ökumenischer Diakonie auseinandersetzen. Die Aktion wird dabei ihre Leitvorstellungen und Visionen überprüfen müssen. Sie sind seit 1959 reicher und differenzierter geworden. Es ist zu erwarten, daß mit neuen Herausforderungen auch neue Einsichten hinzutreten. »Brot für die Welt« sieht sich jedoch durch ihre Arbeit in der Gewißheit bestärkt, daß die befreiende Botschaft von der Liebe und Gerechtigkeit Gottes sie an die Seite aller stellt, die sich in der Welt für Gerechtigkeit, Frieden und Bewahrung der Schöpfung einsetzen.

Wird der Süden Anschluß finden und woran? Zu Beginn der Entwicklungsdekaden wurde Wirtschaftswachstum definiert als Steigerung des Volkseinkommens pro Kopf. Es wurde mit materieller Wohlstandssteigerung gleichgesetzt, die durch den »trickle down«-Effekt alle erreichen würde. Es wurde für möglich gehalten, daß die Entwicklungsländer ihr Pro-Kopf-Einkommen beträchtlich erhöhen und in absehbarer Zeit den Anschluß an den Norden finden könnten.

Einige wenige Länder haben das Ziel erreicht. Sie haben mit den ärmeren europäischen Ländern gleichgezogen. Das Gros blieb jedoch weit zurück. Damit konnte aber nicht mehr von *dem* Süden oder *den* Entwicklungsländern die Rede sein. Folgerichtig wurden sie nach Schwellenländern und ärmsten, am wenigsten entwickelten Ländern oder 3. und 4. Welt unterschieden.

Aber selbst für die Schwellenländer stellt sich die Frage, inwieweit ihre Wirtschafts- und Einkommensentwicklung bereits selbsttragend sind. Die jüngsten Finanzkrisen haben gezeigt, daß sie sowohl außenwirtschaftlich, wie vor allem im Hinblick auf den Zustand der internen Rahmenbedingungen – des Rechtssystems und Banken- und Finanzwesens, wie der Politik und Verwaltung – an ihre Grenzen stoßen. Es wird sich erst längerfristig sagen lassen, ob und wann das Entwicklungsziel erreicht wurde.

Entwicklung wird daher nicht mehr allein als Wirtschaftswachstum definiert, sondern als Veränderungsprozeß, der alle Bereiche eines Landes, auch den sozialen, institutionellen, politischen, kulturellen und wissenschaftlichen einbezieht. Eine besondere Rolle fällt der Technikkultur zu. Von der Fähigkeit, neue Technologien zu rezipieren, selbst zu entwikkeln und umzusetzen, hängen Wachstums- und Aufholpotential ab. Die Schwellenländer sind dafür gut gerüstet.

In den ärmeren Ländern sind die Voraussetzungen schwächer entwickelt, z. B. in den Forschungs- und Bildungseinrichtungen oder der Ausbildung in Handwerk und Gewerbe. Eine Ausnahme bildet Indien: Dort entwickelt sich ein fortschrittlicher wissenschaftlicher und technischer Bereich, der internationalen Standard repräsentiert. Er ist auf den modernen Sektor der indischen Gesellschaft beschränkt, der mit der traditionellen Technikkultur des von der Entwicklung vernachlässigten und in großer Armut lebenden Indiens koexistiert.

Schon früh wurde das Wachstumskonzept westlicher Prägung überhaupt in Frage gestellt. Die Kritik bemängelt, daß es die Einkommensverteilung und damit die soziale Gerechtigkeit vernachlässige. Ein umfassender Ansatz müßte auch die Bereitstellung sozialer Dienste einbeziehen und sich von den nationalen Voraussetzungen her definieren.

Damit war aber auch die Vorstellung eines Aufholens oder Anschlusses aufgegeben. Jedes Land folgt seinen eigenen Möglichkeiten, Voraussetzungen und Gesetzmäßigkeiten. Längst hatte sich die Dritte Welt ausdifferenziert: Bei den ärmsten Ländern wäre es schon ein Erfolg, wenn die Existenz eines großen Teils der Bevölkerung gesichert werden könnte, der in höchst prekären Verhältnissen (»vulnerable«) lebt und durch Naturkatastrophen in seinem Leben bedroht ist.

Die Folgen der Globalisierung haben deutlich gemacht, daß auch eine Globalisierung der Probleme stattfindet, für die wir bei der Interdependenz aller Lebensvorgänge in der »Einen Welt« nach gemeinsamen Lösungen suchen müssen. Es geht nicht mehr um »sie«, sondern um »uns alle«. Es geht um die Rahmenbedingungen, die den nationalen Entwicklungen und der Weltentwicklung eine Chance geben, sich auf Gerechtigkeit, Frieden und Bewahrung der Schöpfung hin zu vollziehen.

Dazu gehört eine neue Weltwirtschaftsordnung, die ein gerechtes Schuldenmanagement ebenso einschließt wie eine entwicklungsorientierte Kontrolle der Finanzmärkte. Handelsregelungen werden auf die schwachen Länder Rücksicht nehmen und internationale Kartellgesetze der Machtkonzentration der Wirtschaft entgegentreten und ihren Mißbrauch sanktionieren müssen. Eine internationale Sozialcharta wird die Sozialklauseln des Weltsozialgipfels 1995 in Kopenhagen aufnehmen, umsetzen und weiterentwickeln.

Die Voraussetzungen für eine Realisierung nationaler und internationaler Politiken, die sich an der Vision einer gerechten und zukunftsfähigen Weltgemeinschaft in Vielfalt orientieren, sind günstig: die Asienkrise hat einen tiefen Eindruck in Politik und Wirtschaft hinterlassen. Die menschlichen, gesellschaftlichen und wirtschaftlichen Kosten einer ungezügelten und niemandem verantwortlichen Spekulation sind zu hoch, vor allem wenn sie zu bürgerkriegsähnlichen Unruhen führen. Die Krise in einem Land kann sich rasch ausbreiten und die gesamte Weltwirtschaft in Mitleidenschaft ziehen und gefährden. Die Diskussion über eine Reform der Finanzmärkte hat bereits begonnen.

An dieser Diskussion werden sich auch die Kirchen, Bewegungen und Organisationen, d. h. die Bürgergesellschaft, beteiligen. Auf alternativen Gipfeln zu Rio de Janeiro und Kopenhagen haben sie sich gemeinsam zu Wort gemeldet. Reaktionen der politischen und wirtschaftlichen Mächte sind nicht ausgeblieben. Bei allen Ängsten, die die Globalisierung auslöst, darf nicht übersehen werden, daß sie als mächtiger Katalysator auch für Protest und Alternativen wirkt und die Aussichten für Veränderungen verbessert hat.

Welche Chancen hat eine gerechtere und zukunftsfähigere »Eine Welt«? An der Jahrtausendwende mehren sich angesichts von Krieg und Naturkatastrophen, Fortschritten in der Gen- und Elektroniktechnik und Umweltzerstörung die apokalyptischen Visionen und Endzeitszenarien. Angesichts der vielfältigen Bedrohungen von Mensch und Erde scheint wenig Anlaß zur Hoffnung gegeben. Entscheidend ist jedoch, daß diese Welt eine Gestaltungsaufgabe ist, in die Gott die Menschen als seine Haushalter auf Erden berufen hat und sie dafür immer wieder in die Pflicht nimmt.

Zum Beispiel Umweltschutz: 250 Millionen Menschen sind von Wüstenbildung betroffen, etwa eine Milliarde von ihr bedroht. Ihre Existenz wird gefährdet, wenn fruchtbare Böden ausfallen, die Wasserqualität sinkt und Staubstürme krank machen. Verarmung und schließlich Vertreibung sind die Folge.

Und die Wüstenbildung schreitet fort: Schützende Wälder werden gerodet, marginale Böden unter den Pflug genommen und durch Monokultur, intensive Bewässerungswirtschaft und Überweidung gefährdet. Treibende Kraft sind wirtschaftliche Gründe wie auch die Notwendigkeit, für eine wachsende Bevölkerung eine Existenzgrundlage zu schaffen. Wüstenbildung wird durch Klimaveränderungen verursacht, trägt ihrerseits aber ebenfalls zur Klimaveränderung bei. Dadurch ist sie unmittelbar in die Wechselwirkung mit anderen Weltregionen eingebunden.

Dieser Zusammenhang wurde auf dem Erdgipfel in Rio de Janeiro erkannt. 1996 wurde als Konsequenz neben den Konventionen zum Klimaschutz und zum Schutz der biologischen Vielfalt die UN-Wüstenkonvention beschlossen. Sie hat sich zum Ziel gesetzt, das Bewußtsein für die Gefahren der Wüstenbildung zu schärfen und geeignete Gegenmaßnahmen zu entwerfen und zu unterstützen. Sie knüpft an die auch von »Brot für die Welt« propagierte nachhaltige Bewirtschaftung besonders marginaler Böden an und sucht zu ihrer Verbreitung die Unterstützung sowohl von Regierungen als auch von Umweltorganisationen, Bürgerbewegungen, Selbsthilfegruppen und Kirchen. Sie setzt dabei auf deren Erfahrungsschatz mit alternativer und umweltschonender Landbewirtschaftung und auf die Vernetzung der Gruppen in Nord und Süd. Neben praktischen Beiträgen zur Umsetzung der Wüstenkonvention wird auch eine wirksame Lobbyfunkion gegenüber den politischen Instanzen der betroffenen Länder und Aufklärung der Bevölkerung erwartet. Wenn es auch noch viel zu bewegen gilt, machen die bisherigen Entwicklungen in der staatlichen Umweltpolitik wie im Umweltverhalten der Wirtschaft Mut. »Bewahrung der Schöpfung« ist Mahnung und Triebkraft zugleich, überall und immer wieder menschliches, gesellschaftliches und wirtschaftliches Verhalten auf seine Umweltverträglichkeit zu überprüfen und zu beeinflussen.

Umwelterhaltung steht auch im Zusammenhang mit der Bevölkerungsentwicklung. Sie hat sich rasant beschleunigt. Allein seit Anfang dieses Jahrhunderts hat sich die Weltbevölkerung auf sechs Milliarden fast vervierfacht. »Nichts kann sich auf beschränktem Raum unbeschränkt vermehren«, ist die Rationale für Zukunftsvisionen, die rasche Verelendung und Hungerkatastrophen, vor allem aber bürgerkriegsähnliche Verteilungskämpfe durch Übervölkerung vorhersagen.

Schon vor zweihundert Jahren führte Robert Malthus das Elend seiner Zeit auf die wachsende Bevölkerung zurück. Ihre Zahl würde schneller steigen als die Nahrungsmittelproduktion, Hungerkatastrophen, Krieg und Seuchen die Folge sein. Seine Vorhersage ist nicht in Erfüllung gegangen, da sich die verfügbare Nahrungsmittelmenge insgesamt schneller vergrößert hat als die Weltbevölkerung. Ernstzunehmende Vorhersagen gehen davon aus, daß das uns bekannte Produktionspotential der Welt ausreicht, doppelt so viele Menschen wie heute zu ernähren.

Ein hoffnungsvolles Zeichen ist auch die Verlangsamung des Bevölkerungswachstums. Dazu beigetragen hat die Familienplanung. Sie setzte sich vor allem in der städtischen Bevölkerung durch. Neben materiellen Gründen spielte hier der Zugang zu Information und die Verfügbarkeit von Mitteln eine entscheidende Rolle. An ihrer Vermittlung waren Gruppen und Netzwerke beteiligt, die durch ihre Arbeit Familienplanung akzeptabel machten.

Da das Nahrungsmittelangebot in der Welt ungleich verteilt ist, werden einzelne Länder immer wieder von Mangelsituationen, Hunger und Verarmung heimgesucht. Wenn die Bevölkerungsentwicklung die wirtschaftliche Tragfähigkeit übersteigt, ergeben sich daraus Konsequenzen für das Einkommen und die Versorgung der Bevölkerung. Naturkatastrophen können diese vor allem dann gefährden, wenn die Versorgung bereits schwach ist. Wie die Asienkrise zeigt, können Wirtschaftseinbrüche und Teuerung selbst bei gleichem Bevölkerungsstand zu Unterversorgung und Hunger führen.

In diesem Zusammenhang werden die Megastädte, deren Zahl besonders schnell in den Ländern des Südens zunimmt, als Schauplätze sozialer Unruhen beschworen, die gesellschaftlichen Verfall ausdrücken und Zeichen des Aufbegehrens gegen die wachsende Kluft zwischen Arm und Reich sind. Die Städte können den zuströmenden Menschen weder die Grundbedürfnisse befriedigen noch Sicherheit bieten. Es wird angenommen, daß das staatliche Gewaltmonopol zerfällt und Kriminalität und Seuchen wie Aids und Tuberkulose nicht mehr unter Kontrolle gehalten werden können.

Wie für die Familienplanung haben sich in den Städten Bürger- und Selbsthilfegruppen gebildet, die sich politischer, wirtschaftlicher und sozialer Probleme und Interessen der Armen annehmen. Sie vertreten die Bevölkerung gegenüber den Kommunen, übernehmen selbst öffentliche Funktionen und versuchen, die Lebensbedingungen in ihren Bezirken zu verbessern. Sie sind nicht überall präsent und dürfen nicht überbewertet werden. Die Erfahrung mit bürgerlicher Selbsthilfe und friedlichen zivilen Regelmechanismen gibt jedoch Hoffnung und verspricht zumindest, Gegenkräfte gegen private und öffentliche Gewalt zu mobilisieren.

»Faith in the City« (Glaube in die/der Stadt), so der Titel einer Studie der Kirche von England, ist angesagt. »Stadtluft macht frei« war lange das Losungswort für Talententfaltung, Kreativität, Weltoffenheit und einen ausgeprägten Freiheits- und Gerechtigkeitssinn. Städte, auch Megastädte als Resultat der Bevölkerungsvermehrung und großer Wanderungsbewegungen sind nicht a priori als Brutstätten von Gewalt und Zerfall abzutun. Sie haben das Potential zur Gestaltung gerechterer Lebensbedingungen.

Andere Zukunftsvisionen sehen die Welt in kriegerischen Konflikten versinken. Samuel Huntington sagt den Krieg der Kulturen voraus. Andere verweisen auf erdbebengleiche Auseinandersetzungen zwischen Vertretern verschiedener Entwicklungsstufen. Tatsächlich brechen immer wieder in den Ländern des Südens – und nicht nur dort – interne Konflikte auf zwischen unterschiedlichen Ethnien, Ideologien, Wert- und Ordnungsvorstellungen und Wirtschaftsinteressen. Als Bürgerkriege sind sie besonders bösartig, da sie die wehrlose Bevölkerung in die Kämpfe einbeziehen und zu vernichten versuchen. Verelendung und tiefe psychische und physische Traumata sind die Folge.

Der Völkerbund hat nicht den Zweiten Weltkrieg verhindern, die Vereinten Nationen haben (noch) nicht den Nahen Osten befrieden können. Aber sie liefern eine Bühne, auf der Konflikte transparent und damit vermittelbar werden, und sich Chancen für friedliche Lösungen bieten. Inzwischen liegen im staatlichen wie im Bereich der Friedensbewegung Erfahrungen mit erfolgreichem Konfliktmanagement vor. Methoden der Konfliktprävention, – bewältigung und -nachsorge sind entwickelt und erprobt worden. Dies kann neue Konflikte nicht verhindern. Aber der Aufruf zum Frieden ist unüberhörbar und eine klare Verpflichtung, nach Lösungen zu suchen.

»Good governance« (gute Regierungsführung) ist eine entscheidende Voraussetzung für die Entfaltung der Wohlfahrt. Sie zielt auf Teilhabe aller Bürger, auch von Frauen und Jugend an politischen, wirtschaftlichen und sozialen Entscheidungsprozessen. Sie ruft die Bürger in die Verantwortung und unterstützt sie beim Aufbau einer Bürgergesellschaft. Sie setzt auf die verantwortliche Gesellschaft, die eine gerechte, nachhaltige und zukunftsorientierte Entwicklung im Blick hat.

Die Realität ist nicht immer so. Es gibt autokratische Regime, die ihre Völker unterdrücken. Mit der Beteiligung von Frauen und der Jugend hapert es auch in den Demokratien. Diktatoren putschen sich an die Macht und schalten jede Opposition aus oder zerstören ihre Völker. Andere rauben sie aus. Die Nacht der Naziherrschaft schien lang, doch es waren nur zwölf Jahre. Es ist uns zugesagt, daß Gott die Mächtigen stürzt. Auch in Zukunft werden Alleinherrscher und Gewaltregime die Macht zu erringen versuchen, aber ihre Tage sind gezählt.

Immer wieder stehen Menschen gegen Unfreiheit und Gewalt auf. Die Anstöße gehen häufig von jungen Leuten, Studentinnen und Studenten aus. In Asien und Lateinamerika wurden Militärregierungen durch demokratisch legitimierte Regierungen abgelöst. Großen Anteil an diesem Wechsel hatten die Bürgerbewegungen, die für ein freiheitliches, gerechtes und partizipatorisches Gemeinwesen eintraten.

Es gab internationale Allianzen, die der Gewaltherrschaft ein Ende setzten. Aus der traumatischen Erfahrung des Zweiten Weltkrieges wurden die Vereinten Nationen geboren. Sie sollten Frieden und Gerechtigkeit nicht nur zwischen den Völkern, sondern auch in ihnen fördern. Nicht immer gelingt dies. Mit der Allgemeinen Erklärung der Menschenrechte haben sie jedoch ein Zeichen gesetzt und einen Maßstab vorgegeben, an dem Verletzungen der Menschenrechte abgelesen und ihre Gültigkeit und Einhaltung weltweit eingefordert und kontrolliert werden können.

Noch immer finden Menschenrechtsverletzungen statt, auch in Deutschland. Selbst die Kirchen bedurften eines Klärungsprozesses ihrer theologischen und kirchlichen Positionen, da sie die Menschenrechte grundsätzlich als Teil der französischen Revolutionsideologie ablehnten. Ihre Anerkennung bedeutete auch einen Bruch mit der Tradition des Untertanentums. Die ökumenische Diakonie hat mit ihren Erfahrungen nicht nur diesen Prozeß beflügelt, sondern auch zu einer schärferen Wahrnehmung und Reaktion auf Menschenrechtsverletzungen beigetragen. Weltweit sind die internen Kräfte wie auch das Weltgewissen mobilisiert worden, bei Konflikten und Menschenrechtsverletzungen Gegenmaßnahmen zu finden, sie einzugrenzen und zu beseitigen.

Die Erde ist kein Paradies. Naturkatastrophen, Gewaltregime, Kriege und Wirtschaftseinbrüche werden sie immer wieder heimsuchen. Davon werden viele Länder des Südens wegen ihrer Verletzlichkeit in besonderem Maße betroffen sein. Aber auch die Industrieländer, vor allem deren arme Bevölkerung, werden nicht von Rückschlägen verschont bleiben. In der »Einen Welt« geht es nicht mehr um Entwicklung im Sinne von Anschluß der einen an die andere Welt, sondern um das ständige Bemühen um eine zukunftsfähige Weltgesellschaft im Horizont von Gerechtigkeit, Frieden und Bewahrung der Schöpfung.

Die Visionen, die die Arbeit von »Brot für die Welt« leiteten, wandelten sich mit den Herausforderungen und den eigenen Arbeitsbedingungen und denen der Partner: Zunächst stand der Mensch in Not im Vordergrund. Die Hilfe galt dem hungrigen, unbekleideten und unbehausten fernen Nächsten. »Was ihr getan habt einem unter diesen meinen geringsten Brüdern, das habt ihr mir getan« (Matthäus 25,40).

Angesichts der großen Armut in vielen Länder Asiens, Afrikas und Lateinamerikas und ihrer manifesten Entwicklungsschwierigkeiten wurde bald deutlich, daß mehr, nämlich Beistand bei der Überwindung der Not, Hilfe zur Selbsthilfe oder Entwicklungshilfe, notwendig war, auch in der Absicht, an den Wohlstand anderer Länder anzuschließen. »Ich bin gekommen, daß sie das Leben und volle Genüge haben sollen« (Johannes 10,11).

Aus den enttäuschenden Ergebnissen der ersten Entwicklungsdekade lernte »Brot für die Welt«, daß bei den Ursachen der Armut angesetzt werden muß. Macht- und Rechtlosigkeit, Gewalt und Krieg, Ausgrenzung und Diskriminierung bringen viele Menschen um die Frucht ihrer Arbeit. Angesagt ist die Stärkung und Zurüstung (»empowerment«) der Armen für ihre Auseinandersetzung mit den Mächten der Unterdrükkung. »Sie werden Häuser bauen und bewohnen; sie werden Weinberge pflanzen und ihre Früchte essen« (Jesaja 65,21).

Mit wachsendem Umweltbewußtsein und Kenntnis von den Grenzen des Wachstums wird Umweltzerstörung als weitere Ursache der Armut erkannt und eine nachhaltige Entwicklung gefordert. Angesichts der Rolle der Industrieländer als Hauptverursacher von Umwelt- und Klimaänderungen wie auch ihres Einflusses auf eine für die Entwicklungsländer ungünstige Gestaltung der Weltwirtschaft sieht sich »Brot für die Welt« immer stärker zur Anwaltschaft für die Armen gerufen. Gerechtigkeit, Frieden und Bewahrung der Schöpfung wird zur Leitvision in der Zusammenarbeit für eine nachhaltige, sozialverträgliche und zukunftsfähige Entwicklung.

Mit dem Wandel der Visionen gehen konzeptionelle Änderungen einher. Entwicklung wird zunehmend differenzierter gesehen. Neben die Steigerung des Pro-Kopf-Einkommens treten Kriterien wie eine sozial gerechte Einkommensverteilung, Selbstverantwortung (»self-reliance«) bei der Gestaltung der Entwicklung und Nachhaltigkeit und Zukunftsfähigkeit. Entwicklung muß intern die politischen, institutionellen, gesellschaftlichen und historischen Voraussetzungen berücksichtigen und weiterbilden und extern die Wettbewerbsfähigkeit der Länder bei ihrer Einbindung in die Weltwirtschaft vor allem auch im Hinblick auf den Schuldendienst berücksichtigen.

Der Sammelbegriff Dritte Welt läßt sich schon sehr bald nicht mehr aufrechterhalten. Es unterscheiden sich Länder; die Schwellenländer, denen eine Industrialisierung und entsprechendes Wirtschaftswachstum gelingt, von anderen, die ihre Rolle als Rohstoffproduzenten kaum verändern können. Für diese Länder bürgerte sich der Begriff 4. Welt ein. Er bezeichnet die ärmsten Länder, die zumeist hochverschuldet in hohem Maße für ihr Funktionieren von internationalen

Hilfen abhängig sind und deren Bevölkerung zum größten Teil in großer Armut und Unsicherheit (»vulnerability«) lebt. Die Globalisierung der Wirtschaft globalisiert auch die Probleme, die vor allem im Hinblick auf Gerechtigkeit, Frieden und Bewahrung der Schöpfung nach gemeinsamen Lösungen in der »Einen Welt« rufen.

Die Formierung einer Bürgergesellschaft in vielen Teilen der Welt, die sich für weitere Demokratisierung und gemeinsame Lösungen einsetzt, macht Mut. Gleichzeitig erinnern Kriege, Naturkatastrophen, Gewaltregime und eine vergötzte Marktwirtschaft immer wieder daran, daß auch das jeweils Erreichte gefährdet ist. Es gibt keine geradlinige Evolution in dieser sündigen Welt. Selbst die Bibel geht von der Notwendigkeit eines Erlaßjahres alle fünfzig Jahre aus, um die inzwischen eingetretenen Ungerechtigkeiten wieder auszugleichen.

Armut ist unausrottbar. Witwen und Waisen, ihr biblisches Symbol, wird es immer erneut geben, ebenso ihre Ursachen wie Ausbeutung, Ausgrenzung, Gewalt, wirtschaftliche Wechsellagen und Raubbau. Einzelne Länder werden mit unterschiedlicher Wirkung heimgesucht und sich nach Reaktion und Entwicklungsstand entsprechend unterscheiden. Vor diesem Hintergrund geht es nicht um Anschlußbewegungen, sondern darum, in dieser »Einen Welt« den immer wieder aufbrechenden Infragestellungen von Gerechtigkeit, Frieden und Bewahrung der Schöpfung entgegenzutreten und sich dafür einzusetzen, daß Menschen ihr Leben in Genüge und Würde führen können.

»Brot für die Welt« weiß sich der verantwortlichen Weltgesellschaft verpflichtet. Die Aktion wird alles unternehmen, um lokal, national und international dazu beizutragen, die Voraussetzungen für die Armutsbekämpfung und das Potential der Armen zu stärken, ihre eigenen Interessen wirksam wahrzunehmen. Zu ihren gesellschaftsdiakonischen Aufgaben wird weiterhin gehören, die Armen bei konkreten Projekten zu unterstützen und Menschen in Not zu helfen.

Die Aktion ist sich bewußt, daß ökumenische Diakonie weder Länder »entwickeln« noch Armut ausrotten kann, und Nothilfe in ihrer Begrenzung mit Verteilungsentscheidungen konfrontiert wird, die ungerecht sein können. Sie will vor allem Zeichen der Liebe und Solidarität mit den Armen und Entrechteten setzen und dadurch dazu beitragen, daß die Bewegung zu ihrer Befreiung und Aufrichtung, zu einer weltweiten geschwisterlichen Sozialkultur gestärkt wird. Sie will Ausdruck dafür sein, daß Gott die Welt liebt.

Renate Köcher

Gesellschaft – Welche Werte prägen uns künftig?

Ein großer Zauber geht von dem Wort »Zukunft« aus. Die überwältigende Mehrheit fühlt sich von diesem Begriff angezogen, durch das geheimnisvoll Verheißungsvolle, die Botschaft von Veränderung, Chance und Ungewißheit. Die Jahrtausendwende verstärkt die Neugierde auf das, was kommen wird. Gleichzeitig ist die Stimmungslage jedoch alles andere als euphorischer Aufbruch zu neuen Ufern. In zehn Jahren – davon ist die überwältigende Mehrheit überzeugt – ist die Gesellschaft kälter und egoistischer, die Arbeitslosigkeit höher und die Zukunft unsicherer als heute; die sozialen Unterschiede werden zunehmen und die Starken sich zu Lasten der Schwachen durchsetzen. 71 Prozent der Bevölkerung sehen Egoismus und Rücksichtslosigkeit auf dem Vormarsch; 61 Prozent erwarten, daß die Kalkulierbarkeit der Zukunft immer mehr schwindet; 69 Prozent gehen davon aus, daß die Arbeitslosigkeit in einem Jahrzehnt größere Probleme stellt als heute.

In die Zukunftsszenarien für die Entwicklung des gesellschaftlichen Klimas fällt kaum Licht. Nur eine kleine Minderheit rechnet mit wachsender Solidarität und Hilfsbereitschaft, mit mehr Selbstbewußtsein, Bindungsbereitschaft, Freiheit und Bürgernähe. Die Zukunft erscheint der Mehrheit zur Zeit nicht als positive Vision, sondern überschattet von Risiken, kühl, teilweise menschenfeindlich. Einen Schlüssel zum Verständnis dieses Unbehagens liefern die Vorstellungen von den Voraussetzungen einer Gesellschaft, die im internationalen Wettbewerb bestehen kann, im Vergleich zu den Voraussetzungen einer menschlichen Gesellschaft. Wirtschaftlichen Erfolg sichern nach den Vorstellungen der Bevölkerung vor allem Leistungsbereitschaft, ein gutes Klima zwischen Arbeitgebern und Arbeitnehmern, ein hervorragendes Bildungssystem, niedrige Steuern, Risikofreude, Innovationsoffenheit, Verantwortungsgefühl und Freiraum für Unternehmen. Eine menschliche Gesellschaft baut nach den Vorstellungen der Bevölkerung dagegen vor allem auf soziale Gerechtigkeit, ein intaktes Verhältnis zwischen den Generationen, auf Solidarität, Familiensinn, Verantwortungsgefühl und klare moralische Maßstäbe. Während unternehmerischer Freiraum, Risikofreude und Offenheit für Neues mit wirtschaftlichem Erfolg, aber kaum mit einer menschlichen Gesellschaft in Verbindung gebracht werden, sehen umgekehrt nur wenige einen Zusammenhang zwischen moralischen Maßstäben, christlichen Werten und wirtschaftlichem Erfolg. Das Diktum Ludwig Erhards, daß gerade die soziale Marktwirtschaft klare moralische Maßstäbe und Werte braucht, ist in Vergessenheit geraten, vielleicht auch nie wirklich begriffen worden.

Wirklich zukunftsfähig wird eine Gesellschaft jedoch weder allein durch wirtschaftlichen Erfolg noch durch die Konzentration auf humanitäre Ziele. Es ist eindrucksvoll zu sehen, wie die Bevölkerung die Voraussetzungen einer zukunftsfähigen Gesellschaft definiert: es sind in ihren Augen die Prämissen, die wirtschaftlichen Erfolg garantieren, zusammen mit denjenigen, die die Menschlichkeit einer Gesellschaft sichern: soziale Gerechtigkeit und Leistungsbereitschaft, ein konstruktives Verhältnis zwischen Arbeitgebern und Arbeitnehmern wie zwischen den Generationen, ein hervorragendes Bildungssystem und Familiensinn, Solidarität, klare moralische Maßstäbe und Innovationsoffenheit.

Vielen fehlt es jedoch an Vertrauen, daß es gelingt, künftig eine Symbiose aus einer ökonomisch erfolgreichen und einer humanen Gesellschaft zu sichern. Zunehmend breitet sich die Überzeugung aus, daß ausschließlich die globalen ökonomischen Entwicklungen die Gesellschaft prägen werden und Anpassung auch da erzwingen, wo sie dem Ziel einer humanen Gesellschaft zuwiderlaufen. Die Diskussion über den ökonomischen und gesellschaftlichen Wandel und die notwendigen Veränderungsprozesse suggeriert häufig den uneingeschränkten Primat des Ökonomischen. Es ist die Rede von Sparzwängen, Strukturwandel, Standortfaktoren, von Wettbewerbsfähigkeit, Bildungszielen und Globalisierung. Vom Menschen und den Werten einer humanen Gesellschaft ist selten die Rede. Werden sie dennoch thematisiert, so meist als Argument gegen den Wandel; die, die sich zum Anwalt des Menschen erklären, wirken oft unfähig, sich auf veränderte Bedingungen einzustellen, wirtschaftsfern und unbeweglich, die Anwälte der gesellschaftlichen und ökonomischen Veränderung dagegen häufig unfähig, sich in Menschen einzufühlen, und von technokratischer Kühle.

Die wirtschaftlichen Veränderungen faszinieren zur Zeit besonders die junge Generation durch ihre Dynamik und Wucht. Das Vertrauen, daß breite Schichten von diesen ökonomischen Veränderungen profitieren werden, daß Globalisierung mehr Chancen als Risiken bietet, ist jedoch gering. Die Erfahrung, daß eine Wirtschaft wachsen kann, ohne daß sich daraus zwangsläufig positive Impulse für den Arbeitsmarkt ergeben, hat die Bevölkerung in den letzten Jahren tief beeindruckt. Das Vertrauen in die Marktwirtschaft ist unter dem Eindruck dieser Entwicklungen in den letzten Jahren steil zurückgegangen. Nur 44 Prozent der westdeutschen und 28 Prozent der ostdeutschen Bevölkerung haben von dem Wirtschaftssystem der Bundesrepublik heute eine gute Meinung. Holzschnittartige negative Stereotype haben sich ausgebreitet. So ist heute die überwältigende Mehrheit überzeugt, daß die meisten Unternehmer ausschließlich an ihren persönlichen Gewinn denken und jegliche soziale Einstellung vermissen lassen. Besonders in den alten Bundesländern hat diese Einschätzung steil zugenommen und nähert sich allmählich dem kritischen ostdeutschen Meinungsbild an. Alte Formeln von Klassengegensätzen und Klassenkampf scheinen der Bevölkerung zunehmend wieder geeignet zur Beschreibung der sozialen und ökonomischen Realität. Nur eine kleine Minderheit ist überzeugt, daß es Unternehmern in Deutschland auch darum geht, Arbeitsplätze zu schaffen und zu erhalten.

Nicht die Effizienz der Marktwirtschaft, wohl aber ihre Menschenfreundlichkeit wird in Frage gestellt. Die Vorstellung, die Marktwirtschaft sei ein unbarmherziges, unmenschliches System, ist vor allem in Ostdeutschland, aber auch in Westdeutschland weit verbreitet. Viele glauben, eine freie Wirtschaft führe zwangsläufig zu einer Gesellschaft, die hart und unmenschlich ist. Die Mehrheit ist überzeugt, daß in diesem Wirtschaftssystem Gewinnmaximierung einseitig im Mittelpunkt steht, die menschlichen Bedürfnisse dagegen im Hintergrund. Knapp die Hälfte der gesamten Bevölkerung hält den Vorwurf für berechtigt, der Mensch werde in diesem System nur nach seinem wirtschaftlichen Nutzwert beurteilt. Ähnlich verbreitet ist die Vorstellung, Egoismus und Rücksichtslosigkeit seien in dieser Gesellschaft Garanten für persönlichen Erfolg. Während die Wirtschaft den wuchernden Sozialstaat beklagt, hat die Bevölkerung den Eindruck, daß sich die Gewichte in der sozialen Marktwirtschaft so verschieben, daß der Mensch nur noch als Produktionsfaktor Arbeit auftritt.

Durch die ungeheure Dynamik ökonomischer Veränderungsprozesse schwindet das Vertrauen, jenseits der bloßen Anpassung an diese Entwicklungen noch Gesellschaft gestalten zu können. Befragungen von Führungskräften aus Wirtschaft und Politik zeigen, daß beide Führungsgruppen von der Überzeugung durchdrungen sind, daß die größten prägenden Einflüsse von der Wirtschaft ausgehen und die Gestaltungsspielräume der Politik enger werden. Auch die Bevölkerung veranschlagt den Einfluß der Wirtschaft höher als den der Politik.

Angesichts der ökonomischen Veränderungsprozesse würde die Mehrheit der Bevölkerung den Einfluß des Staates lieber stärken denn eindämmen. In dem Prozeß der ökonomischen Globalisierung, der für die meisten Menschen undurchschaubaren internationalen Entwicklungen, werden die Hoffnungen auf Schutz durch den Staat stärker.

Mit der Zukunftsvision eines partiellen Rückzugs des Staates und einer Stärkung der Eigenverantwortung verbinden die meisten vor allem die Sorge, daß diese Entwicklung hauptsächlich den Starken, den Wohlhabenden und Durchsetzungsfähigen nutzen werde, während die Schwachen auf der Strecke bleiben und sich das gesellschaftliche Klima immer negativer entwickelt. Nur wenige sehen den Zugewinn an Freiheit und Selbstbestimmung. Je mehr der Staat jedoch die Sicherheitsbedürfnisse befriedigt, desto weniger trauen sich die Bürger selbst zu. So ist das Vertrauen in die eigenen Kräfte in Ostdeutschland deutlich geringer als in Westdeutschland. Die ostdeutsche Bevölkerung war aber Jahrzehnte an einen Staat gewöhnt, der sich als omnipotent und allzuständig gerierte und dadurch das Selbstvertrauen der Bürger unterminierte. Bis heute ist die ostdeutsche Bevölkerung von einem defensiven Freiheitsverständnis geprägt. Freiheit bedeutet für die westdeutsche Bevölkerung mehr als für die ostdeutsche, Spielräume zu haben, selbst gestalten zu können, staatliche Reglementierung einzuschränken. Für die ostdeutsche Bevölkerung bedeutet Freiheit dagegen vor allem Freiheit von Not und Risiken. Ein offensives Freiheitsverständnis, das Bürgerfreiheit zu Lasten des Staates verteidigt, legt andere ökonomische, politische und gesellschaftliche Entscheidungen nahe als ein defensives Freiheitsverständnis, das eher auf den Staat Rekurs nimmt, um die Freiheit von Risiken und Not zu sichern. In der überfälligen grundsätzlichen Diskussion zwischen alten und neuen Ländern über die Werte, an denen sich das System und der künftige Weg der Bundesrepublik ausrichten, hat die Klärung des Freiheitsbegriffs eine Schlüsselrolle.

Je mehr Aufgaben ein Staat übernimmt, desto weniger fühlt sich die Bevölkerung selbst zuständig. Dies läßt sich auch an den Einstellungen am Umweltschutz beobachten. Je mehr der Staat den Umweltschutz zu seiner Aufgabe machte und den Schutz der Umwelt professionalisierte, desto weniger fühlte sich die Bevölkerung selbst für die Entwicklung der Umwelt verantwortlich.

Durch die ökonomische Globalisierung auf der einen und die ausufernde Zuständigkeit des Staates auf der anderen Seite traut sich die Gesellschaft selbst zu wenig zu, um sich optimistisch und kraftvoll der Zukunft zuzuwenden. Die Diskussion über Werte, über die ethische Substanz der Gesellschaft spielt in der Diskussion über gesellschaftliche Veränderungsprozesse kaum eine Rolle. Eine Gesellschaft, die verstärkt auf Eigenverantwortung setzt, muß jedoch – will sie nicht eine Gesellschaft der Starken sein – Werte und Grundhaltungen wie Mitgefühl, Opferbereitschaft, Verantwortung für sich und andere, Solidarität, Familiensinn und Nachbarschaftsgeist hochhalten und fördern. Viele dieser Werte und Einstellungen sind in den letzten Jahrzehnten abgebaut und nicht aufgebaut worden. Die wachsende Wertschätzung für individuelle Entfaltungsmöglichkeiten ist teilweise zu einer ausgeprägten Egozentrik und rücksichtslosen Verfolgung eigener Interessen denaturiert.

Die Sorge der Mehrheit, in einer immer kälteren und rücksichtsloseren Gesellschaft zu leben, hat einen Ursprung in den Zweifeln, ob die Menschen von ihren Grundhaltungen her darauf eingerichtet sind, mehr Verantwortung für sich und andere zu übernehmen. Eine freie und auf Effizienz ausgerichtete Gesellschaft ist zwangsläufig fordernd und kräftezehrend, aber nicht zwangsläufig unmenschlich und kalt. Ihre Menschlichkeit entscheidet sich an den Wertvorstellungen, an der ethischen Substanz und den moralischen Maßstäben. Die große Mehrheit der Bevölkerung zeichnet das Zukunftsszenario einer kalten, von Egoismus geprägten Gesellschaft. Gleichzeitig sind jedoch zwei Drittel überzeugt, daß man dieser Entwicklung entgegentreten kann. Die überwältigende Mehrheit hält eine Rückbesinnung auf Werte wie Nächstenliebe, Bereitschaft zu teilen und Bescheidenheit für notwendig; sie wünscht mehr Eigenverantwortung wie Hilfsbereitschaft, mehr Selbständigkeit wie Fürsorglichkeit, mehr Familiensinn und Nachbarschaftsgeist.

Nur wenige haben jedoch klare Vorstellungen davon, wie eine solche Ausrichtung der Gesellschaft gelingen könnte. Gefangen in der Vorstellung einer durch Individualisierung atomisierten und nicht mehr in ihrem Wertebestand beeinflußbaren Gesellschaft wurde aufgehört darüber nachzudenken, was man fördern und was man zurückdrängen will. Die Gesellschaft hat weitaus mehr Einflußmöglichkeiten durch Anerkennung, Ächtung oder Sanktionen, als sie wahrnimmt; vielen ist jedoch der Gedanke fremd, die Gesellschaft könnte auf die Entwicklung von Wertvorstellungen und Persönlichkeit Einfluß nehmen.

Fast kurios mutet viele eine Frage an, ob der schulische Erfolg auch durch den Charakter und das Sozialverhalten eines Schülers beeinflußt werden sollte. Zur Diskussion gestellt wurde der folgende Fall: »Die Versetzung von zwei Schülern ist gefährdet. Sie haben beide in etwa gleich schlechte Leistungen, aber der eine von den beiden Schülern ist sehr rücksichtslos gegenüber anderen, während der zweite sehr hilfsbereit ist. Nun überlegen die Lehrer, ob sie den hilfsbereiten Schüler in die höhere Klasse versetzen und den anderen nicht.« Nur 26 Prozent der Bevölkerung halten eine solche Überlegung, zusätzlich zu den schulischen Leistungen auch das Sozialverhalten einzubeziehen, für gut; 60 Prozent plädieren dafür, ausschließlich die schulischen Leistungen zu berücksichtigen.

Die Gesellschaft selbst entscheidet über das gesellschaftliche Klima und ihre Menschlichkeit durch die Werte und Leistungen, die sie anerkennt und fördert, wie durch das, was sie verurteilt und ächtet.

Die überwältigende Mehrheit der Bevölkerung ist überzeugt, daß nur eine Gruppe erfolgreich Werte beeinflussen und das Verantwortungsgefühl stärken kann: die Eltern. 63 Prozent der Bevölkerung setzen hier in erster Linie auf die Eltern; mit großem Abstand folgen die Schulen, die Politik und zuletzt die Kirchen. Zweifelsohne haben Eltern und auch Schulen eine Schlüsselrolle. Die Rahmenbedingungen, unter denen heute erzogen wird, haben sich jedoch entscheidend verändert, insbesondere durch die Medien. Die Medien haben teilweise die ursprünglich bei Eltern und Schulen konzentrierte Aufgabe der »Welterklärung« übernommen und prägen in hohem Maße nicht nur den Wissensstand, sondern auch die Vorstellungen von dem, was in der Gesellschaft zählt, die Vorstellungen von Problemen und der Lösbarkeit von Problemen wie die Vorstellung von den Maximen, an denen das individuelle wie das gesellschaftliche Handeln ausgerichtet sein sollte. Es ist erstaunlich, wie wenig darüber diskutiert wird, ob sich nicht auch die Medien in steter Rückkoppelung mit der Gesellschaft fragen müssen, was sie zu einer menschlichen Gesellschaft beitragen können. In dem gesellschaftlichen Prozeß von Ächtung und Anerkennung spielen die Medien eine entscheidende Rolle. Es hängt heute wesentlich von den Medien ab, welche Leistungen in der Gesellschaft anerkannt werden, welche Verhaltensweisen geächtet.

Befragungen von Lehrern dokumentieren, daß diese entscheidende Sozialisationsinstanz heute unter dem Eindruck der Medien weitgehend entmutigt ist, das Vertrauen verloren hat, selbst die Wertvorstellungen von Kindern und Jugendlichen noch entscheidend prägen zu können. Die befragten Lehrer zeigten sich überzeugt, daß die Wertvorstellungen von Jugendlichen heute primär von den Medien und von Gleichaltrigen geprägt werden, nur noch eingeschränkt von Eltern und kaum von Schulen und Kirchen. Dies ist gewiß eine Unterschätzung der Einflußmöglichkeiten von Kirchen und insbesondere den Schulen; an der werteprägenden Kraft der Medien kann jedoch kein Zweifel bestehen. Sie wird jedoch um so stärker, je weniger sich die Gesellschaft selbst zutraut.

Bernhard Vogel

Deutschland – Wächst wirklich zusammen, was zusammengehört?

Die Antwort vorweg: Ja, es wächst zusammen, was zusammengehört! Zehn Jahre sind nach dem Fall der Mauer vergangen. Wir sind vielfach ernüchtert, weil sich mancher von uns nicht den wahren Zustand dessen vorstellen konnte, was die SED-Diktatur an Verheerung hinterlassen hat. Und das meint auch den Schaden, den sie im Geistigen hinterließ. Und dennoch: Zweifel daran, daß die Einheit gelingt, mag der haben, der die Einheit nicht oder nicht mehr wollte, der auch ihren Erfolg nicht sehen will. Der sieht freilich in jedem kleinen Mißlingen auf dem Weg zur Einheit eine Bestätigung seiner Skepsis. Ich habe keinen Zweifel am Gelingen und freue mich mit den vielen, die die Einheit herbeigesehnt haben, über jeden Schritt, der uns dem näherbringt.

Am Vorabend eines neuen Jahrhunderts, das diesmal sogar ein neues Jahrtausend sein wird, finden wir uns als Deutsche in einer Lage, die wir uns noch vor zwei Jahrzehnten nicht haben vorstellen können. Deutschland geeint, der eiserne Vorhang gefallen, Staaten des früheren Ostblocks werden Mitglieder der Nato und wollen zur Europäischen Union gehören.

Auferstanden aus Ruinen. Das gilt auch für Thüringen, das Land in Deutschlands Mitte, wo ich seit 1992 als Ministerpräsident helfen darf, den Auf- und Umbau zu gestalten und auch zu bewältigen.

Als der DDR-Ministerrat 1949 beschloß, daß das Gedicht von Johannes R. Becher »Auferstanden aus Ruinen« zum »Nationalgesang«, also zur Nationalhymne – sie nannten das damals »Nationalgesang« – erhoben werden sollte, da durfte man auch noch alle Strophen singen, auch die 3. und die 4. Zeile der ersten Strophe: »Laß uns dir zum Guten dienen, Deutschland, einig Vaterland«. Damals gab sich die DDR noch gesamtdeutsch, in der Hoffnung auf ein sozialistisches Gesamtdeutschland. Später, nach dem Mauerbau 1961, paßte dieser Text nicht mehr ins politische Kalkül und nur noch Hanns Eislers Melodie, aber nicht mehr der Becher-Text war erlaubt. Und dennoch: »Deutschland, einig Vaterland« – die Liedzeile sollte zum Fanal werden.

Wer nur zurückschaut, sieht nicht, was auf ihn zukommt. Unser Blick muß nach vorne gerichtet sein. Und Talleyrand darf mit seiner These nicht recht behalten, wonach Geschichtsschreibung nichts anderes sei als die »Unfallchronik der Menschheit«.

Keine Frage: Der ökonomische Zusammenbruch der DDR war unaufhaltsam. Und wenn die Wende nicht gekommen wäre, wenig später wäre dieser Zusammenbruch für jedermann sichtbar geworden. Aber es gibt Glücksfälle in der Geschichte. Und ein solcher Glücksfall war die friedliche Revolution. Erich Loest hat einen Roman, »Nikolaikirche«, darüber geschrieben, der auch verfilmt worden ist. Und in dieser Verfilmung findet sich ein Satz, der mich immer wieder fasziniert. Da sitzen drei Stasioffiziere nach dem, was in Leipzig geschehen war, zusammen, und der eine sagt zu den beiden anderen: »Auf alles waren wir vorbereitet, nur nicht auf Gebete und Kerzen.« In der Tat: An Kerzen und Gebeten ist dieses System zusammengebrochen.

Auch der Westen war keineswegs auf das vorbereitet, was da kam. Hätte bei den Haushaltsberatungen im Deutschen Bundestag 1989 – also kurz vor der Wende – ein Bundestagsabgeordneter beantragt, eine Million einzusetzen zur Vorbereitung der Wiedergründung des Freistaats Thüringen, er wäre als kalter Krieger beschimpft und zum Psychiater geschickt worden. Niemand hatte konkrete Pläne für den Tag X. Wir müssen schon zugeben: Es gab in keiner Schublade Papiere, auf denen stand, was zu geschehen hätte, wenn es denn geschehen könnte. Deswegen ist es nicht so ganz unverständlich, daß auch Fehler gemacht worden sind. Ich freue mich schon auf die vielen Promotionen und Habilitationen, in denen stehen wird, was wir alles falsch gemacht haben. Ich bin zwar sicher, daß das nie kommt, aber ich verspreche: Bei der zweiten Wiedervereinigung machen wir das alles viel perfekter, machen wir so manchen Fehler nicht.

Nur: Die Chance gab es nur einmal, und es war richtig, zuzugreifen. Wir konnten nach der Wiedervereinigung die DDR nicht erst anhalten, und – nach typisch deutscher Art – zunächst Kurse und Seminare abhalten, was jetzt zu tun sei, sondern alles mußte bei laufendem Motor geschehen. Es war nicht wie 1945, wo vier Jahre Zeit blieben bis zur Gründung der Bundesrepublik. Und wir hatten Gott sei Dank eine friedliche Revolution und keine blutige. Wir sind täglich dankbar dafür. Nur sind nach einer friedlichen Revolution alle noch da. Und das beschäftigt uns auch bis zum heutigen Tag.

Zeiten des Umbruchs sind stets Zeiten des Aufbruchs. Und damit Zeiten des Übergangs nicht zu Zeiten des Niedergangs werden, muß man sich darüber klar werden, »was das Wesentliche unserer Epoche ist und was die Zeit verlangt« . Das ist ein Satz von Konrad Adenauer, der heute noch genauso aktuell ist wie in den frühen fünziger Jahren. Wir müssen nicht nur ökonomisch und nicht nur ökologisch, sondern auch geistig dieses entstandene Vakuum füllen, das nach dem Zusammenbruch des Kommunismus ganz offenkundig vorhanden ist. Ich habe gelegentlich die Sorge, daß wir uns in manchen Fragen unter der Bedrohung des Kommunismus rascher geeinigt haben als wir heute zur Einigung bereit sind, wo es diese Bedrohung nicht mehr gibt. Wenn das so wäre, wäre es ein schlimmes Beispiel für unsere geistige Verfassung. Das Ende einer Welt des Unsinns schafft noch lange keinen neuen Sinn.

Wenn dieses Jahrzehnt jetzt zu Ende geht, dann glaube ich, ist es Zeit, sich Gedanken über die Zukunft zu machen. Wie Dante es gesagt hat: »Der eine wartet, daß die Zeit sich wandelt, der andere packt sie kräftig an und handelt.« Die Zukunftsgestaltung beginnt in den Köpfen der Menschen und nicht nur in den Bilanzen der Betriebe oder in den Kassen des Staates. Zukunftsgestaltung ist vor allem eine Frage des Umdenkens. Und Umdenken ist gefragt.

Was sich gegenwärtig in den jungen Ländern vollzieht, das ist natürlich das Bemühen, die alten Länder im Lebensstandard und in den gleichwertigen Lebensverhältnissen einzuholen. Gewiß, das auch. Aber worum es eigentlich geht, das ist die große Chance zur Erneuerung. Und diese Chance muß genutzt werden. Wir müssen in den neuen Ländern auf eigene Füße kommen. Dabei geht es sowohl um technische, wie ökonomische, wie ökologische, wie aber auch um moralische Erneuerung. Wenn wir uns nur damit begnügen würden, morgen als junge Länder da zu sein, wo die alten Länder heute sind, wären wir übermorgen schon wieder von vorgestern. Das reicht nicht. Wir wollen in den jungen Ländern ein Stück Aufbruch Deutschlands mit bewerkstelligen. Ein Stück Wiedervereinigung in dem Sinn, daß aus den jungen Ländern ein Aufbruchs- und Mobilitätsschub für ganz Deutschland ausgeht. Ich habe gelegentlich den Eindruck, als ob man im Westen die Wiedervereinigung zwar erfreut zur Kenntnis genommen, aber gar nicht begriffen hat, was eigentlich passiert ist. Die Welt hat sich verändert, nicht allein durch die Wiedervereinigung, sondern durch den Zusammenbruch des Warschauer Paktes und der Sowjetunion.

Wirtschaftlich gelingt der Sprung von Marx zum Markt. Die soziale Marktwirtschaft ist ohne Frage dabei, ihre zweite Feuerprobe zu bestehen. Nach der Feuerprobe des Aufbaus aus den Ruinen, die Feuerprobe des Umbaus von kommunistischer Zwangswirtschaft zu freier Marktwirtschaft. Aber: Die Menschen in den jungen Ländern machen noch immer einen tiefgreifenden Strukturwandel in einem Zeitraffertempo durch, für den beispielsweise das Ruhrgebiet 40 Jahre Zeit gehabt hat.

In Erfurt haben von vier Beschäftigten drei heute nicht mehr den Arbeitsplatz, den sie zur Stunde der Wende hatten. Dieser – gewiß notwendige – Strukturwandel war und ist mit viel Sorge und mit viel Leid, aber auch mit vielen Chancen verbunden. Ich wünsche mir gelegentlich, daß ein wenig von dieser Dynamik und Flexibilität, von dieser Wandlungsbereitschaft auf die ganze Bundesrepublik überspringt.

Ich will mich nicht auf Prognosen festlegen, wann die neuen Länder die alten eingeholt haben. Das Institut für Wirtschaftsforschung Halle geht davon aus, daß es noch ein Jahrzehnt dauert. Kurt Biedenkopf geht von 20 Jahren aus. Ich weiß das nicht so genau. Aber daß es nicht gelingt, das glauben nur diejenigen noch, die ohnehin von ihr nichts wissen wollten. Wer wie Günter Grass die Einheit als » Gelegenheitsschnäppchen« bezeichnet hat, der freut sich jetzt natürlich darüber, daß es auch Schwierigkeiten gibt.

Ich habe nie geglaubt, daß der Aufbau aus Ruinen ohne Schmerzen, ohne Schwierigkeiten, ohne Mühsal vonstatten gehen werde. Und es kann nicht immer Begeisterung – wie am Anfang – herrschen. Im Januar 1990, wenn man von Herleshausen nach Eisenach kam, stand am Stadteingang Eisenach ein riesiges Schild: »Hurra, die Hessen kommen!« . Das Schild steht heute nicht mehr. Dann folgte der Schock über die Mühen der Einheit und jetzt – in der dritten Phase – ein zusehends wachsendes Selbstbewußtsein. »Wir können das auch.« Mit einem Wort: Wir sind auf dem richtigen Weg. Aber wir sind noch lange nicht am Ziel. Wir werden noch eine ganze Reihe von Jahren brauchen. Wir sind dabei, einen breiten Fluß zu durchschwimmen. Wer je einen breiten Fluß durchschwommen hat, weiß, daß es Situationen gibt, wo man sich fragt: »Zurück oder durchhalten?« Verständlich, daß die Schläge des Schwimmers nicht mehr ganz so frisch sind wie bei den ersten Zügen.

Ich habe die Sorge, daß in Deutschland, in Düsseldorf und in München und in anderen Hauptstädten, sowie bei der EU in Brüssel und anderswo der Eindruck entstehen könnte, als sei es bereits geschafft, als bräuchten wir keine Hilfe mehr, als könne man das Kapitel deutsche Einheit »technisch« ad acta legen. Nein, ich bin ausdrücklich nicht der Meinung, daß man diese Aufgabe bereits ad acta legen darf.

Die jungen Länder dürfen sich in ihrer Entwicklung nicht weiter entfernen von den alten Ländern. Die Schere darf nicht wieder auseinandergehen. Und das sage ich nun ganz speziell für Thüringen, und das gilt wohl auch für Sachsen, die beiden Länder, die am weitesten voran sind: Wir wollen nicht ewig anderen auf der Tasche liegen und die Hungerleider Deutschlands sein, sondern unser Ziel ist, die Chance zu nutzen, in nicht allzu ferner Zeit von Nehmerländern zu Geberländern zu werden. Aber vorerst brauchen wir noch weiter staatliche Hilfe, aus Bonn, aus den alten Ländern und aus Europa.

Der Aufbau Ost ist zu einem guten Teil das Resultat des Fleißes und des Aufbauwillens der Menschen in den jungen Ländern, aber natürlich auch das Resultat des größten Finanztransfers, den es je gegeben hat. Wenn wir nicht so furchtbar viel Zeit mit Jammern und Klagen und zur Verteidigung von Besitzständen bräuchten, dann könnten wir uns vielleicht auch einmal fünf Minuten Zeit nehmen für ein bißchen wechselseitige Dankbarkeit. Jedenfalls möchte ich als jetzt für ein junges Land sprechender Ministerpräsident sagen: Wir in den jungen Ländern haben allen Grund, Dank zu sagen, daß viele Millionen in den letzten Jahren in den Osten gegeben worden sind. Und selbst, wenn da ein moralischer Anspruch bestanden hat: »Danke« zu sagen, ist angebracht für eine großartige Leistung des Westens. Wir haben darüber hinaus Grund zur Dankbarkeit und auch ein bißchen zum Stolz, daß 60 Millionen Menschen im Westen aus einem Trümmerhaufen eine fest gefügte Demokratie und eine führende Wirtschaftsnation der Welt gemacht haben. Das ist eine großartige Leistung. Darauf kann man sogar ein bißchen stolz sein, zumal das übrigens auch die Voraussetzung für die Hilfe gewesen ist.

Aber wir haben auch Anlaß, dafür zu danken und stolz zu sein, daß im östlichen Teil Deutschlands 1989 das Wunder der friedlichen Revolution geschehen ist. Alle Behauptungen, die Deutschen seien zu so etwas nicht fähig, haben Deutsche 1989 widerlegt. Und das ist eine großartige Leistung gewesen, auf die wir alle stolz sein können.

Nietzsche hat gesagt: »Die Deutschen sind zu großen Dingen fähig, aber es ist unwahrscheinlich, daß sie sie tun.« Auch er ist widerlegt. Wir haben etwas zustande gebracht, was uns die Bewunderung der ganzen Welt eingebracht hat: die Wiedervereinigung des geteilten Deutschland. Es ist für mich überhaupt keine Frage, daß ein Volk, das den Nationalsozialismus überwunden hat und den Weg aus der tiefsten moralischen und wirtschaftlichen Erniedrigung herausgefunden hat, daß ein Volk, in dem ein Teil der Bevölkerung zum zweiten Mal unter einer Diktatur leben mußte und diese Diktatur friedlich abwarf, daß ein solches Volk in der Lage ist, die jetzt vor uns liegenden Aufgaben zu lösen.

Aufgaben, die nicht nur in Deutschland, sondern auch darüber hinaus zu bewältigen sind. Denn unsere Verantwortung in Europa und in der Welt ist mit der Wiedervereinigung gewachsen. Wir haben nicht mehr die bequeme Ausrede, besondere Verhältnisse zu haben und uns für entschuldigt halten zu können. Aber anstelle von Neid und Mißgunst, von Larmoyanz und Pessimismus, sollte doch der Respekt voreinander und der gemeinsame Stolz für die Leistungen der Deutschen in den letzten 50 Jahren vorherrschen. Mehr Verständnis füreinander, die Bereitschaft aller Deutschen für die gemeinsame Aufgabe meine ich, täte not. Man kann auch stolz darauf sein, 40 Jahre in der DDR etwas geleistet und zustande gebracht zu haben. Wenn man sich so umsieht und -hört, dann könnte man meinen, wir lebten gegenwärtig in besonders schlechten Zeiten. Dabei sind es die chancenreichsten, die es in Deutschland seit Menschengedenken gegeben hat.

Das Ziel der Geschichte sind die Impulse, die wir für die Gegenwart und die Zukunft geben. Entscheidend für unser Zusammenleben im geeinten Deutschland ist, daß wir bei allen landsmannschaftlichen und politischen Unterschieden den festen Willen haben, unsere Zukunft gemeinsam zu gestalten. Nicht unterteilt in Ost und West, sondern als Deutsche im geeinten Deutschland.

Ignatz Bubis

Judentum – Wie wird man im dritten Jahrtausend mit der Schoa leben?

Mit der Erinnerung an die Schoa ist die Generation der Überlebenden unterschiedlich umgegangen. Einem Teil war es gelungen, diese Zeit zu verdrängen und sich damit nicht zu beschäftigen, während sie bei einem anderen Teil für die Art des Weiterlebens bestimmend war. Heute, mehr als fünfzig Jahre danach, dringt bei vielen, denen das Verdrängen ursprünglich gelungen war, immer öfter und immer intensiver die Erinnerung an die Oberfläche. Möglicherweise tragen die Diskussionen der letzten Jahre mit den Versuchen, einen Schlußstrich unter die Geschichte zu ziehen, dazu bei, das Erlebte doch nicht vergessen zu können. Auch die Generationen der Nachkriegsgeborenen, Nachkommen der Opfer, werden in diesen Prozeß mit einbezogen und können oder wollen sich dem nicht entziehen.

Ich bestreite, daß es neuer Formen der Erinnerung bedarf und daß das Erinnern ritualisiert worden sei. Sicher findet heute das Erinnern und Gedenken in bestimmten Schablonen statt – aber wie sollte es denn anders sein? Ich habe zum Beispiel bei etwa fünfzig Gelegenheiten Reden zur Erinnerung an den 9. November und fast genauso viele auch beim Erinnern an den Yom Hashoa (Holocaust-Gedenktag wie er vom Judentum in aller Welt begangen wird) gehalten, und jedesmal ist es mir schwergefallen, über diese Zeit zu sprechen. Daran hat sich bei mir bis heute nichts geändert, und die Erschütterungen nach den Reden halten einige Tage an. Dennoch muß weiter an diese Zeit erinnert und der Geschehnisse gedacht werden.

Ein solches Gedenken ist auch der Volkstrauertag, bei dem heute noch die Friedhöfe von Besuchern sehr stark frequentiert und die Gedenkstunden hervorragend besucht werden.

Ich glaube kaum, daß die Besucher der Friedhöfe oder die Teilnehmer an den Gedenkveranstaltungen dieses als Routine ansehen. Allenfalls solchen, die nicht dort hingehen oder dem Gedenken gleichgültig gegenüberstehen, kommt es als Routine vor. Diese Menschen würden wahrscheinlich auch neue Formen kaum beachten.

Die Schoa spielt im Bewußtsein des Judentums eine wichtige Rolle und dieses wird sich auch in das dritte Jahrtausend übertragen. Das hängt nicht zuletzt mit dem Bewußtsein des Judentums für die eigene Geschichte, die immer wieder Verfolgungen und Zerstörungen kannte, zusammen. Nicht nur, daß das religiöse Judentum noch heute zur Erinnerung an die Zerstörung des zweiten Tempels im Jahre 70 heutiger Zeitrechnung und an die Zerstörung des ersten Tempels, mehr als 500 Jahre vor der Zeitrechnung, durch Fasten gedenkt, sondern es weiß auch jeder Jude, daß am neunten Tag des elften Monats jüdischer Zeitrechnung (Tischa b'Av) die beiden Tempel zerstört wurden.

Der nichtjüdische Teil der heutigen Gesellschaft in Deutschland, der zu einem großen Teil, wenn auch oft unbewußt, nicht an diese Zeit erinnert werden möchte, kann dennoch sich dieser nicht entziehen. Das hängt sowohl mit den Gedenktagen als auch mit der Anwesenheit von Juden in Deutschland, die in dieser Zeit gelebt haben, zusammen. Möglicherweise wird es in Deutschland erst, wenn es die Generation der bis 1945 Geborenen nicht mehr geben wird, zu einer offeneren und unbefangeneren Diskussion kommen, die eine Weile anhalten wird.

Wiederum anders wird es im Judentum der Fall sein. Diese Diskussion wird nicht abbrechen und mit Sicherheit noch jahrhundertelang eine Rolle spielen.

Dieses bedeutet nicht, daß mit dem Erinnern und Gedenken auch Feindschaften und Ressentiments einhergehen. Im Christentum ist der Begriff der Vergebung und Versöhnung stark verbreitet. Zwar wird, zu Recht, die Kollektivschuld abgelehnt, weil tatsächlich Schuld etwas Persönliches ist, während gleichzeitig eine Kollektivvergebung oder Kollektivversöhnung eingefordert wird. Wer die Schuld als individuell ansieht, muß auch das Vergeben und Versöhnen als individuell ansehen. Genau wie ich, denkt auch die Mehrheit der jüdischen Gemeinschaft weltweit, daß die Nachkriegsgenerationen keine Schuld tragen und deshalb auch keiner Vergebung bedürfen. Wenn immer wieder von jüdischer Seite, aber nicht nur von dieser, das Erinnern und Gedenken eingefordert wird, so sollte das lediglich der Gestaltung der Gegenwart und der Zukunft dienen und hat mit persönlicher Schuld nichts zu tun. Selbst die Generation, die die Jahre 1933 bis 1945 als Erwachsene erlebt hat und nicht schuldig geworden ist, bleibt unschuldig. Diese Generation kann und soll sich allenfalls fragen, ob sie das Nötige und Mögliche getan hat, um das Geschehene zu verhindern.

Die heute Zwanzigjährigen werden das nächste halbe Jahrhundert die gesellschaftliche und politische Entwicklung in Deutschland entscheidend mitbestimmen und mitgestalten. Dieses kann nicht geschehen ohne das Wissen um die Schoa, die letztendlich zeigt, was plötzlich Menschen anderen Menschen antun konnten. Die Lehren aus dieser Zeit können nur dann beachtet werden, wenn man die schrecklichen Seiten dieser Zeit kennt.

Nicht zuletzt aus diesem Grunde müssen diese Generationen die Zeit kennen und an diese erinnert werden.

Dieses Wissen und dieses Erinnern ist nicht nur in Deutschland wichtig, es ist vielmehr gleichermaßen von großer Bedeutung für andere Länder und Kulturen, einschließlich des Judentums. Kein Volk, keine Nation, keine Gesellschaft kann geschichtslos weiterleben oder sich nur den positiven Seiten der Geschichte zuwenden und die negativen dabei ausklammern. Beides sind Teile der ganzen Geschichte. Auch Staaten, Nationen und Völker, die nicht in die Geschehnisse dieser Zeit verwickelt waren, müssen hieraus für sich Lehren ziehen. In fast allen Ländern, die in den Jahren 1939 bis 1945 durch das »Dritte Reich« besetzt waren und in vielen Ländern darüber hinaus, hat es eine Kooperation mit Nazi-Deutschland gegeben, und es gab in vielen Ländern willige Helfer und Mitwirkende bei der Schoa. In den meisten dieser Länder hat bislang noch keine Beschäftigung mit der Geschichte dieser Zeit stattgefunden. Sie ist dort aber genauso notwendig wie hier bei uns in Deutschland. Ich gehe davon aus, daß auch dort mit zunehmendem Abstand und mit dem Beginn des dritten Jahrtausends eine Wandlung eintreten und eine Beschäftigung mit dieser Zeit ihren Lauf nehmen wird.

Daß die Menschheit nur schwer lernfähig ist, zeigen uns die Abläufe der Jahrzehnte nach der Schoa. Ohne hier Vergleiche anstellen zu wollen, so haben wir doch Grausamkeiten von Menschen gegenüber Menschen erlebt, die Hunderttausende, wenn nicht gar Millionen an Opfern gefordert haben. Denken wir dabei an die Vorgänge in Bosnien-Herzegowina, Kroatien und anderen Teilen des ehemaligen Jugoslawien, jetzt an Kosovo, vorher Tschetschenien oder Ruanda, um nur einige Beispiele zu nennen.

Auch diese Geschehnisse werden den Beginn des dritten Jahrtausends prägen und dennoch wird die Schoa eine zentrale Rolle für das abgelaufene Jahrtausend spielen. Hier Vergleiche anzustellen ist müßig, denn alle diese Geschehnisse, auch wenn sie nicht vergleichbar sind, so haben sie doch unschuldiges Menschenleben gekostet. Begriffe wie Völkermord, Genozid oder Auschwitz sind sicherlich nicht angebracht, aber Opfer bleiben Opfer.

Wir haben in der Zeit der Schoa Selektionen erlebt, bei denen auch Ärzte entschieden haben, welches menschliche Leben »lebenswert« und welches »nicht lebenswert« sei. Raketen dagegen treffen Schuldige wie Unschuldige.

Alles das lehrt uns, daß wir die Geschichte kennen und aus der Geschichte lernen müssen.

Das letzte Jahrhundert des auslaufenden Jahrtausends hat viele Schrecken und Grausamkeiten über die Menschheit gebracht. Die Schoa war dabei das grausamste Beispiel, denn schon mit der Geburt als Jude war man zum Tode verurteilt. Vor der Vernichtung wurde noch die mögliche Arbeitskraft ausgebeutet. Und die Zahl der ermordeten Juden dürfte nach den letzten Erkenntnissen eher über denn unter sechs Millionen liegen. Ein Großteil hiervon starb namenlos. Zwangsläufig wird dieses im dritten Jahrtausend noch immer eine Rolle spielen.

Es waren Menschen, die dieses vollzogen haben. Es waren Schreibtischtäter wie aktiv handelnde Personen. Aber nicht nur diese haben aus der Geschichte zu lernen, denn es kann keiner für sich hundertprozentig in Anspruch nehmen, dagegen nicht anfällig zu sein oder zu werden. In diesem Zeichen wird man in das nächste Jahrtausend eintreten müssen.

© epd

Konrad Raiser

Ökumene – Bleibt die Einheit der Kirchen eine Fiktion?

Zur Vorbereitung seines 50jährigen Jubiläums, das bei der Achten Vollversammlung in Harare im Dezember 1998 gefeiert wurde, hat der Ökumenische Rat der Kirchen (ÖRK) einen umfassenden Reflexions- und Diskussionsprozess unter seinen Mitgliedskirchen über Verständnis und Aufgabe des Ökumenischen Rates am Vorabend des 21. Jahrhunderts durchgeführt. Als Ergebnis dieses Prozesses wurde bei der Vollversammlung der Verfassungsartikel über Ziel und Aufgaben des Ökumenischen Rates neu gefasst. Standen in der bisherigen Fassung die Zielbestimmungen Einheit, Mission, Dienst und Erneuerung gleichberechtigt nebeneinander, so wird nun als vorrangiges Ziel der Gemeinschaft von Kirchen im Ökumenischen Rat formuliert, daß die Kirchen einander aufrufen zur »sichtbaren Einheit im einen Glauben und der einen eucharistischen Gemeinschaft«. In der nunmehr fünfzigjährigen Geschichte des Ökumenischen Rates ist es das erste Mal, daß damit die Einheit der Kirche zum obersten Ziel seiner Arbeit erhoben wird. Um diesem Ziel zu dienen, verpflichten sich die Kirchen diesem Verfassungsartikel zufolge, durch den theologischen Dialog, durch das gemeinsame Zeugnis in Mission und Evangelisation, durch die gemeinsame Wahrnehmung gesellschaftlicher Verantwortung für Gerechtigkeit und Frieden und durch die Erneuerung ihres geistlichen und kirchlichen Lebens zum Aufbau wirklicher Gemeinschaft in Glauben und Leben, Zeugnis und Dienst beizutragen.

Im Verlauf des Diskussionsprozesses hatte es mancherlei Stimmen gegeben, nicht zuletzt aus Deutschland, die Vorbehalte gegenüber dem Vorschlag geltend machten, die »sichtbare Einheit« zum obersten Ziel des Ökumenischen Rates zu erklären. Sie wiesen darauf hin, daß im biblischen Verständnis Einheit niemals ein Selbstzweck sein dürfe, sondern dem Zeugnis der Kirche in der Welt dienen müsse. Vor allem meldeten sie Vorbehalte gegenüber der Betonung der »sichtbaren« Einheit an in der Sorge, damit werde einer Uniformisierung des Lebens und der Gemeinschaft der Kirchen das Wort geredet und die lebendige Vielfalt im Ausdruck kirchlichen Lebens als Mangel an Einheit verdächtigt. Bei der Vollversammlung in Harare wurde darüber hinaus bekannt, daß nach der georgischen orthodoxen Kirche nun auch die bulgarische orthodoxe Kirche aus dem Ökumenischen Rat ausgetreten sei. In der Begründung der Heiligen Synode der bulgarischen Kirche heißt es, daß es dem Ökumenischen Rat trotz aller Bemühungen nicht gelungen sei, die Suche nach der Einheit entscheidend voranzubringen. Damit sei, so gab das Schreiben wenigstens indirekt zu verstehen, der entscheidende Grund für die Zugehörigkeit der bulgarischen Kirche zum Ökumenischen Rat entfallen.

Bleibt also die Einheit der Kirchen eine Fiktion? Im allgemeinen Sprachgebrauch bezeichnet man als »Fiktion« eine Einbildung oder Vorstellung, die dem Realitätstest nicht standhält. Die englische Sprache benutzt das Wort »fiction«, um literarische Veröffentlichungen jeder Art von Sachbüchern zu unterscheiden. Wie aber ist die im Titel gestellte Frage zu verstehen? Setzt sie voraus, daß die Einheit der Kirchen eine Fiktion war in dem Sinn, daß es eine wirkliche Einheit der Kirchen in der Vergangenheit nie gegeben habe, so daß auch gefragt werden müsse, ob nicht heutige Bemühungen um kirchliche Einheit eine unrealistische Wunschvorstellung seien? Oder fragt sie danach, welche sichtbaren und daher nachprüfbaren Ergebnisse die Suche nach der Einheit der Kirchen erbracht habe? Legt man den englischen Sprachgebrauch zugrunde, so ließe sich freilich auch fragen, ob das Thema der Einheit der Kirche wirklich in den Bereich historischer Forschung beziehungsweise der Überprüfung von Lehrübereinstimmungen und Verfassungsentwürfen für Kirchenunionen gehört, d.h. also von Aussagen über Tatsachen und Zustände, die gegeben waren und sind, oder ob Einheit der Kirche zentral mit dem lebendigen Kirchesein zu tun hat und daher eher im Sinne der biblischen Literaturgattung von Geschichten,

Gleichnissen und Gebeten zum Ausdruck kommt. Wenn von Einheit der Kirche als »Gabe Gottes« die Rede ist, so handelt es sich offensichtlich nicht um eine Tatsachenbehauptung, sondern um eine Aussage in der Sprache des Glaubens, die die Grenzen des historisch oder empirisch Gegebenen oder Nachprüfbaren übersteigt. Dann wäre es also durchaus zutreffend, wenn von der Einheit der Kirche in der Gattung der »fiction« gesprochen wird. In jedem Falle ist die thematische Frage vielschichtig wie die Ökumene selbst.

Vor bald fünfzig Jahren stellte der Neutestamentler Ernst Käsemann zum ersten Mal die provozierende Frage: »Begründet der neutestamentliche Kanon die Einheit der Kirche?« Er wiederholte diese Frage in seinem aufsehenerregenden Vortrag bei der Vierten Weltkonferenz für Glauben und Kirchenverfassung in Montreal 1963 und beantwortete sie mit der im einzelnen belegten These, daß schon der neutestamentliche Kanon in sich selbst eine große Spannweite im Verständnis der Botschaft des Evangeliums und der Gestalt der Kirche biete und daher jedenfalls historisch als Grundlage für die Vielfalt der konfessionellen Ausprägungen des Christentums gelten müsse. Auch wenn das Thema dazu einlädt, ist es nicht möglich, der historischen Frage im engeren Sinne hier nachzugehen. Von entscheidender Bedeutung jedoch ist, daß die orthodoxen Kirchen und die römisch-katholische Kirche ungeachtet kritischer historischer Forschung in ihrer offiziellen Lehre daran festhalten, daß es jedenfalls in den ersten Jahrhunderten die eine ungeteilte Kirche gegeben habe; diese Einheit sei durch Abspaltungen beschädigt und verdunkelt worden, aber nie ganz verloren gegangen. Beide kirchliche Traditionen setzen voraus, daß jeweils in ihrer heutigen Gestalt die Einheit der Kirche weiterhin gegeben und sichtbar sei und daß die ökumenische Aufgabe in der Überwindung des Schismas (Kirchenspaltung) und der Eingliederung der getrennten Kirchen in die real existierende eine Kirche bestehe. Einheit der Kirche in dieser Perspektive ist keine »Fiktion«, sondern eine Umschreibung dessen, was Kirche wirklich ist. Im Sinne des nizänischen Glaubensbekenntnisses gehört die Einheit neben der Heiligkeit, der Apostolizität und der Katholizität zu den konstitutiven Merkmalen der Kirche. Dies ist auch der innere Grund, warum diejenigen Kirchen und christlichen Gemeinschaften, die an der gegebenen Einheit nicht teilhaben, nicht im vollen Sinne als Kirche anerkannt werden können.

Mag die historische Kritik diesen dogmatischen Zugang zur Frage der Einheit der Kirchen auch als »Fiktion« abtun und zugleich darauf verweisen, dass das gegenwärtige Bild der katholischen und der orthodoxen Kirchen alles andere als eine ungetrübte Einheit bietet, so muß zugleich zugestanden werden, daß es in beiden Traditionen gelungen ist, eine umfassende sichtbare Einheit zu bewahren und immer neue Abspaltungen zu vermeiden. Diese Beobachtung läßt sich ausdehnen auf die beiden im Gefolge der Reformation entstandenen Familien von Großkirchen, nämlich der Lutheraner und Anglikaner. Bei allem, was sie von der orthodoxen und katholischen Tradition trennt, stimmen sie darin überein, daß die Bewahrung der Einheit der Kirche konstitutiv ist für das Kirchesein von Kirche und sich vor allem in der Einheit des Glaubens und des Gottesdienstes äußert. Im Horizont dieser vier Traditionen stellt sich daher die Suche nach der sichtbaren Einheit vor allem als die Bemühung dar, die Lehrkontroversen und wechselseitigen Verurteilungen der Vergangenheit zu überwinden.

Dieser Ansatz in der Suche nach der Einheit der Kirchen kann auf sichtbare Erfolge verweisen. So ist zwischen den östlichen und den orientalischen orthodoxen Kirchen die Lehrkontroverse um das Verständnis der christologischen Aussagen des Konzils von Chalzedon, die zur Aufhebung der kirchlichen Gemeinschaft geführt hat, theologisch inzwischen aufgearbeitet und wartet auf ihre kirchenrechtliche und liturgische Umsetzung. Zwischen Anglikanern und Lutheranern ist es durch die Erklärungen von Meissen und Porvoo zur weitgehenden Herstellung kirchlicher Gemeinschaft gekommen. An der Leuenberger Kirchengemeinschaft in Europa nehmen inzwischen über neunzig lutherische, reformierte, unierte und methodistische Kirchen teil. Auch im Dialog mit der römisch-katholischen Kirche sind entscheidende theologische Klärungen erreicht worden, deren Umsetzung freilich noch Schwierigkeiten bereitet, wie die Kontroverse um die gemeinsame Erklärung zur Rechtfertigung zwischen lutherischen Kirchen und der römisch-katholischen Kirche zeigt. Eine weithin anerkannte Frucht derartiger Bemühungen um die Einheit der Kirche in Glauben und Leben sind die Konvergenzdokumente zu Taufe, Eucharistie und Amt, die vor über fünfzehn Jahren von der Kommission für Glauben und Kirchenverfassung des Ökumenischen Rates der Kirchen vorgestellt worden sind. Inzwischen hat die gleiche Kommission weitergearbeitet an einem ebenso zentralen Projekt über das gemeinsame Aussprechen des apostolischen Glaubens auf der Grundlage des Bekenntnisses von Nizäa-Konstantinopel, und vor kurzem ist der Entwurf eines Konvergenzdokumentes über das Verständnis von Wesen und Auftrag der Kirche vorgestellt worden. So mühsam und langwierig dieser Prozeß der Aufarbeitung und Überwindung von Spaltungen und Gegensätzen im Bereich der Lehre und der Kirchenordnung ist, so wenig lassen sich die erzielten Ergebnisse einfach als »Fiktion« abtun.

Es fällt freilich auf, daß diese Bemühungen vor allem im Umfeld der alten großkirchlichen Traditionen in Europa verwurzelt und vorangetrieben worden sind, während sich, ausgehend von England und Nordamerika, in den anderen Teilen der Welt im Zuge der Mission ein unterschiedlicher Typ von Kirche und daher auch ein anderer Zugang zur Frage der Einheit der Kirchen herausgebildet hat. Wir sprechen in Deutschland im Unterschied zu den Landeskirchen von Freikirchen; im angelsächsischen Bereich hat sich für diesen Typ der Begriff der »Denomination« herausgebildet. Dieser Typ der evangelischen Freikirche oder Denomination ist charakteristisch geworden für die Ausbreitung des Protestantismus über Europa und Amerika hinaus in andere Teile der Welt. Entstanden aus dem Protest gegen staatskirchliche Unterdrückung der Glaubens- und Gewissensfreiheit, und das heißt auch im Protest gegen eine mit Zwangsmitteln gegenüber Dissidenten festgehaltene Einheit der Kirche, haben die protestantischen Denominationen die Freiheit der individuellen Glaubensentscheidung und damit auch die Legitimität der Bildung neuer Kirchen nachdrücklich verteidigt. Wo sie der Ausbreitung des Evangeliums und seiner Verwurzelung in unterschiedlichen kulturellen und gesellschaftlichen Situationen dient, ist die Vielfalt der Kirchen und Denominationen kein Übel oder gar Ausdruck sündhafter Verfehlung, sondern ein Reichtum und Zeichen der Lebendigkeit der Kirche. Diese Kirchen haben ihre Identität und Eigenständigkeit durch Trennung erkämpft und haben daher ein tiefsitzendes Mißtrauen gegenüber allen Vorstellungen einer Einheitskirche. Sie gehen aus von der geistlichen Einheit aller wahrhaft Glaubenden. Diese Einheit ist gegeben und muß nicht erst durch Lehrkonsense hergestellt werden.

Die neuere ökumenische Bewegung hat tiefe geistliche Wurzeln in dieser freikirchlichen Tradition, für die sich die Aufgabe der Verwirklichung sichtbarer Einheit vor allem in der Überwindung der institutionellen Hindernisse ausdrückt, die das gemeinsame Zeugnis der Kirchen behindern. Die Bildung von Kirchen- oder Christenräten in allen Teilen der Welt, ebenso wie die vielen Kirchenunionen zwischen institutionell getrennten Kirchen, an denen sich vor allem Kirchen der methodistischen, presbyterianischen und kongregationalistischen Tradition beteiligt haben, nähren sich aus diesem kirchlichen Umfeld. Nur an wenigen Stellen, wie in Süd- und Nordindien und zur Zeit auch in Nordamerika, sind anglikanische Kirchen an Kirchenunionsverhandlungen beteiligt. Die lutherischen Kirchen haben sich solchen Plänen der Kirchenunion in der Regel nicht angeschlossen.

Der Versuch, auf die Themafrage eine Antwort zu finden, muß sich die hier nur kurz und sehr schematisch skizzierten Unterschiede der Ausgangssituation vergegenwärtigen. Für den angelsächsischen Raum, d.h. neben England vor allem die Vereinigten Staaten und die von angelsächsischer Mission geprägten Länder in Afrika und Asien, ist das Erscheinungsbild von der Vielfalt der Denominationen geprägt. In Afrika hat die Absprache unter den Missionsgesellschaften, die sich ihre Bereiche je nach Stammes- oder Volksgruppen aufgeteilt haben, dazu geführt, daß die Unterschiede zwischen den Denominationen durch ethnische und Stammesgrenzen verstärkt worden sind. Die Bemühung um kirchliche Einheit steht daher in einem unmittelbaren Zusammenhang mit der Aufgabe, eine gemeinsame Grundlage für die Gewinnung nationaler Identität zu finden. Die kirchliche Zersplitterung, überlagert von Stammes- oder – wie lange Zeit in Südafrika – von Rassengegensätzen, ist nicht nur ein theologisches und geistliches, sondern auch ein gesellschaftliches und politisches Problem. Die Suche nach Einheit in Afrika verwirklicht sich daher vor allem in der Wiederbelebung des Geistes der *Ubuntu*, d.h. der Überzeugung und Praxis der tiefen Gemeinschaft, in der alle afrikanischen Menschen verbunden sind.

In England und Nordamerika hat sich die Bemühung um Einheit der Kirchen vor allem auf die lokale Ebene der Kooperation und Nachbarschaft von Kirchen unterschiedlicher denominationeller Zugehörigkeit verlagert. In den vielen hundert lokalen ökumenischen Partnerschaften in England, in den ökumenischen Gemeinden oder den Bundesschlüssen auf lokaler Ebene in Amerika, wird Einheit sichtbar im Miteinanderteilen aller Aspekte des Lebens von lokalen Gemeinden. Bei allen Vorbehalten gegenüber der Bildung großer vereinigter Kirchenorganisationen wird hier die ökumenische Verpflichtung zu sichtbarer Einheit praktisch verwirklicht. Freilich bleibt dies eine Erfahrung innerhalb des westlich-protestantischen Teils der Christenheit; nur in seltenen Fällen sind katholische Gemeinden an solchen ökumenischen Partnerschaften beteiligt, und die orthodoxen Gemeinden können diesen Weg zur sichtbaren Einheit nicht mitgehen.

Im Unterschied zum angelsächsischen Raum hat sich in Europa mit Ausnahme der westeuropäischen Länder das großkirchliche Modell gehalten. So gibt es in den meisten Ländern Zentral-, Ost- und Südeuropas eine dominante Mehrheitskirche, die lange Zeit als Staatskirche anerkannt wurde. Aufgrund ihrer eingangs skizzierten Vorstellungen von kirchlicher Einheit haben sowohl die orthodoxen Kirchen wie die römisch-katholische Kirche Schwierigkeiten, die in ihrem Land lebenden Minderheitskirchen als Partner in der Suche nach kirchlicher Einheit anzuerkennen. So ist in vielen Ländern Osteuropas das ungeklärte Verhältnis der Kirchen zueinander Ausgangspunkt von scharfen Konflikten geworden, etwa im Zusammenhang staatlicher Gesetzgebung zur Religionsausübung, im Bildungsbereich oder bei der Rückgabe früheren kirchlichen Besitzes. Europa ist auch der Kontinent, in dem sich bis in die neueste Zeit hinein innerchristliche Gegensätze mit ethnischen und sozialen Konflikten verbunden haben, wie die tragischen Beispiele von Nordirland und Bosnien zeigen. Die Diskussionen bei der Zweiten Europäischen Ökumenischen Versammlung in Graz zum Thema »Versöhnung – Gabe Gottes und Quelle neuen Lebens« haben gezeigt, daß es einen unmittelbaren

Zusammenhang zwischen der Bemühung um Versöhnung und Einheit zwischen den Kirchen und den drängenden Aufgaben gesellschaftlicher und politischer Versöhnung gibt. So wichtig auch in Europa der Geist der praktischen ökumenischen Zusammenarbeit und Nachbarschaft, wie er im angelsächsischen Raum vorgelebt wird, ist, so nötigt doch das Gewicht der großkirchlichen Traditionen dazu, den umfassenden Dialog und die Aussöhnung der großen kirchlichen Traditionen weiter voranzutreiben.

Die Einheit der Kirche darf keine Fiktion bleiben, d.h. sie darf nicht nur Gegenstand von feierlichen Bekenntnissen und Beschwörungen bleiben, sondern muß sich sichtbar in einer neuen Qualität des Zusammenlebens verwirklichen – um der Menschen willen. Darüber, wie dies gelingen kann und wie die Vision kirchlicher Einheit in konkrete Modelle und Konzeptionen übersetzt werden kann, ist in der ökumenischen Bewegung seit Jahrzehnten intensiv nachgedacht worden. Ein erster wichtiger Kristallisationspunkt war die Erklärung zur Einheit der Kirche, die von der Dritten Vollversammlung des Ökumenischen Rates der Kirchen in Neu-Delhi (1961) verabschiedet wurde. Diese Erklärung war das Ergebnis eines langen Arbeitsprozesses, der nicht zuletzt inspiriert war durch das Zustandekommen der großen Kirchenunion in Südindien. Die Erklärung verwurzelt in einem Eingangsabschnitt alles Nachdenken über die Einheit der Kirche im Bekenntnis zum dreieinigen Gott. »Die Liebe des Vaters und des Sohnes in der Einheit des Heiligen Geistes ist die Quelle und das Ziel der Einheit, welche der dreieinige Gott für alle Menschen und die ganze Schöpfung will. Wir glauben, daß wir an dieser Einheit Anteil haben in der Kirche Jesu Christi, der vor allem ist und in dem alles besteht. In ihm allein, den der Vater zum Haupt des Leibes gesetzt hat, hat die Kirche ihre wahre Einheit. (...) Der Herr, der am Ende alle Dinge zur vollen Einheit führt, ist der, der uns nötigt, die Einheit zu suchen, die sein Wille für seine Kirche hier und jetzt auf Erden ist.« Einheit der Kirche in dieser Perspektive ist also nicht nur ein menschliches Projekt, dessen Chancen zur Verwirklichung unsicher sind; nein, die Einheit der Kirche ist begründet im Zentrum unseres Glaubens an den dreieinigen Gott. Sie ist der Wille Gottes für seine Kirche, ein ökumenischer Imperativ.

Dies wird dann aufgenommen und weiter entfaltet in der eigentlichen Erklärung, die beginnt mit den Worten: »Wir glauben, daß die Einheit, die zugleich Gottes Wille und seine Gabe an seine Kirche ist, sichtbar gemacht wird, indem alle an jedem Ort, die in Jesus Christus getauft sind und ihn als Herrn und Heiland bekennen, durch den Heiligen Geist in eine völlig verpflichtete Gemeinschaft geführt werden ...« Dreierlei an diesem Bild der Einheit verdient hervorgehoben zu werden. Erstens muß Einheit sichtbar werden, nicht nur in Lehrübereinstimmungen oder institutionellen Vereinbarungen, sondern im Zusammenleben der Christen an jedem Ort, d.h. im täglichen Leben zwischen Nachbarn, die von unterschiedlichen kirchlichen Traditionen geprägt sind. Zweitens sind die entscheidenden, wenn auch nicht ausreichenden Bedingungen der Einheit, daß sich Christen und Christinnen verbunden wissen in der einen Taufe und im Bekenntnis zu Jesus Christus. Die Taufe gliedert ein in den weltweiten Leib Christi, der alle konfessionellen Unterscheidungen übergreift. Drittens ist die Einheit nicht in erster Linie das Ergebnis menschlicher Bemühungen, sondern der Heilige Geist, und d.h. Gott selbst, führt die Glaubenden zu einer völlig verpflichteten Gemeinschaft zusammen. Wo sie sich dieser Gemeinschaft versagen, fallen sie auch aus der Gemeinschaft mit Christus heraus.

Diese Erklärung löste damals ein breites und positives Echo aus. Sie führte zur Entdeckung der »Ökumene am Ort« und damit zur Beteiligung des ganzen Volkes Gottes an der Suche nach sichtbarer Einheit. Die orthodoxen Kirchen freilich meldeten bereits bei der Vollversammlung in Neu-Delhi ihren Vorbehalt an. Für sie war dieses Bild der Einheit Ausdruck des Selbstverständnisses der protestantischen Denominationen, die einander prinzipiell als gleichberechtigte Partner bei der Suche nach der Einheit anerkannten. Gegenüber einer solchen horizontalen »Ökumene im Raum« bestanden sie auf der »Ökumene der Zeit«, d.h. der Notwendigkeit für alle Kirchen, sich der Tradition der alten ungeteilten Kirche einzugliedern und so das Schisma zu überwinden. Der Widerspruch wurde zwar gehört, aber er hatte, jedenfalls zunächst, keine nachhaltigen Wirkungen.

Im Verlauf der sechziger Jahre begannen jedoch die orthodoxen Kirchen, sich intensiver am ökumenischen Gespräch zu beteiligen, und vor allem öffnete das Zweite Vatikanische Konzil den Weg für die römisch-katholische Kirche, ihre Stimme in den ökumenischen Dialog einzubringen. Für die katholische Kirche als Weltkirche war die universale Dimension der Einheit, wie sie im universalen Leitungsamt des Papstes sichtbaren Ausdruck findet, immer vorrangig vor der lokalen Einheit. So wandte sich auch das ökumenische Gespräch stärker der Frage zu, wie die »Einheit aller an allen Orten« sichtbar zum Ausdruck gebracht werden könne. Die alte Kirche hatte hierfür das Instrument des ökumenischen Konzils entwickelt. Das genauere Studium des konziliaren Prozesses in der alten Kirche und seiner Bedeutung für die ökumenische Bewegung heute führte dann zur Weiterentwicklung der Einheitsvorstellung von Neu-Delhi durch eine Erklärung der Fünften Vollversammlung des Ökumenischen Rates in Nairobi 1975, welche die universale Einheit der Kirche beschrieb als eine »konziliare Gemeinschaft von in sich geeinten Ortskirchen«. Die Betonung der sichtbaren Einheit an jedem Ort blieb erhalten, aber die Aufnahme der konziliaren Tradition stellte dem Modell der katholischen Weltkirche eine in sich differenzierte konziliare Gemeinschaft von Ortskirchen mit ihren eigenen Ordnungen, Liturgien und Traditionen gegenüber. Auch diese Wiederbelebung der konziliaren Tradition löste ein lebhaftes Echo aus bis hin zur Anregung eines konziliaren Prozesses für Gerechtigkeit, Frieden und die Bewahrung der Schöpfung und den Vorschlag, auf ein wirklich universales Konzil aller Christen hinzuarbeiten.

Aber auch hier gab es Widerspruch, einerseits natürlich von orthodoxer und katholischer Seite, die aufgrund ihrer kirchenrechtlich festgelegten Vorstellungen von Konzilen dieser Neuinterpretation nicht zustimmen konnten, andererseits aber auch von seiten der lutherischen Kirchenfamilie, die gegenüber der Betonung von »in sich geeinten Ortskirchen« an dem Element konfessioneller Prägung festhalten wollten, das Kirchen in ganz unterschiedlichen Kontexten miteinander verbindet. Sie stellten daher dem von der Vollversammlung des Ökumenischen Rates vorgestellten Modell das Bild einer »Einheit in versöhnter Verschiedenheit« gegenüber. Konfessionelle Unterschiede und Prägungen, auch auf der örtlichen Ebene, sollten also nicht verschwinden, aber so transformiert werden, daß aus dem historischen Gegensatz eine Beziehung der Versöhnung wird, in der die Traditionen einander bereichern.

Der während einiger Jahre lebhaft geführte Streit zwischen diesen beiden Konzeptionen ist inzwischen abgeflaut. Das mag einerseits damit zusammenhängen, daß derartige Zielbeschreibungen immer Gefahr laufen, sich von der Erfahrungswirklichkeit abzuheben, und daher nur schwer in das alltägliche Miteinander von Kirchen unterschiedlicher Tradition zu vermitteln sind. Es könnte aber auch darauf zurückzuführen sein, daß sich inzwischen ein grundlegender Bewußtseinswandel hinsichtlich der konfessionellen Trennungen vollzogen hatte. Durch Mobilität und Migration waren die homogenen konfessionellen Gemeinschaften aufgelöst, und in vielen Ländern wurden gemischt-konfessionelle Ehen von der Ausnahme zum Normalfall. Ökumenische Bibelübersetzungen, gemeinsame liturgische Texte und die wechselseitige Aufnahme von Liedern und Gesängen hatte Kirchen und Gemeinden näher zusammengeführt, und damit war Einheit der Kirche nicht länger eine Idealvorstellung, die sich vielleicht in der Zukunft verwirklichen werde, sondern ein lebendiger Prozeß innerhalb der gegenwärtigen Erfahrung.

Noch liegen die Zielvorstellungen und Visionen von der Einheit der Kirche im Konflikt miteinander. An den eingangs skizzierten unterschiedlichen Ausgangspositionen hat sich nichts geändert. Durch Erklärungen und Entscheidungen der Kirchenleitungen, vor allem auf katholischer und orthodoxer Seite, sind die Unterschiede eher schärfer herausgetreten. Und doch zeigt der zuvor angedeutete Bewußtseinswandel seine Wirkungen. Er ist zwar beschränkt vor allem auf die Regionen, in denen Christen und Kirchen unterschiedlicher Tradition nebeneinander leben und inzwischen die Erfahrung gemacht haben, daß ihr gemeinsamer Glaube sie über alle Unterschiede der Tradition hinweg miteinander verbindet. Dies gilt natürlich in erster Linie für die verschiedenen Kirchen protestantischer Tradition, die heute faktisch in offener Gemeinschaft miteinander leben, auch wo dies nicht ausdrücklich erklärt worden ist. Es gilt in zunehmendem Maße auch für die evangelisch-katholische Nachbarschaft, jedenfalls in gemischt-konfessionellen Gebieten wie in Zentral- und Westeuropa. Die orthodoxen Kirchen andererseits sind in ihrer Mehrheit von diesem Bewußtseinswandel noch kaum beeinflußt und haben vielmehr mit wachsenden fundamentalistischen Strömungen im Inneren zu kämpfen, für die die ökumenische Bewegung eine Häresie ist, welche die Reinheit der orthodoxen Tradition bedroht. Ähnliche fundamentalistische oder integristische Strömungen gibt es freilich auch auf katholischer oder protestantischer Seite. Sie sehen in der ökumenischen Bemühung um die sichtbare Einheit der Kirche eine Bedrohung ihrer religiösen Identität und verweigern sich daher der ökumenischen Gemeinschaft.

Aber wenn es zutrifft, daß Einheit der Kirche nicht in erster Linie ein dogmatisch definierbarer und kirchenrechtlich abgesicherter Zustand ist, sondern ein lebendiger Prozeß, dann sind solche Widersprüche, die sich aus der Sorge um den Verlust der eigenen Identität nähren, nicht verwunderlich und kein Grund, um die Einheit der Kirche zu einer Fiktion zu erklären. Die ökumenische Bewegung in diesem Jahrhundert hat einen langen Weg zurückgelegt, in dessen Verlauf das Verhältnis der Kirchen zueinander sich grundlegend gewandelt hat. Dieser Wandel kommt auch darin zum Ausdruck, daß neben das Stichwort von der »sichtbaren Einheit« immer mehr der andere Schlüsselbegriff der *koinonia* oder »Gemeinschaft« trifft. Die Einheitserklärung der Siebten Vollversammlung des Ökumenischen Rates der Kirchen in Canberra 1991 unter dem Titel »Die Einheit der Kirche als Koinonia: Gabe und Berufung« hat »Gemeinschaft« als Interpretationsschlüssel für den klassischen Begriff der Einheit eingeführt. Während der Begriff der »Einheit« für viele Ohren statisch und unbeweglich ist und trotz aller gegenteiligen Beteuerungen den Verdacht nicht überwinden kann, es gehe um Vereinheitlichung von Lehren und kirchlichen Strukturen, setzt »Gemeinschaft« bei der Erfahrung des Miteinanderlebens von Menschen an. Einheit wird sichtbar, so hatte schon die Erklärung von Neu-Delhi gesagt, in einer »völlig verpflichteten Gemeinschaft« aller an jedem Ort. Einheit läßt sich bestimmen und beschreiben; Gemeinschaft jedoch können Menschen erfahren im gemeinsamen Gottesdienst, im Singen und Beten, im gemeinsamen Handeln und Miteinanderteilen. Gemeinschaft äußert sich in der praktischen Solidarität ebenso wie im gemeinsamen Bezeugen des einen Glaubens. Gemeinschaft ist nicht einfach gegeben; sie muß wachsen durch die Bildung von Vertrauen, und sie ist verletzlich und bedroht. Vor allem wo alte Feindschaften in der Erinnerung fortleben und noch nicht versöhnt sind, bedarf es langer und geduldiger Bemühung, bis Gemeinschaft wachsen kann. Dies gilt in Regionen wie Nordirland, Bosnien oder der Ukraine.

Um so wichtiger ist es daher, daß die neuen Erfahrungen ökumenischer Gemeinschaft legitimiert und durch die gemeinsame Reflexion aufgearbeitet werden. So gewinnen angesichts des eingetretenen Bewußtseinswandels weit zurückliegende Aussagen neue Bedeutung, so z.B. wenn das Ökumenismusdekret des Zweiten Vatikanischen Konzils davon spricht, daß zwischen allen, die an Christus glauben und in der rechten Weise die Taufe empfangen haben, eine wirkliche, wenn auch noch nicht vollkommene Gemeinschaft besteht. Diese Aussage, in der die Einheitserklärung der Vollversammlung von Neu-Delhi indirekt aufgenommen ist, hat an vielen Orten dazu geführt, die gemeinsame Taufe als ein festes und unwiderrufliches Band der Gemeinschaft wieder zu entdekken. Durch wechselseitige Anerkennung der Taufe, wie kürzlich von den Kirchen in der Region Baden unter Einschluß der orthodoxen Kirchen bekräftigt, wird die erfahrene Gemeinschaft legitimiert und gestärkt. Um so schmerzlicher und für immer mehr Menschen unverständlicher ist daher der Umstand, daß die Feier gemeinsamer Gottesdienste unter Einschluß der Eucharistie nach wie vor durch kirchliche Ordnungen eingeschränkt ist. Die Begründungen mögen theologisch und kirchenrechtlich schlüssig sein, aber sie lassen sich pastoral und geistlich immer weniger vermitteln.

Dic Betonung der Einheit der Kirche als »Gemeinschaft« hat den Blick darauf gelenkt, daß über die dogmatischen und kirchenrechtlichen Aspekte hinaus die geistliche Dimension in ihrer Bedeutung wahrgenommen werden muß. Der geistliche Ökumenismus oder die »Ökumene des Herzens« nährt sich im gemeinsamen Gottesdienst. Wenn es zutrifft, daß die Eucharistie die Nahrung für das wandernde Gottesvolk ist, dann sollte bedacht werden, daß eine Gemeinschaft ohne diese Nahrung verkümmert. So sehr die strenge Position der orthodoxen und der katholischen Kirchen respektiert werden muß, daß die Feier der Eucharistie Ausdruck der vollkommenen Gemeinschaft ist und nicht zu einem Mittel und Instrument auf dem Weg zur Einheit gemacht werden darf, so sehr muß betont werden, daß eben die erfahrene und durch die gemeinsame Taufe legitimierte Gemeinschaft auf die gottesdienstliche Bestätigung in der Feier der Eucharistie hindrängt. Hier geht es nicht länger um die Frage, ob Einheit der Kirchen eine Fiktion sei, sondern eher darum, wie lange die kirchlichen Ordnungen dem geistlichen Druck von unten noch standhalten können.

Wenn man aus dieser Perspektive an das Problem der Einheit der Kirchen herangeht, dann wird freilich auch deutlich, daß es sich hierbei nicht nur um ein zwischenkirchliches Problem handelt, sondern daß die Frage der Einheit in zunehmendem Maße auch innerhalb der noch voneinander getrennten Kirchen gestellt ist. Letztlich geht es nicht um dogmatische Übereinstimmung oder institutionelle Vereinigung, sondern um die Integrität von Kirche, ihre Glaubwürdigkeit, oder um ihr Kirchesein. In der ökumenischen Bewegung ist diese Dimension der Frage nach der Einheit der Kirche zum ersten Mal intensiv in der Auseinandersetzung mit dem Rassismus diskutiert worden. Der Widerstand gegen den Rassismus und die Apartheid in Südafrika gewann seine eigentliche Schärfe, als bewußt wurde, daß durch die Praxis der rassischen Diskriminierung die Einheit der Kirche in Frage gestellt war. Damit ging es nicht mehr alleine um ein Problem der gesellschaftlichen oder politischen Gerechtigkeit, sondern um das Kirchesein von Kirche. Eine Kirche, die die Praxis der Rassendiskriminierung übernimmt oder gar theologisch rechtfertigt, verleugnet ihre Einheit. Auch im Blick auf die Gemeinschaft von Männern und Frauen in der Kirche stellt sich diese Frage nicht nur zwischen den Kirchen unterschiedlicher Tradition, sondern innerhalb einer jeden Kirche. Auch hier steht die Glaubwürdigkeit und Wahrheit der Gemeinschaft auf dem Spiel, zu der Kirchen in der Nachfolge Jesu Christi berufen sind. Neuerdings sind es vor allem ethische Fragen im Blick auf Fortpflanzung und Sexualität, aber auch den Anfang und das Ende menschlichen Lebens, die sich als Faktoren potentieller Spaltung in Kirchen auswirken, die in Lehre, Gottesdienst und Kirchenordnung geeint sind. Die Frage nach dem Stellenwert von bestimmten moralisch-ethischen Traditionen für die Einheit der Kirche ist noch neu, und es gibt bislang keine Formen des Dialogs, um dieser Herausforderung zu begegnen.

Die Frage nach dem Kirchesein von Kirche als dem Zentrum ökumenischer Bemühungen um die Einheit drängt sich auch noch aus einem anderen Grunde auf. In Nordirland und Bosnien, aber auch an vielen anderen Stellen, haben wir erleben müssen, daß in unserer Zeit konfessionelle Loyalitäten politisch mißbraucht worden sind, um gesellschaftliche und politische Konflikte zu verschärfen und zu legitimieren. In all solchen Fällen versuchen zwar die beteiligten Kirchen deutlich zu machen, daß es sich nicht um einen religiösen Konflikt handele. Dennoch sind sie in der Regel machtlos, den Mißbrauch religiöser Symbole und Loyalitäten für politische Machtinteressen zu verhindern. Aus der Geschichte wissen wir, daß Konflikte, die um religiöse, und d.h. letzte Überzeugungen und Wahrheiten ausgetragen werden, am wenigsten einer politischen, und d.h. nicht gewalttätigen Lösung zugänglich sind. Es steht zu erwarten, daß im Gegenzug zur Globalisierung nicht nur ethnisch-kulturelle, sondern auch religiöse Identitäten neue Bedeutung gewinnen. Um so wichtiger ist es, daß die christlichen Kirchen die in Jahrzehnten gewachsenen Ansätze der Gemeinschaft untereinander verstärken und so dem machtpolitischen Mißbrauch historisch gegebener Unterschiede und Trennungen Widerstand entgegensetzen können. Die Bemühung um die Einheit der Kirchen ist daher in gewisser Weise der wichtigste christliche Friedensdienst in unserer heutigen Welt.

Bleibt also die Einheit der Kirchen eine Fiktion? Dies mag in der Tat die Konsequenz sein, wenn der Blick ausschließlich auf die noch ungelösten Widersprüche und Konflikte umfassender ökumenischer Zielvorstellungen gerichtet ist. Blickt man jedoch auf die gewachsene Erfahrung der Gemeinschaft zwischen Menschen und Kirchen unterschiedlicher Tradition, dann wird die Antwort anders ausfallen. Freilich, von der Einheit der Kirche als Prozeß läßt sich eher in Geschichten, Gleichnissen und gottesdienstlichen Liturgien reden als in Form von nachprüfbaren Tatsachenaussagen. Aber: Wenn es zutrifft, daß letztlich der Heilige Geist, und d. h. Gott selbst, die Menschen und Kirchen zusammenführt, dann muß die Skepsis der Realisten den Einsatz für die Einheit der Kirchen nicht beunruhigen.

Manfred Kock

Protestantismus – Wieviel Profil werden die Enkel Luthers noch haben?

Ein engagierter Kirchenkritiker aus der Kölner Region hatte mir einmal ein vielseitiges Dossier zugeschickt, das er zu einem bunten, verwirrenden Blütenstrauß mit Kurzberichten aus Kölner Gemeinden zusammengestellt hatte. Die Absicht des Schreibers war: Er wollte anklagen, Pfarrerinnen und Pfarrer vor allem. Er wies auf die Zweckentfremdung von Kirchenräumen hin, auf seiner Auffassung nach geschmacklose oder gar blasphemische Veranstaltungen; er ärgerte sich über Kunstausstellungen und Rockmusik in Kirchen; er kritisierte die Lockerheit von Familiengottesdiensten, von liturgischen Tänzen und Kindergetümmel; er beklagte verwirrendes Gitarrengesinge und armwedelnde Charismatiker; er litt unter seufzenden Bußgebeten von Aussiedlergruppen und so weiter.

Ich habe dieses Dossier ganz anders gelesen, als es der Schreiber wollte. Ich war glücklich über die Fülle und Vielfalt. Ich habe mich gefreut, daß die Freude am Evangelium nicht nur »virtuell«, sondern ganz leiblich und geerdet und auch ausgelassen sein kann. Ich habe keine Sorge, daß in unserer Kirche die Mitte des Evangeliums darüber verdeckt wird. Es wird auch in der Fülle der Experimente sichtbar bleiben, was unser einziger Trost im Leben und im Sterben ist: Wir gehören dem Herrn und Heiland Jesus Christus.

Die lebendigen, phantasievollen Versuche in den Gemeinden zeigen an: Viele Pfarrerinnen und Pfarrer sind erfüllt von ihrem Auftrag. Mitarbeiterinnen und Mitarbeiter in den Gemeinden bemühen sich um neue Impulse. Auch wenn das eine oder andere danebengeht – und manches geht wirklich daneben: lieber lebendige Experimente als das Gegenteil, nämlich

Mutlosigkeit und Depressionen von Mitarbeitenden, die ihre Mißerfolge nicht bewältigen.

Am Ende dieses Jahrtausends, knapp ein Jahrzehnt nach der Wiedervereinigung der östlichen und westlichen Landeskirchen, steht die evangelische Kirche in unserem Land an einer Epochenwende ihrer Arbeit. Teile der Bevölkerung haben zur Kirche kein Verhältnis mehr. Konfessionslosigkeit ist ein Massenphänomen.

In den ostdeutschen Landeskirchen ist der tiefgreifende Umbruch offensichtlicher als im Westen. Für die weit überwiegende Mehrheit der Menschen in Ostdeutschland ist das Verhältnis zu Kirche, Christentum und Religion dadurch gekennzeichnet, daß sie schlicht und einfach nicht damit konfrontiert sind, biographisch nie damit konfrontiert waren und angesichts der beschriebenen Mehrheitsverhältnisse auch in ihrem Alltagsleben kaum damit konfrontiert werden. Fast drei Viertel der Bevölkerung sind konfessionslos, allerdings mit erheblichen regionalen Unterschieden.

In den westdeutschen Landeskirchen kann das – wenn auch verzögert – ebenfalls Realität werden. Wenn auch rund achtzig Prozent der Menschen einer der Kirchen angehören, so leben doch viele der Kirchenmitglieder ohne kontinuierlichen institutionellen religiösen Bezug.

Damit ergibt sich für die Kirchen ein Bedeutungswandel, ein Bedeutungsrückgang, dessen Auswirkungen wir in unserer kirchlichen Arbeit richtig einzuschätzen haben. Jedenfalls ist offensichtlich: Für viele hat die Kirche längst aufgehört, ein selbstverständlicher Bestandteil des persönlichen und gesellschaftlichen Lebens zu sein.

Es mag uns ein wenig trösten, daß nahezu alle gesellschaftlichen Institutionen in einer Identitätskrise stecken. Den Parteien und Gewerkschaften geht es ähnlich wie den Kirchen. Viele Menschen trauen Politik, Wirtschaft und Verbänden nicht mehr zu, daß mit ihrer Hilfe das Leben zu bewältigen ist. Institutionellen Verbindlichkeitsansprüchen und programmatischen Versprechungen begegnen die Menschen mit Institutionsverdrossenheit und tiefsitzendem Mißtrauen.

Vor allem in Ostdeutschland, aber auch bei jungen Leuten im Westen, herrscht verbreitet eine Scheu vor jeder formalisierten Bindung an Organisationen mit weltanschaulicher

Tendenz. Und gegen Religion und christlichen Glauben hat man überdies große Vorbehalte.

Die aufgezeigte Entwicklung im Osten ist nicht nur die Folge der konkreten Sozialismusgeschichte. Im Westen liegt es auch nicht daran, daß Menschen in der Kirche schlecht gearbeitet hätten. Hier vollzieht sich vielmehr ein komplizierter Prozeß, der *auch* als Auswirkung eines Freiheitsverständnisses zu verstehen ist, das im Protestantismus selber angelegt ist. Wenn Menschen die Freiheit ihres Gewissens zugesprochen wird, kann man nicht böse sein, wenn sie von dieser Freiheit auch in der Weise Gebrauch machen, daß sie sich von der Institution entfernen. Es gehört zu den Kennzeichen einer freiheitlichen Gesellschaft, daß die Menschen ihre religiösen Überzeugungen und weltanschaulichen Bekenntnisse nach Belieben wählen und wechseln können. Das ist zwar nicht die Freiheit, die unser Herr Jesus Christus gemeint hat, aber so haben es viele für sich verstanden.

Was die Kirche anzubieten hat, gerät suchenden und fragenden Zeitgenossen nicht mehr selbstverständlich in den Blick. Die Kirche ist als Institution weithin nicht mehr als erstes gefragt, wenn es um die Sinnfrage geht. Ihre Botschaft wird bestenfalls als freibleibendes Angebot gesehen. Der christliche Glaube hat seine Monopolstellung verloren. Er muß sich auf dem Markt der Sinnstifter als ein Angebot neben anderen behaupten. Haben Luthers Erben noch Zukunft? Wie wird der künftige Protestantismus im Land der Reformation aussehen und wer wird ihn gestalten?

Das öffentliche Gewicht der Kirchen hat abgenommen – andererseits – und scheinbar in Widerspruch dazu – gibt es gleichbleibende, wenn nicht gesteigerte Erwartungen an die Kirchen. Sie sollen ihre Rolle für die Wertorientierung in der Gesellschaft eher noch entschlossener als bisher wahrnehmen. Diese Erwartung stützt sich auf das anerkannte soziale Engagement wie auf das relativ hohe Ansehen der Kirche in der Zeit der politischen Wende. Auch heute wird – trotz heftiger Kritik an einer zu engen Kooperation zwischen Kirche und Staat – erwartet, daß die Kirche Mund der Stummen und Stimme der Schwachen in der Gesellschaft ist.

Das Vertrauen, das in diesen Erwartungen zum Ausdruck kommt, ist ein hohes Gut, das nicht verspielt werden darf. Mitunter wird mit diesem Zutrauen jedoch ein Forderungskatalog verbunden, der sich an dem früheren Niveau gesellschaftlichen Leistungsvermögens der Kirche orientiert.

Die Frage: »Wozu noch Kirche?« wird dann schnell mit dem Verweis darauf beantwortet, was Kirche alles im diakonischen Bereich leistet. Anstatt sich selbst die Botschaft von der Rechtfertigung sagen zu lassen, rechtfertigt sich die Kirche selbst. Ihr gutes Werk, mit dem sie Gnade in der Gesellschaft finden möchte, ist dann die Diakonie.

Natürlich ist die Diakonie ein Aktivposten in unserer Gesellschaft. An ihr zeigt sich – gut 150 Jahre nach der bewegenden Kirchentagsrede Wicherns in Wittenberg 1848 – besonders deutlich, was die Gestalt kirchlicher Institution in dieser Gesellschaft und in unserer historischen Situation kennzeichnet: Verläßlichkeit und Qualität des Angebots für die Rat- und Hilfesuchenden, Flexibilität und Phantasie im Blick auf die wirtschaftlichen Bedingungen und Kooperationsfähigkeit mit den sozialpolitisch Verantwortlichen in Bund, Ländern und Gemeinden. Der Staat fährt gut dabei, wenn er das Prinzip der Subsidiarität achtet. Die bewährte Infrastruktur der Kirche macht die Arbeiten im sozialen Sektor billiger, als wenn der Staat sie mit eigenen Kräften leisten müßte, zumal ein erheblicher Finanzanteil aus der Kirchensteuer bestritten wird. Außerdem ist im kirchlichen Gefüge ein großer Anteil ehrenamtlich Mitarbeitender zu mobilisieren, den staatliche Wohlfahrtspflege nicht so ohne weiteres auf den Plan bringen könnte.

Wir müssen allerdings zurückweisen, wenn oberflächliche Kritik nur die speziell sozialen Aufgabenfelder für gesellschaftlich relevant erklärt. Auch unsere verkündigende und seelsorgerliche Arbeit ist wichtig für diese ganze Gesellschaft, nicht nur für die religiös Interessierten. Die Kirche stellt ein kollektives Gedächtnis für den einzelnen dar, das Glaubenserfahrungen und Werte bewahrt und weitergibt.

Allein dadurch, daß die Botschaft von der Rechtfertigung verkündigt wird – auch wenn im einzelnen Gottesdienst nur kleine Zahlen sich sammeln – erinnert sie daran, daß Menschen nicht einfach Konsumenten und Arbeitsmaschinen sind. Das Engagement für den Schutz des Sonntags und die Pflege der Feiertagskultur ist ein Dienst der Kirche am Ganzen unserer Gesellschaft, die der Allmacht kommerzieller Interessen und den irrealen Verlockungen der Konsumwelten zu erliegen droht.

Die helfenden Strukturen der Diakonie brauchen Mobilisierung und Motivierung der Einzelnen durch die Botschaft des Evangeliums; sie brauchen geistliche Stärkung zum Durchhalten. So wächst das verläßliche Hilfepotential einer gut organisierten Gemeinschaft, in der einzelne Menschen im Haupt- und Ehrenamt Möglichkeiten erhalten, sich für andere zu engagieren.

Neben der wohlorganisierten Diakonie wird die Kirche aber auch immer Raum für spontane Hilfe bieten, wo die Hilfesysteme unseres Sozialstaates eine Lücke lassen. Wer denn, wenn nicht die Kirche, wird in einer kommerzialisierten, am Gelde und an Rentabilität orientierten Gesellschaft den Wert und die Würde des Menschen einschärfen, die unabhängig sind von dem, was einer zahlen und zählen kann?

Wie geht die Kirche ihren Weg ins nächste Jahrtausend? Sie ist auf dem Weg mit den befreienden Erkenntnissen und ermutigenden Gewißheiten der Reformation:

Der lebendige Jesus Christus wird niemals aufhören, seine Gemeinde durch das Wirken des Heiligen Geistes zu sammeln. Die Kirche wird es darum – in welcher Gestalt auch immer – zu allen Zeiten geben. Sie hat den Auftrag, mit ihren Gaben und Möglichkeiten allen Menschen das Evangelium zu verkündigen: »Ihr seid nicht sinnlose Zellklumpen auf einem Staubkorn im All, sondern ihr seid geliebte Söhne und Töchter Gottes.« Mit dieser Botschaft sammelt die Kirche Menschen zur Gemeinde Jesu Christi, spricht Sündenvergebung zu und kann von daher in den Konflikten und Nöten der Gesellschaft für das Leben und die Würde aller Menschen eintreten. Alles, was in der Kirche geschieht, muß auf ihren Glauben und auf ihren Auftrag zurückbezogen sein, damit sie in ihrem Dienst an den Menschen unverwechselbar bleibt.

Die Gewißheit der Gegenwart Jesu Christi läßt alle Krisen und Rückschläge überstehen, und ohne diese Gewißheit ist jede Kirchenreform in der Gefahr, in kurzatmigen Aktionen steckenzubleiben. Daher hat sich die Kirche auf ihrem Weg ins nächste Jahrtausend darauf zu besinnen, daß sie nur in der Gemeinschaft von Zeugnis und Dienst lebendig ist.

Die Kirche ist zum Zeugnis von Jesus Christus in die Welt gesandt. Alle Glieder der Gemeinde sind zum Zeugnis und zum Dienst berufen. Weil Jesus Christus jedem Menschen die Freundlichkeit Gottes mit Wort und Tat bezeugt hat, niemanden verlorengab und den Leidenden nahe war, engagiert sich die Kirche im sozialen Bereich und meldet sich in der öffentlichen Diskussion auch in politischen Fragen zu Wort.

Gerade in einer Gesellschaft, der das Zeugnis Jesu Christi fremd geworden ist, müssen wir alle Kräfte darauf konzentrieren, daß Menschen dem Evangelium in ihrem persönlichen Leben und in der Öffentlichkeit begegnen können.

Was wir Menschen als Botschaft des Evangeliums vermitteln wollen, darüber wird in den Gemeinden und unter Mitarbeiterinnen und Mitarbeitern zu wenig gesprochen. Muß es deshalb nicht erörtert werden, weil es sich von selbst versteht? Ist das aber wirklich so klar, wie es den Anschein erweckt?

Kirche ist missionarische Kirche. Dazu gehört, Christen zu ermutigen, über ihren Glauben Auskunft zu geben, sie sprachfähig und gesprächsbereit zu machen. Wie ungewohnt das ist und wie dringend nötig zugleich, zeigt sich an der nach wie vor verbreiteten Unsicherheit in den Gemeinden. Sie macht verlegen bis zur Sprachlosigkeit, wenn es um elementare Fragen des Glaubens geht. Wenn Christen jedoch ihrer Sache nicht gewiß und von ihrer Aufgabe nicht überzeugt sind, wie soll sich dann die Überzeugungskraft des Glaubens erweisen? Dabei ist es wichtiger denn je, Menschen einzuladen in unsere Kirchen, in unsere Gemeinden. Und gleich wichtig ist es, zu den Menschen hinzugehen und ihnen zu vermitteln, daß sie mit ihren Fragen und Zweifeln, mit ihren Begabungen und ihren Kräften gebraucht werden.

Selbst in DDR-Zeiten war die evangelische Kirche flächendeckend präsent. Sie konnte im Rahmen ihrer begrenzten Möglichkeiten wirksam handeln. Die zunehmend schwierige Finanzlage führt zu einschneidenden Maßnahmen. Dramatisch zurückgehende Einnahmen zwingen zu drastischen Einsparungen. Das bedeutet: Stellenabbau und Gehaltseinbußen. Sie haben im Osten längst ein Ausmaß erreicht, wo von der oft beschworenen »Verschlankung« der kirchlichen Strukturen keine Rede mehr sein kann. Ganze Aufgabenbereiche werden ausgedünnt oder völlig aufgegeben.

Um so stärker richten sich die Erwartungen auf die ehrenamtliche Mitarbeit engagierter Gemeindeglieder. Mehr denn je geht es nicht ohne sie. Damit wächst aber auch die Gefahr, sie zu vereinnahmen. Das führt zu Belastungen, vor allem angesichts der auf Dauer und Kontinuität angelegten Arbeit in der Kirche an festgelegten Orten und zu bestimmten Zeiten. Diese Spannung ist schwer aufzulösen. Es gibt Interessenkonflikte, die gesehen und ausgehalten werden müssen, wenn ehrenamtliche Arbeit nicht nur unverzichtbar, sondern auch zumutbar bleiben soll.

Wenn ich angesichts dieser Bedingungen von »Kirche der Zukunft« rede, so ist dies eine wichtige Voraussetzung:

Ein Modell künftiger Kirche ist nicht theoretisch und idealistisch zu entwickeln; man kann die gegenwärtigen kirchlichen Strukturen auch nicht mit einem einfachen Beschluß auf ein neues System umstellen. Die Kirche ist ständigen Veränderungen unterworfen. Kirchenreform ist immer ein Prozeß auf Neues hin. Die gegenwärtige Wirklichkeit enthält schon Ansätze, die Künftiges beispielhaft vorabbilden.

Kirchliche Arbeit geschieht heute weithin unter den Augen einer nichtkirchlichen Öffentlichkeit. Kirchentreue Christen leben weniger denn je nur unter ihresgleichen. Sie treffen auf Menschen, die christlichem Glauben distanziert, gleichgültig, ablehnend oder verständnislos gegenüberstehen. Daher müssen wir uns gerade in unseren Gemeinden darauf einstellen, daß uns andere Lebenserfahrungen und andere Lebensentwürfe begegnen. Darin werden wir uns einüben müssen. Der Brückenschlag kann gelingen, wenn wir auch die verkappten religiösen Fragen und die unausgesprochenen Sehnsüchte anderer Menschen ernstnehmen, ohne sie damit gleich zu vereinnahmen. Das bedeutet nicht, vom eigenen Glauben zu schweigen. Wir können auch Kirchenfremden deutlich machen, was uns an unserem Glauben wichtig ist.

Wir sollten darum gerade die treuen Gemeindeglieder ermutigen, sich mehr als bisher gerade den Menschen zu öffnen, die die Kirche verlassen, und vor allem auf die zuzugehen, die zeit ihres Lebens nie dazugehört haben. Als Konfessionslose haben sie die Kirche kaum vermißt. Wahrscheinlich haben sie jedoch auch nie zu spüren bekommen, daß die Kirche an ihnen Interesse hat und sie vermißt. Also müssen wir ihnen deutlich machen, daß uns wichtige Gesprächsimpulse fehlen, wenn wir den Dialog mit ihnen, den Konfessionslosen und Distanzierten, nicht führen.

Die Gemeinde braucht nicht nur die Konzentration nach innen, sondern auch die Öffnung nach außen. Wichtig sind die persönlichen Begegnungen. Biographische Anknüpfungspunkte, die Schwellensituationen des Lebens, das Bedürfnis nach Orientierung und Vergewisserung, vielleicht auch der Wunsch, durch Riten – welcher Art auch immer – gehalten zu werden, sind wichtiger als theologische Belehrungen. Gerade angesichts der Vielzahl der Konfessionslosen ist deutlich: Mission ist vorrangig Beziehungsarbeit. Die Menschen haben die Kirche zwar in Scharen verlassen, aber gewonnen werden können sie nur als Einzelne. Darum sind die persönlichen Begegnungen von unschätzbarem Wert.

Es besteht ein enormer Bedarf an einer neu zu gestaltenden »Sprachlehre des Glaubens«, die zum Dialog ermutigt und dazu hilft, das Evangelium den Menschen von heute in einer verständlichen Sprache nahezubringen. Dies ist nicht in erster Linie eine Frage des Vokabulars. Wir müssen die biblische Botschaft in ihrer Relevanz für die Gegenwart erfahrbar machen, so daß sie zur Orientierung und zur Ermutigung wird, so daß Menschen den Versuch wagen, mit ihr das Leben zu bestehen.

Sprachlosigkeit ist eine Last, sie drängt nach Lösung. Nachfolge gelingt, wenn Menschen sich stärken lassen von der Kraft des Geistes. Der lebt in der Bindung an das Wort. Es muß hörbar bleiben. Und hier ist Einübung in die Überlieferung nötig, wir Christen müssen die Geschichten erzählen und hören, die von der Tradition der Väter und Mütter geprägt sind.

Unser Glaube wird repräsentiert von einer Kirche mit zweitausendjähriger Geschichte. Die ist zwar wegen ihrer dunklen Seiten auch eine Last, aber die Kirche muß auch zu den Schattenseiten ihrer Geschichte stehen. Das ist unerläßlich für eine kultivierte Religion. Denn nur mit einem selbstkritischen Geschichtsbewußtsein kann sie auch ihre hellen Seiten als heilende Erinnerung in die Gegenwart tragen und so einen Glauben vermitteln, der das Gedächtnis in seine Weitergabe einbezieht. Diese Übung ist nicht nur Selbstzweck, sondern sie wirkt sich aus auf die Kultur des Gedenkens, die für jede neue Generation in unserer Gesellschaft lebendig erschlossen werden muß, damit die Gespenster früherer Tage nicht wieder Schrecken und Zerstörung verbreiten können.

Unserer evangelischen Kirche wird oft vorgehalten, sie sei zu rational und daher langweilig. Die religiösen Aufbrüche unserer Zeit, der wachsende Esoterik-Markt, lassen erkennen, daß Menschen auf Religion ansprechbar sind. Die Kirche lebe an diesem Bedarf vorbei; sie sei eben nicht »kundenorientiert«. Diese Vorwürfe sind vorschnell und oberflächlich. Es liegt nicht nur an der »kundenfernen Kirche«, wenn Menschen ihre religiöse Erbauung bei Guru-Gruppen und in Esoterik-Schulen suchen. Es gibt auch eine »asoziale« Religion, wie Richard Schröder das genannt hat, eine Sucht nach Göttlichem im eigenen Ich, eine Religiosität, die sich fesseln läßt von ausbeuterischen Systemen, bisweilen mit geradezu nekrophilen Zügen, wenn man an Satans- und Friedhofskulte denkt, oder von pseudowissenschaftlichen Angeboten mit mystischem Gewabere von feinstofflichen Strahlen und Energien und kosmischen Beziehungen.

Christliche Botschaft kann nicht nur nach den Bedürfnissen der Kunden ausgerichtet werden. Dann würde sie in der Regel unpolitisch und besänftigend wirken und bei Ruhe und Ordnung landen. Sie ist vielmehr immer von der Art, daß, wer sie weiterträgt, fremd in dieser Welt bleibt. Daher sind die biblischen Bilder der Hoffnung nicht gekennzeichnet durch Größe, sondern durch Wirksamkeit: Samen – Hefe – Salz – Licht.

Mit der Kraft dieser Bilder bleiben wir auch bei zurückgehenden Zahlen in einer pluralistischen Gesellschaft dialogfähig.

Eine Leitlinie für die kommenden Jahre sollte sein, daß kirchliche Arbeit vorrangig auf eine »Beteiligungskirche« ausgerichtet ist. Damit ist gemeint, daß die Kirche zunehmend in ihrer Arbeit von ihren Mitgliedern getragen wird.

Die Gemeinden sind die Basis kirchlicher Arbeit. Sie bleiben auch weiterhin ein wichtiger Ort, wo christlicher Glaube gelebt und bezeugt wird. Nach wie vor bietet die Ortsgemeinde für die kirchliche Sozialisation enorme Chancen. Sie nimmt Anteil am Alltag der Menschen und begleitet sie in den Krisen wie bei den Festen ihres Lebens. Die Ortsgemeinde bietet die Möglichkeit der Beteiligung bei relativ niedriger Zugangsschwelle.

Neben den Ortsgemeinden wird es aber Gruppen-Gemeinden geben, Gemeinden, in denen Menschen auf begrenzte Zeit oder auf Dauer zusammenleben, Hauskreise, Kommunitäten und so weiter.

In Zukunft werden Gemeinden immer weniger damit rechnen können, daß sie eigene Pfarrerinnen bzw. Pfarrer oder auch einen hauptamtlichen Mitarbeiter bzw. eine Mitarbeiterin nur für sich allein beanspruchen können, selbst wenn dies nach missionarischen Erfordernissen gerade nötig wäre. Die Präsenz der Kirche entscheidet sich künftig weniger an der Residenz der Pfarrerin oder des Pfarrers als vielmehr an der Existenz der Gemeinde. Diese Einsicht ist nicht neu, sie entspricht ursprünglicher reformatorischer Überzeugung und der langen Erfahrung in den zahlreichen Diasporasituationen in der Ökumene.

Wenn die Kirche am Ort erfahrbar bleiben soll, wird es darum mehr noch als bisher auf jede einzelne Christin und jeden einzelnen Christen selbst ankommen. Es bleibt die unaufgebbare Aufgabe der Gemeinde am Ort, daß dort, wo Christen wohnen, Zeugnis und Fürbitte geschehen, daß konkrete Gemeinschaft erfahrbar bleibt und in lebendiger Liturgie Lobpreis und Anbetung Gottes nicht verstummen.

Wenn die Gemeinde über den eigenen Kirchturm hinaus arbeitet, wächst das Bewußtsein für ihre Weite. Die unterschiedlichen Ebenen der Ortsgemeinde und der Region, des Kirchenkreises und der Landeskirche werden dann nicht mehr in gegenseitiger Konkurrenz, sondern als Netzwerk gesehen, das dem einen und gemeinsamen Auftrag zu dienen hat.

Haupt-, neben- und ehrenamtliche Arbeit stehen zueinander nicht in Konkurrenz, sondern sie sind aufeinander angewiesen. Sie sind nach 1. Korinther 12,12ff. unterschiedliche Funktionen der Kirche als des Leibes Christi. Kein Organ kann ein anderes ersetzen. Sie brauchen einander.

Zu Recht sagt die 4. These der Barmer Theologischen Erklärung: »Die verschiedenen Ämter in der Kirche begründen keine Herrschaft der einen über die anderen, sondern die Ausübung des der ganzen Gemeinde anvertrauten und befohlenen Dienstes.«

Die kirchliche Wirklichkeit sieht bei uns weithin noch ganz anders aus. Von engagierten »Laien« wird darauf kritisch und begründet immer wieder hingewiesen. Zu oft finden sie sich noch in der Rolle von Zuarbeitern, Handlangern oder Helferinnen vor, die ihnen von hauptamtlichen Diensten, vor allem von Pfarrern – oft unbedacht – zugewiesen wird.

Es müßte inzwischen selbstverständlich sein, daß freiwillige Mitarbeiterinnen und Mitarbeiter nicht nur an der Ausführung der Aufgaben, sondern auch an der Planung und Verantwortung beteiligt werden. Die Gleichwertigkeit aller Dienste kann auch öffentlich dadurch sichtbar werden, daß Ehrenamtliche in Dienste, die sie übernehmen, im Gottesdienst eingeführt und auch mit Dank und Anerkennung verabschiedet werden, wenn der Dienst endet.

Frauen und Männer für die freiwillige Mitarbeit in der Kirche zu gewinnen und zu ermutigen, aber auch zu befähigen und zu fördern, wird eine der wichtigsten Aufgaben der hauptamtlichen Mitarbeiterinnen und Mitarbeiter in den nächsten Jahren sein.

Was für unsere gemeindlichen Verhältnisse noch nicht unmittelbar bevorzustehen scheint, ist in Minderheitskirchen in vielen Teilen der Welt, vor allem bei unseren Nachbarn in Ost- und Südeuropa, längst eine selbstverständliche Ausprägung der Gemeindearbeit. Sie verfügen darin zum Teil über jahrhundertelange Erfahrungen. Auch in dieser Hinsicht wird es Zeit, von der Ökumene zu lernen.

Für die Zukunft dürfen wir nicht dem Traum einer im wesentlichen gleichstrukturierten und organisierten Kirche anhängen. Ökumene besteht vielmehr darin, daß wir auch den geistlichen Reichtum der unterschiedlichen Kirchen in ihrer Vielfalt klarer erkennen und einen etwas realistischeren Ökumeneansatz verfolgen. Ich nenne hier den von anderen formulierten Begriff »Ökumene der versöhnten Gegensätze«. Es wird weiterhin unterschiedliche Kirchen geben müssen – aber in einer stärkeren Geschwisterlichkeit als bisher.

Dabei muß Ökumene auf den heutigen Begriff gebracht werden: Die Grenzen sind weit, nicht provinziell wie Gemeinde/Bistum/Landeskirche. Ökumene ist die heute bewohnte Welt, ist das Raumschiff Erde – uns anvertraut, um es bewohnbar zu halten. Für diese Herausforderung sind wir in überwältigender Weise auf unsere Dialogfähigkeit angewiesen.

Gemeinsam haben alle Kirchen folgendes zu beachten: Sie müssen aus dem Zentrum des Glaubens leben. Sie müssen ihre Wahrheit in heutiger Realität bezeugen. Sie sollen die Geschichten erzählen von dem Gott Israels, der Vater Jesu Christi ist. Sie sollen ihn bekennen als den Schöpfer und Erhalter, als den Erlöser und Vollender und als den Tröster.

Wir leben in einer Zeit von viel selbstsicherer und banaler Gottlosigkeit. Hier gilt es die Dimension der Transzendenz offenzuhalten. Wir müssen gegen die Verflachung und die Banalisierung des Lebens in unserer wunderschönen Welt einstehen für Vertiefung und für eine Verbesserung unserer inneren Substanz.

Die christliche Praxis, die Nachfolge, verlangt von uns, unsere Kräfte zu sammeln und zu erneuern. Wir brauchen Erneuerung, damit wir im Kraftfeld Jesu bleiben, in dem allein wir Menschen suchend und fragend unterwegs sein können. Christen in den Kirchen müssen den Menschen dazu verhelfen, daß sie aus dem Gefängnis der Ich-Sucht herauskommen. Daher ist die Botschaft von der Solidarität und Nächstenliebe der Ausfluß dessen, was wir zu tun haben.

Und wir haben zu bekennen, daß der Tod nicht das letzte Wort hat.

Der besondere Auftrag der reformatorischen Kirchen ist dabei, drei Schwerpunkte aus ihrer Tradition zu betonen:

- *die Botschaft von der Rechtfertigung*
  Das bedeutet, unser Scheitern und unsere Schuld haben nicht das letzte Wort. Gott hat uns lieb – egal, woher wir kommen und was wir gelten. Das ist besonders wichtig zu vermitteln in einer Welt, in der offenbar alles darauf ankommt, was man tut und macht und besitzt.
- *die Botschaft von der Freiheit eines Christenmenschen*
  Wir unterliegen keinen klerikalen Zwängen, keiner religiösen Bevormundung. Kirche ist »Anwältin der Freiheit« und bezeugt die Freiheit als Verantwortung für die Welt.
- *das Priestertum der Gläubigen*
  »Kirche ist Gemeinschaft von Brüdern und Schwestern« (Theologische Erklärung von Barmen 1934). In ihr gibt es keine hierarchischen Bindungen. Die organisatorischen Strukturen begründen keine Herrschaft von oben nach unten. Der Gegensatz von Geistlichen und Laien muß überwunden werden.

Der holländische Ökumeniker Johannes Hoekendijk hat vor dreißig Jahren ein Buch geschrieben mit dem Titel: »Zukunft der Kirche – Kirche der Zukunft«. Hellsichtig und provozierend beschreibt er darin, was uns blüht. Das Buch liest sich, als wäre es nicht vor dreißig Jahren, sondern eben erst erschienen.

Mit Nüchternheit sah Hoekendijk den Traditionsabbruch voraus und den Weg der Kirche in eine Minderheitsrolle. Die Menschen in der Kirche sollten davor aber nicht in Schrecken fallen. Lethargie sollte sich in Mut, Verschlossenheit in Offenheit verwandeln. Diasporafest müsse die Kirche werden, schreibt Hoekendijk. Ihre zu groß gewordenen Häuser sollten sie nicht hindern, den Ruf zum Aufbruch zu hören. »Geben wir uns keinen Illusionen hin: Der Weg in die Welt von morgen führt in die Wüste.« Aber, so fährt er fort: »Die Wüste, in die wir jetzt vielleicht beängstigt starren, wird ein Land sein, das urbar werden wird, und ein Ort sein, an dem die Neue Welt von morgen schon angebrochen ist.«

In diesem Sinne ist Kirche »gnädige Vorwegnahme« – wie Bonhoeffer das nennt. Sie hat in der Gemeinschaft von Wort und Sakrament ihre Mitte. Um dieser Mitte willen muß unsere Kirche sich offenhalten.

Dann kann sie

- die sich ändernden Wahrnehmungsweisen der Menschen bemerken;
- die Wirkung kirchlicher Äußerungen in ihren einladenden und abstoßenden Wirkungen erkennen;
- die Fragen der Menschen deutlicher verstehen;
- Menschen zum Dialog einladen;
- Menschen dafür gewinnen, in dieser Gesellschaft den Weg des Friedens und der Gerechtigkeit zu gehen.

Dann wird die Kirche in Zukunft getreu dem Rufe Jesu ihren Dienst ausrichten.

Annette Schavan

Katholische Kirche – Wieviel Reform muß sein?

Wer den Reformbedarf in der katholischen Kirche ermitteln will, tut gut daran, sich nicht allein von gegenwärtigen Prägungen und Eindrücken leiten zu lassen. Dies vor allem deshalb, weil es nie nur und in erster Linie um eine vordergründige Zeitgemäßheit geht, um die sich die katholische Kirche in den Prozessen ihrer Weiterentwicklung zu bemühen hat. Reformbedarf bezieht sich weitergehend und sehr viel anspruchsvoller darauf, eine zweitausendjährige Tradition nicht ins Stocken geraten zu lassen, die Faszination nicht aufzugeben, die in der erlösenden und befreienden Botschaft Jesu Christi steckt, und zugleich um die Unverfügbarkeit der Zukunft zu wissen, der sich all jene Christen und Christinnen gegenüber sehen, die davon überzeugt sind, daß dem Herrn der Zeit die Verfügung über eben diese Zeit zusteht. Deshalb ist Bescheidenheit angesagt und zugleich die Kraft und der Mut, anzunehmen, daß alle bisherige Gestalt und Prägung, die die Kirche in ihrer Geschichte aus sich heraus entfaltet hat, nie dazu führen darf, neue Gestalt und neue Prägung auszuschließen.

Davon ausgehend sei in einem ersten Schritt die Frage nach dem Reformbedarf zunächst in Verbindung gebracht mit der Aufforderung des Zweiten Vatikanischen Konzils, nach den »Zeichen der Zeit« zu fragen, um besser verstehen und urteilen zu können im Blick auf Zukünftiges. Dann soll eingegangen werden auf einige konkrete Themen, bei denen bewußte Weiterentwicklung und Reform an der Schwelle zum 21. Jahrhundert ins Auge gefaßt werden muß.

Die Auseinandersetzung mit den »Zeichen der Zeit« – als dem Konzil zugeschriebenen »Prinzip der theologischen Deutung der Wirklichkeit«[1] – geht auf eine ursprünglich biblische Kategorie zurück. Dazu heißt es im Lukas-Evangelium: »Sobald ihr im Westen Wolken aufsteigen seht, sagt ihr: Es gibt Regen. Es kommt so. Und wenn der Südwind weht, dann sagt ihr: Es wird heiß. Und es trifft ein. Ihr Heuchler! Das Aussehen der Erde und des Himmels könnt ihr deuten. Warum könnt ihr dann die Zeichen dieser Zeit nicht deuten? Warum findet ihr nicht schon von selbst das rechte Urteil?« (Lukas 12,54-57).

Es ist das Verdienst Papst Johannes' XXIII., diese biblische Kategorie der Kirche neu erschlossen und ihr damit ein Selbstverständnis eröffnet zu haben, in dem die Lehren der Kirche und das gelebte Leben in einen sich wechselseitig erschließenden Zusammenhang treten. Gott ruft uns in den »Zeichen der Zeit«. Um solchen Anruf zu begreifen, müssen wir »die Welt, in der wir leben, ihre Erwartungen, Bestrebungen und ihren oft dramatischen Charakter zu erfassen und zu verstehen«[2] suchen. Deshalb heißt es zum Auftakt der Pastoralkonstitution des Konzils, daß wir als Christen »Freude und Hoffnung, Trauer und Angst der Menschen von heute, besonders der Armen und Bedrängten«[3] teilen. Die immer neue, spezifisch christliche Herausforderung ist es, die »Zeichen der Zeit« aus der Solidarität mit allen Menschen und im Lichte des Evangeliums zu deuten.

Eine Reform der katholischen Kirche braucht – wie jede Reform – einen verläßlichen Rahmen, damit sie beginnen und gelingen kann. Reformangst und Blockaden entstehen dann, wenn nicht mehr klar ist, wohin die Reise gehen soll. Deshalb ist der Kirche die Suche nach einem Konsens aufgegeben, einem Konsens, der aussagt, was die Christinnen und Christen heute als wahres »Zeichen der Zeit« anerkennen und wie sie es im Lichte des Evangeliums verstehen und bewerten wollen. Dafür wird die Unterscheidung zwischen den »Zeichen der Zeit« und den vielen »Trends« bedeutsam, die in immer kürzeren Abständen auftreten. In der kurzen Zeit, und es sind immer kürzere Zeitspannen, in denen ein Trend gilt, ist er ganz präsent, er weckt Aufmerksamkeit, prägt die produzierenden Branchen im Blick auf neue Produkte, trägt zur Meinungsbildung bei über das, was »in« ist. Die Eigenart des Trends ist also eine durchgreifende Präsenz für eine kurze Weile und zugleich tiefe Bedeutungslosigkeit für die Zeit danach. So wichtig und prägend der Trend heute ist, so bedeutungslos ist er morgen, abgelöst vom nächsten Trend. Was heute »in« ist, hat sich morgen bereits verbraucht. Deshalb ergibt sich aus einem Trend noch kein wirklicher Reformbedarf.

»Zeichen der Zeit« sind erst jene, so formuliert Marie-Dominique Chenu, durch die und in denen sich etwas offenbart und die »in die Kontinuität des menschlichen Geschichtsempfindens einen Sprung oder gar Bruch hineintragen«.[4] Damit sind zwei Kriterien verbunden, »Zeichen der Zeit« als solche zu entziffern: Ihre kollektive Bedeutung bzw. gesamtgesellschaftliche Tragweite und die bewußtseinsverändernde Wirkung, die den dadurch ausgelösten Entwicklungen zukommt.

Bewußtsein verändert sich durch die Erfahrung des Bruchs, der Diskontinuität, die auf etwas so noch nicht Dagewesenessenes verweist und mithin die Frage nach dem geschichtlichen und religiösen Sinn wachrufen kann.«[5] Um Ereignisse als »Zeichen der Zeit« zu deuten, ist zweierlei notwendig: »Sie nach ihren eigenen Gesetzen zu entschlüsseln und im Licht des Evangeliums (GS 4) auf einen ihnen innewohnenden Sinn zu durchleuchten, so daß sie für die jeweilige geschichtliche Neuheit des Evangeliums – die je neue Fleischwerdung des Wortes Gottes – transparent werden.«[6]

Es ist vor allem das Werk des französischen Theologen Marie-Dominique Chenu (1895-1990), in dem die theologischen Grundlagen für die vom Konzil angenommene neue Bestimmung von Kirche und Welt durch die Bedeutung der »Zeichen der Zeit« gelegt wurden. Chenu spricht von Inkarnation nicht allein als dem einmaligen geschichtlichen Ereignis der Menschwerdung Jesu Christi. Er sieht darin auch das Grundprinzip aller Theologie und spricht vom »Gesetz der Inkarnation«. Von daher ist mit Inkarnation nicht allein der Inhalt einer bestimmten theologischen Aussage gemeint, vielmehr eine theologische Denkform. Sie besagt, daß das göttliche Wort (Parole de Dieu) der Kirche und der Theologie anvertraut ist und sie Teil hat an dem Anspruch je neuer Vergegenwärtigung. Damit dies gelingt, muß theologisches Denken und kirchliches Handeln seinen Ausgang beim historisch, sozial und kulturell Konkreten nehmen »und darin die adäquate Sprachform für das Wort Gottes finden«. Es bleibt nicht beim einmaligen Ereignis der Fleischwerdung des Wortes Gottes in Jesus Christus; es ist der Anspruch einzulösen, daß das göttliche Wort je neu inkarniert werden muß, damit es zu den Menschen, denen es zugesprochen ist, je neu unterwegs sei. »Inkarnation als theologische Denkform verlangt Geschichtsbewußtsein und Zeitgenossenschaft, verlangt die solidarisch-kritische Präsenz in einer konkreten gesellschaftlichen Wirklichkeit.«[7] Chenu nennt dies den »Realismus der Inkarnation«[8].

Bild und Aufgabe der Kirche entwirft Chenu vor dem Hintergrund solchen inkarnatorischen Denkens als »en état de mission«. Chenu wendet sich dagegen, die soziale und intellektuelle Auseinandersetzung mit den Entwicklungen in Geschichte und Gesellschaft zu verweigern mit dem Befund der »Entchristlichung« (déchristianisation), womit der von industrieller und technischer Entwicklung geprägten Gegenwart pauschal die religiöse und moralische Legitimation abgesprochen wird. Er wendet sich mit seiner Sicht von der missionarischen Kirche gegen die Versuchungen einer Kirche, die erstarrt und sich mehr und mehr abkoppelt von historischen und kulturellen Entwicklungen der Gesellschaft. Die prägende Grundhaltung der Kirche zur Welt ist die Mission. Sie orientiert sich am Primat des Wortes Gottes und überschreitet je neu ihre eigenen Grenzen, in dem sie fähig wird, »diese Welt als den Ort zu entdecken, an dem das Wort Gottes nicht nur gesagt, inkarniert werden soll, sondern auch inkarniert werden kann«.[9]

Die Aufforderung der Kirche zur Selbstüberschreitung erinnert an die Überlegungen Karl Rahners von der »unverbrauchbaren Transzendenz Gottes« und dem Anspruch an den Menschen, in aller auf innerweltliche Zukunft gerichteten Planung offen zu bleiben für die absolute Zukunft, die Gott ist.[10] Das ist auch der Anspruch an Kirche und Theologie. Kirche in ihrem Selbstverständnis und in den Weisen ihrer Verkündigung sind dann nie nur die bisher aus sich heraus entfalteten Einsichten und Gestalten kirchlichen Handelns, vielmehr sind jene immer auch verbunden mit dem Anspruch, für das Wirken des Geistes offen zu bleiben. »Zeichen der Zeit« bedeuten von daher jene Herausforderung an die Kirche, in der sie fähig wird, Neues aus sich heraus zu entlassen, das bislang noch nicht zur Entfaltung kommen konnte. Gleiches gilt für die Eigenart theologischen Denkens. Es kann nie nur relevant sein, was bislang gedacht und erkannt ist. Wo Kirche und Theologie sich auf die Fortschreibung von bisheriger Inkarnation des Wortes Gottes beschränkt, sprechen sie Geschichte und Gesellschaft die Möglichkeit ab, Anknüpfungspunkte für die je neue Vergegenwärtigung des Wortes Gottes zu geben und entfernen sich mehr und mehr von den gegenwärtigen Verhältnissen. Sie verlieren ihre missionarische Kraft und jene Vitalität, die Voraussetzung für die Inkulturierung des Glaubens ist.

Ich möchte drei »Zeichen der Zeit« benennen, bei denen ich einen Konsens über ihre Bedeutung für eine Reform der Kirche für prinzipiell möglich halte:

1. Gesellschaftliche Individualisierung gründet in einem gewachsenen Freiheitsbewußtsein, das mit dem christlichen Verständnis des Menschen und mit der befreienden Botschaft des Evangeliums mehr korrespondiert als kollidiert.
2. Die politische Grundordnung der Demokratie stabilisiert sich auf der ganzen Welt und durchdringt die einzelnen Gesellschaften immer tiefer. Dabei sieht auch die Kirche, daß heute dort, wo die Demokratie bedroht ist, immer auch die Würde des Menschen und die Freiheit des Glaubens bedroht ist.
3. Neue Kommunikationswege und erhöhte weltweite Mobilität haben das hervorgebracht, was »Globalisierung« genannt wird, ohne heute schon in seiner ganzen Tragweite und Komplexität überschaubar zu sein. Gewiß ist dabei, daß die Kirche als Weltorganisation von diesem Prozeß nicht unberührt bleiben kann. Gegenwärtig erscheint ein gestärkter römischer Zentralismus in der Kirche auch als eine Folge säkularer Globalisierung.

Die Kirche ist angesichts solcher »Zeichen der Zeit« herausgefordert zu kritischer Zeitgenossenschaft, zu einer unzeitgemäßen Zeitgemäßheit, denn im Glauben an die Unverbrauchbarkeit der Gegenwart Gottes in der Zeit hat sie keinen Grund, eine ganze Epoche im ganzen zu verdammen. Das meinte Papst Johannes XXIII., als er zur Eröffnung des Konzils im Oktober 1962 dem kirchlichen Kulturpessimismus mit

Worten entgegentrat, die inzwischen emblematisch geworden sind für eine Epoche der Kirchengeschichte und der Theologie: »In der täglichen Ausübung unseres Hirtenamtes« – so Johannes XXIII. – »verletzt es uns, wenn wir manchmal Vorhaltungen von Leuten anhören müssen, die zwar voll Eifer, aber nicht gerade mit einem sehr großen Sinn für Differenzierung und Takt begabt sind. In der jüngsten Vergangenheit bis zur Gegenwart nehmen sie nur Mißstände und Fehlentwicklungen zur Kenntnis. Sie sagen, daß unsere Zeit sich im Vergleich zur Vergangenheit nur zum Schlechteren hin entwickle. Sie tun so, als ob sie nichts aus der Geschichte gelernt hätten, die doch eine Lehrmeisterin des Lebens ist, und als ob bei den vorangegangenen ökumenischen Konzilien Sinn und Geist des Christentums, gelebter Glaube und eine gerechte Anwendung der Freiheit der Religion sich in allem hätten durchsetzen können. Wir müssen diesen Unglückspropheten widersprechen, die immer nur Unheil voraussagen, als ob der Untergang der Welt unmittelbar bevorstünde.«[11] Aus einer solchen Haltung heraus wird es möglich, die Benennung von Reformbedarf der Kirche nicht bloß als Verneinung und Bedrohung, sondern als notwendigen Schritt auf dem Weg zu einer immer tieferen existentiellen Einsicht in das Evangelium selbst zu sehen.

1. *Religionsfähigkeit*

In vielen Analysen heutiger religiöser Praxis ist von individualisierter Religiosität die Rede; manche sprechen von »vagabundierender Religiosität«. Gemeint sind die Konsequenzen der gesellschaftlichen Prozesse der Individualisierung und eines gewachsenen Freiheitsbewußtseins. Zu den großen Herausforderungen der Kirche gehört es heute, neue Überzeugungskraft zu gewinnen als Ort gemeinschaftlicher Religiosität. Es geht darum, jene Blockaden zu überwinden, die sich zwischen individualisierter Religiosität und gemeinschaftlicher Religionsausübung aufgebaut haben. Da spielt zweifellos die allgemeine Institutionenkrise eine Rolle, in die auch die großen christlichen Kirchen geraten sind. Religiosität endet nicht an den Grenzen der Kirche. Religionsfähigkeit der Kirche heißt, daß sie fähig ist, der Vielfalt der Charismen Raum zu geben und daraus im Geiste der Unterscheidung Gemeinschaft werden zu lassen. Es reicht nicht die gesellschaftliche Individualisierung zu verteufeln oder zu bejubeln. Es geht für die evangelische wie die katholische Kirche darum, neue gemeinschaftliche Formen zu finden, Formen der Liturgie und Formen des sozialen Handelns in denen die Menschen sich wiederfinden. Dazu gehört das Gespür für das Zeitgenössische ebenso wie der Zugang zu den reichen Schätzen der Christentumsgeschichte. Wir müssen arbeiten an einer kulturellen überzeugenden Praxis in unseren Gottesdiensten in der Gestaltung kulturellen kirchlichen Lebens. Die Zeiten sind gut, um den Blick auf Symbole, auf Rituale, auf Bilder zu richten. Es braucht Orte und Räume, in denen Menschen die Erfahrungen von Heil und Heilung machen können. Je weniger Orte es gibt, in denen Menschen diese Erfahrung machen können, um so mehr irren sie mit ihrer Sehnsucht nach Gott umher.

2. Politikfähigkeit

Individualisierungsprozesse müssen aufgefangen werden, weil sie die Kirche nicht nur von ihrer spirituellen Tradition abzuschneiden drohen, sondern auch von ihrer reichen sozialethischen Tradition und von ihrer Tradition, öffentliche Verantwortung bewußt zu übernehmen. Die politische Ordnung Europas ist historisch ohne die kirchliche Ordnung – in ihrer geistig-kulturellen und in ihrer sozial-politischen Dimension – nicht zu denken. Es reicht aber nicht, sich auf die christlichen Wurzeln Europas zu berufen, um daraus einen aktuellen Anspruch auf Beteiligung, Einfluß und Macht der Kirchen im öffentlichen Leben abzuleiten. Vielmehr müssen die Kirchen der Versuchung widerstehen, sich – sei es auch um der Klarheit der eigenen Gesinnung willen – aus der öffentlichen Verantwortung zurückzuziehen. Dabei geht es nicht nur darum, Strukturen und Institutionen der politischen Beteiligung auf den verschiedenen staatlichen Ebenen zu pflegen. Diese sind von zentraler Bedeutung, müssen aber ergänzt und getragen werden durch ein allgemeines Bewußtsein bis in die Pfarrgemeinden, die Verbände und die geistlichen Gemeinschaften hinein, daß die Kirche einen öffentlichen Auftrag hat und politikfähig sein muß. Dabei sind die großen christlichen Kirchen mit ihren strukturierten Laienbewegungen mehr als bloße Bündnispartner für die eine oder andere politische Kraft. Sie sind nach dem Verfassungsverständnis der Bundesrepublik Deutschland Träger einer genuinen politischen Verantwortung. Die Kirchen sind keine beliebigen Zusammenschlüsse im sogenannten »vorpolitischen Raum«. Zugleich sind die Kirchen immer noch dabei, sich auf die Bedingungen der Demokratie erst einzustellen. Politikfähigkeit heißt heute zweifellos Demokratiefähigkeit. Aktive Teilhabe in der Demokratie heißt aber vor allem Kompromißfähigkeit. Die katholische Kirche darf sich nicht auf politikfremde Positionen zurückziehen, die der »ethischen Dignität des Kompromisses« keinen Raum lassen.

Die öffentliche Verantwortung der katholischen Kirche erfordert Politikfähigkeit aber nicht nur auf nationaler Ebene. Die Prozesse der Globalisierung fordern zum Beispiel die christliche Friedensethik auf ganz neue Weise heraus. Der Beitrag der katholischen Kirche zu internationalen Konfliktlösung wird im 21. Jahrhundert unverzichtbar sein.

3. Neue Balance in der Kirchenleitung

Die Prozesse der Globalisierung lassen die Weltkirche nicht unberührt. Auch veränderte Bedingungen einer weltweiten Kommunikation und Mobilität haben in der katholischen Kirche den römischen Zentralismus in unguter Weise gefördert. Römische Ansprüche, die natürlich nicht neu sind, erreichen die Teilkirchen in einer globalisierten Welt viel unmittelbarer als noch vor wenigen Jahrzehnten. Der ehemalige Erzbischof von Wien Franz Kardinal König spricht in diesem Zusammenhang eine der klassischen Grundfragen für die Zukunftsfähigkeit der Kirche an: »Welchen Führungsstil braucht die katholische Kirche, um die Einheit in einer sich rasch ändernden Welt zu wahren, und welche Formen der Vielfalt sind möglich, ohne die Einheit an der Schwelle des dritten Jahrtausends ernstlich zu gefährden?«[12] König plädiert nachdrücklich für die Aufwertung des Bischofsamtes gegenüber einem römischen Zentralismus: »Einmal geht es um die Stärkung der kollegialen Mitsorge und Mitverantwortung für die Gesamtkirche aufgrund der vom Konzil aufgezeigten kollegialen Verfassung des Hirtenamtes. Andererseits geht es aber gleichzeitig um die Stärkung der orts- und regionalkirchlichen Zuständigkeit der einzelnen Bischöfe in ihrer uneingeschränkten Verantwortung als Hirten ihrer Teilkirche.«[13]

König spricht von der »Überforderung des päpstlichen Dienstes«[14], der zu viele Aufgaben an sich gezogen habe, und davon, daß das Subsidiaritätsprinzip der katholischen Soziallehre auch für die Kirche selbst gelte.[15] Die »Rückkehr zu einer dezentralisierten Form der obersten kirchlichen Führung früherer Jahrhunderte« diene zugleich der Gesamtkirche und den Teilkirchen, nicht zuletzt aber auch der Ökumene: »Wenn nicht das Kollegium der Bischöfe mitverantwortlich wird in Verbindung mit dem römischen Bischof, so werden weder Orthodoxe, noch Anglikaner, noch protestantische Kirchen an der Fortführung der Ökumene mit praktischen Schritten in Richtung Einheit interessiert sein.«[16]

Eine neue Balance im Verhältnis zwischen der Weltkirche und den Ortskirchen könnte auch Weiterentwicklung in einigen drängenden Fragen bedeuten, die nicht in allen Regionen der Welt gleichermaßen artikuliert werden. Dazu gehört die zentrale Frage nach der künftigen Rolle der Frauen in der Kirche.

Zweifellos ist die Rolle der Frau in der Kirche auch von der Rolle der Frau in den verschiedenen Kulturen der katholischen Welt mitgeprägt. Weitere Schritte auf dem Weg zu einer Teilhabe der Frauen an der Verantwortung für die Kirche müssen nicht zwangsläufig allein im Rahmen der Weltkirche verhandelt werden. Wie viele Weiterentwicklungen der kirchlichen Strukturen im Lichte einer tieferen Einsicht in das Evangelium, so kann auch die Rolle der Frau, deren Veränderung Johannes XXIII. als eines der großen Zeichen der Zeit hervorgehoben hat, aus den Veränderungsprozessen der Teilkirchen heraus erwachsen.

Ähnliches gilt auch für die Frage von Gemeindeleitung und Verständnis der Gemeinde. Die Schaffung immer größerer Seelsorgeeinheiten in Deutschland wird nicht selten verbunden mit dem Hinweis, daß solche großen Einheiten in anderen Teilen der Welt selbstverständlich sind. Dabei wird übersehen, daß bisher gewachsene Strukturen für die Identität einer Gemeinde bedeutsam sind. Damit taucht die Frage auf, wie bedeutsam bisherige Traditionen im Vergleich zu kirchenrechtlichen Regeln zur Frage, wer eine Gemeinde leiten kann, sein dürfen. Angesichts vieler theologisch hochqualifizierter Laien in der Bundesrepublik Deutschland könnte ein erweitertes Leitungsverständnis gegenüber der strengen Auslegung des Kirchenrechtes ggf. zu identitätsstabilisierenden Regelungen führen, auch zu mehr dezentralen Strukturen im Sinne von Kardinal König – identitätsstabilisierender jedenfalls als immer größere Einheiten, die für die Identität unserer Gemeinden in Deutschland problematisch sind.

Wenn sich also heute die Frage nach Reformen stellt, so betreffen sie ganz gewiß Impulse zu neuer gemeinschaftlicher Religionsausübung, zur Politikfähigkeit der Kirche angesichts veränderter, weil international vernetzter politischer Rahmenbedingungen und die Frage einer Gestaltung der Kirchenführung, bei der im Sinne der Vielfalt in der Einheit die Bedeutung der Ortskirche gestärkt wird und in der zugleich deutlich wird, daß die Bischöfe Anteil am apostolischen Amt haben.

In kritischer Zeitgenossenschaft ist die katholische Kirche auf dem Weg der Wahrheitssuche, der klare Wegweisungen kennt, aber kein heute schon festlegbares und erschöpfbares Ziel. Ein Weg, auf dem die Kirche offen bleibt für neue Gestalt und neue Prägung. Edith Stein, heilig gesprochen im Jahr 1998, könnte eine Wegbegleiterin auf dem Weg in das beginnende Jahrhundert sein, wenn sie sagt: »Es hat mir immer sehr fern gelegen zu denken, daß Gottes Barmherzigkeit sich an die Grenzen der sichtbaren Kirche binde. Gott ist die Wahrheit. Wer die Wahrheit sucht, der sucht Gott, ob es ihm klar ist oder nicht.«[17]

Anmerkungen:

1. Vgl. Marianne Heimbach-Steins: »Das Stichwort ›Zeichen der Zeit‹«, in: Bibel und Liturgie 70 (1997), 297f., hier 297.
2. Gaudium et spes 4.
3. Gaudium et spes 1.
4. Marie-Dominique Chenu: »Volk Gottes in der Welt«, Paderborn 1968, 51.
5. Heimbach-Steins: a.a.O., 298.
6. Ebd.
7. Vgl. Marianne Heimbach-Steins: »›Erschütterung durch das Ereignis‹ (M.-D. Chenu). Die Entdeckung der Geschichte als Ort des Glau-

bens und der Theologie«, in: »Visionen des Konzils«, 30 Jahre Pastoralkonstitution ›Die Kirche in der Welt von heute‹, hg. von Gotthard Fuchs und Andreas Lienkamp, Münster 1997, 103-121, hier 109.

8. Ebd.
9. Ebd., 113.
10. Karl Rahner: »Die unverbrauchbare Transzendenz Gottes und unsere Sorge um die Zukunft«, in: Ders.: Schriften zur Theologie, Bd. XIV, Einsiedeln 1980, 405-421.
11. »Ansprache Papst Johannes' XXIII. zur Eröffnung des Zweiten Vatikanischen Konzils (11. Oktober 1962)«, in: Walbert Bühlmann: Johannes XXIII. Der schmerzliche Weg eines Papstes, Mainz 1996, 114-129, hier 118.
12. Franz Kardinal König: »Kollegialität statt Zentralismus«, in: Herder Korrespondenz, 53. Jahrgang, Heft 4 (April 1999), 176-181, hier 176.
13. Ebd.
14. Ebd., 178.
15. Ebd., 179f.
16. Ebd., 181.
17. Edith Stein: Werke, Bd. IX, Freiburg 1977, 102.

Eugen Biser

Zukunft – Wird das Christentum noch Prägekraft entfalten?

Beim Überschreiten einer entscheidenden Schwelle befällt den Menschen ein tiefsitzendes Angstgefühl, das sich bisweilen zu einer Gestalt verdichtet. Es ist in Dantes Göttlicher Komödie die Gestalt des Wächterengels, der den Büßern, bevor sie den rettenden Läuterungsweg betreten, die vielsagende Mahnung mitgibt: »Wer rückwärts schaut, muß rückwärts gehen!« Es ist bei Franz Kafka die Figur des übermächtigen Türhüters, der den Mann vom Lande, der den Eingang zum Gesetz sucht, derart einschüchtert, daß er die Schwelle lebenslang nicht zu überschreiten wagt, obwohl der Eingang einzig für ihn bestimmt war. Und es ist bei Nikolaus von Kues der, wie er sich ausdrückt, höchste Denk-Geist, der die Pforte zum Wohnort Gottes bewacht und der besiegt werden muß, wenn sich die Pforte öffnen soll.

Schwerlich könnte die Lage von Christentum und Kirche auf der Schwelle zum dritten Jahrtausend genauer beschrieben werden. Auch vor ihr erhebt sich eine abwehrende Drohgestalt, gebildet aus den auf sie eindringenden Tendenzkräften, aber auch aus inneren Hypotheken, die überwunden werden müssen, wenn der Eintritt gelingen soll.

Was die Tendenzkräfte betrifft, so wird die Zukunft nach allem, was sich absehen läßt, stärker noch als bisher von der Technik, insbesondere von der Bio- und Medientechnik bestimmt werden, die mit der Aussicht auf unvorstellbare Vergünstigungen, aber auch auf schwerste Bedrohungen verbunden sind. Denn die Biotechnik überträgt dem Menschen, Schritt für Schritt, die Rolle des Schöpfers, zuletzt sogar die des Schöpfers seiner eigenen Zukunftsgestalt. Und die Medientechnik steht im Begriff, die konkrete Wirklichkeit durch eine »virtuelle« zu ersetzen. Beiden Entwicklungen gegenüber sind dem Christentum aber von seinem Ursprung her entscheidende Möglichkeiten an die Hand gegeben. Der Biotechnik gegenüber, sofern es als die Religion des menschgewordenen Gottes für die unvertretbare Würde und die unveräußerlichen Rechte des Menschen einzutreten hat; und der Medientechnik gegenüber, sofern es schon durch Paulus ebenso als die Religion konstruktiver Mediennutzung wie einer grundsätzlichen Medienkritik erwiesen wurde.[1]

Auch gegenüber Säkularismus und Aufklärung, die vielen immer noch als die Totengräber des Glaubens gelten, befindet sich das Christentum in einer günstigeren Position, als es weithin den Anschein hat. Im Verhältnis zum Säkularismus, weil diesem mit der Krise des Fortschrittsglaubens buchstäblich das Rückgrat gebrochen ist. Aber auch im Verhältnis zur Aufklärung, weil die Einsicht um sich greift, daß diese - bei aller Polemik - keineswegs als eine Ausgeburt der Hölle zu gelten hat, sondern als eine, wenngleich kritische Folgeerscheinung des Glaubens, die wesentliche Motive der Jesusbotschaft wie Freiheit, Solidarität und Toleranz in Profanbereiche eindringen ließ, die nur auf diesem Umweg erreicht werden konnten.

Nach Samuel Huntington steht die Zukunft der Welt nicht mehr im Zeichen politischer und wirtschaftlicher Konflikte, sondern in dem des »Zusammenpralls der Zivilisationen«. Hier ist das Christentum, zusammen mit den beiden konkurrierenden »Abrahamsreligionen« gefragt, ob es ihnen angesichts des weltweit vordringenden Atheismus nicht endlich gelingt, ihre Konflikte beizulegen und ihre Kräfte zur Überwindung des gemeinsamen Gegners zu bündeln. Voraussetzung dessen aber wird es sein, im Gespräch mit dem Judentum eine Deutung von Auschwitz zu finden, die im Kernschatten der Sinnlosigkeit eine Spur von Sinn, und sei es in der Sprache des Verstummens, aufscheinen ließe, und in der Annäherung an den Islam jenen Erdenrest im Gotteswort ausfindig zu machen, der es ermöglicht, ihm in der Weise kritischen Verstehens zu begegnen. Was es nun aber mit den inneren Hypotheken auf sich hat, wird sich in dem Maß klären, wie sich das Christentum im Vergleich mit dem Judentum und dem Islam auf seine Identität besinnt und seiner sinnstiftenden Kraft bewußt wird.

Diesen Versuch einer »Unterscheidung des Christlichen« (Romano Guardini) stehen aber ebenso gravierende wie verbreitete Mißdeutungen entgegen. Eine erste, meist nur unterschwellig faßbare, unterstellt dem Christentum, auf die Schwächung des Lebenswillens hinzuarbeiten und die kreative Selbstentfaltung des Menschen zu behindern. Ziel der kirchlichen Pädagogik sei der unterwürfige, angepaßte und seinem Selbstwillen entfremdete Mensch, der das für Gott wohlgefällig halte, was ihm schwerfällt und wehtut. Doch so viel diese Ansicht an Fehlhaltungen aufdeckt, lehrt doch der Vergleich mit dem Buddhismus, um den vor allem Romano Guardini bemüht war:

Das Christentum ist keine asketische,
sondern eine therapeutische Religion.

Denn Buddha ging es bei seinem Eingriff in das Aktionszentrum des Menschen, durch den er den Vergleich mit Jesus herausfordert, um den Versuch, den menschlichen Seins- und Lebenswillen auszulöschen; Jesus zielt dem gegenüber auf seine Umgestaltung zum Gotteskind und Bürger des Gottesreichs.

Die zweifellos aktuellste Unterscheidung betrifft das Judentum – und dies im Gegenzug zu den überhandnehmenden Tendenzen, gerade diesen Unterschied aus situativen Gründen zu verwischen. Dabei darf diese Grenzziehung dreierlei nicht übersehen: weder die vielfältige Verwurzelung des Christentums und zumal seines Stifters im »Ölbaum Israels« (Römer 11,10) noch die Übereinkunft im Offenbarungsglauben, aber erst recht nicht die furchtbare Last der Mitverantwortung an den Judenverfolgungen in Geschichte und Gegenwart. Indessen tritt im Vergleich mit dem Judentum eine Differenz zutage, die gegenüber der von Wolfgang Trillhaas vertretenen und heute weithin akzeptierten These, daß das Christentum in sein »ethisches Stadium« eingetreten sei und dem modernen Menschen nur noch als Ethik vermittelt werden könne, nicht deutlich genug markiert werden kann; denn

das Christentum ist keine moralische,
sondern eine mystische Religion.

Damit ist der unterschiedliche Stellenwert der Moral in den beiden Religionen angesprochen. Das Judentum ist von seiner Gründung her eine moralische Religion, während das Christentum zwar einen moralischen Auftrag hat, darin aber, entgegen dem gegenwärtigen Anschein, nicht aufgeht. Denn dem Christentum geht es primär nicht um die Erziehung, sondern um die Erhebung und, wie die Selbstbezeichnung Jesu als »Arzt« der Kranken (Markus 2,17) zu verstehen gibt, um die Heilung des durch seine Todverfallenheit zuinnerst verwundeten Menschen.

Angesichts des Einbruchs fundamentalistischer Denk- und Verhaltensweisen ist aber auch die Abgrenzung vom Islam, ungeachtet seiner Zugehörigkeit zur Trias der »Abrahamsreligionen«, von kaum geringerer Bedeutung. Denn eine dritte, gleichfalls tief eingewurzelte Fehlmeinung hält das Christentum für eine Religion, die auf die Gleichsetzung von Schrift und Gotteswort gegründet ist und demgemäß zu einem streng rezeptiven Umgang mit dessen schriftlich niedergelegten Dokumentation verpflichtet. Doch in Abgrenzung vom Islam gilt:

Das Christentum ist keine primäre,
sondern eine sekundäre Schriftreligion.

Im Unterschied zum Koran, der nach einer islamischen Ursprungslegende dem Offenbarungsempfänger unmittelbar in Form eines mit dem himmlischen Original beschrifteten Seidentuchs übergeben, um nicht zu sagen: »eingepreßt« wurde, kamen die neutestamentlichen Schriften, wie Martin Luther betonte, nur im Gefolge der »Not« zustande, die durch den Tod der Augenzeugen und die rapide Ausdehnung eingetreten war. Weil die Rückfrage an die Augenzeugen mit deren Tod unmöglich geworden war, und weil der Kommunikationsraum alle mündlich zu bewältigenden Strecken schon früh überstieg, wurde die schriftliche Dokumentation und Kommunikation unerläßlich. Insofern haftet den neutestamentlichen Schriften das Stigma einer – wenngleich höchst effektiven – »Notlösung« an. Doch gerade deshalb besteht diesen unter dem Druck der verlorenen Gleichzeitigkeit und der räumlichen Expansion entstandenen Schriften gegenüber eine Freiheit, die so im

Fall eines göttlichen Diktats undenkbar wäre. Es ist die Freiheit zum interpretierenden Umgang mit ihnen, wenn nicht sogar zu ihrer Umgestaltung und Neufassung, jedenfalls aber jene Freiheit, aus der die christliche Theologie hervorgegangen ist und lebt.

Indessen betrifft die wichtigste Unterscheidung den Gottesbegriff, da die Identität einer jeden Religion an ihre spezifische Sicht des Gottesgeheimnisses zurückgebunden ist. Für das Judentum ist dies der Begriff des einen, weltüberlegenen Gottes, vor dem die Vielheit der Götter zu Nichtigkeiten zerstiebt, und der der Welt, seiner Schöpfung, in absoluter Selbstherrlichkeit gegenübersteht. Er reißt alle numinosen Qualitäten an sich, so daß die ihrer Selbstherrlichkeit entkleideten Kreaturen in die Verfügungsmacht des Menschen geraten, dem es aufgegeben ist, sie stellvertretend für Gott und deshalb in seinem Sinn zu verwalten. Im Fall des Islam ist dies der in absoluter Einzigkeit begriffene Gott, der durch diesen Begriff eine einzigartige Macht über den Menschen gewinnt, und dies mit der Folge, daß der Islam im Vergleich zu anderen Religionen über den ungleich stärkeren Zugriff auf seine Gläubigen verfügt.

Im Gefolge des Zweiten Vatikanums brach sich die Einsicht Bahn, daß aber auch Jesus eine vergleichbare Innovation bewirkte, sofern er den »ambivalenten Gott« (Hubert Görg) der menschheitlichen und jüdischen Tradition in die rettende Eindeutigkeit führte. Getragen von einer ebenso beseligenden wie kämpferisch errungenen und qualvoll erlittenen Gotteserfahrung, wurde er zum größten Revolutionär der Religionsgeschichte, dem es gelang, den Schatten des Angst- und Schrekkenerregenden aus dem traditionellen Gottesbild zu tilgen, indem er auf dessen Grund das Antlitz des bedingungslos liebenden Vaters zum Vorschein brachte. Damit schlug er den politischen Fanatikern seiner Gegenwart und aller Folgezeiten den religiösen Vorwand ihres Kampfes aus der Hand, und damit nahm er den Bann der schlimmsten aller Ängste, der Gottesangst, von den Herzen der Menschen.

Hand in Hand mit den Tendenzen, die auf die Zurücknahme der durch das Konzil eröffneten Freiheiten abzielen, melden sich im Raum der Gegenwartstheologie Stimmen, die sich mit wachsendem Nachdruck dafür aussprechen, daß diesem

»Vater der Erbarmungen und Gott allen Trostes« der »unheile« Gott der alttestamentlichen Tradition und daß dem Botschafter der Liebe der Prediger des Gerichts entgegengesetzt werden müsse, der doch mit aller Deutlichkeit von der drohenden Verwerfung, ja sogar vom »Heulen und Zähneknirschen« gesprochen habe.

Aus diesen Stimmen spricht aber nicht nur die Mißachtung des hermeneutischen Grundsatzes, daß das Evangelium auf seine Mitte hin gelesen werden müsse und daß aus Bildern keine Lehre abgelesen werden kann, sondern, bedenklicher noch, eine skeptische Einschätzung der Lebensleistung Jesu, vermutlich sogar ein resignatives Einverständnis mit der »Tragik des Weltlaufs« (Joseph Bernhardt). Tatsächlich entspricht der ambivalente Gott der Menschheitstradition der durch den Wechsel von Licht und Verdüsterung bestimmten Geschichtserfahrung, von der seine Befürworter offensichtlich kapituliert haben. Aber sah sich Jesus nicht einer mindestens ebenso düsteren Zeit gegenüber; und sprach er nicht gerade in sie seine Verheißung des kommenden Gottesreiches hinein? Käme es deshalb nicht nach dem Zusammenbruch der roten Utopie darauf an, ihm darin nachzufolgen? Doch wird die in einer Lähmung begriffene Christenheit dazu bereit sein; und welche Symptome sprechen dafür?

Wie Vorgänge noch Art des Kirchenvolksbegehrens oder der Kruzifixdebatte zeigen, ist das Glaubensbewußtsein in einer weit stärkeren Bewegung begriffen, als es nach außenhin den Anschein hat. Darauf arbeiten ebenso innere wie auch äußere Gründe hin. Eine innere Nötigung zunächst. Denn kaum etwas belastet das Glaubensbewußtsein stärker als die derzeitige Unsicherheit hinsichtlich der christlichen Identität. Unterschiedliche Gründe, zu denen ebenso die Entdeckung der alttestamentlichen Wurzeln der Denkwelt Jesu wie die Verlagerung der Botschaft auf moralische Direktiven und nicht zuletzt das durch Auschwitz unheilvoll gestörte Verhältnis zum Judentum gehören, führten dazu, dieses Verhältnis im Sinn einer Abhängigkeit zu bestimmen, so daß das Christentum geradezu als ein Derivat des Spätjudentums erschien. Dann aber hört es auf, eine Weltreligion eigenen Ranges und Rechtes zu sein und einen legitimen Anspruch auf Mitgestaltung des kommenden Jahrtausends erheben zu können.

Zu den äußeren Herausforderungen zählt demgegenüber die Erosionskraft des nachwirkenden Säkularismus, vor allem aber der »ozeanische« Atheismus, dessen Größenordnung erst durch den Fall des Eisernen Vorhangs deutlich geworden ist. Während es sich im ersten Fall auf die Krise des Fortschrittsglaubens verlassen kann, durch die der Säkularismus seine Schwung- und Stoßkraft verloren hat, wird es sich angesichts der atheistischen Herausforderung nach Bundesgenossen umsehen müssen. Nach Lage der Dinge kommen dafür in erster Linie die beiden Abrahamsreligionen in Betracht. Deshalb liegt entscheidend daran, daß es mit ihnen, ungeachtet aller Spannungen, in ein dialogisches Verhältnis tritt, um mit ihnen gemeinsam einen Wall gegen die andringende Sturmflut des Unglaubens aufzurichten. Gleichzeitig aber wird es sich, entschiedener als bisher, auf jene Mitte zurückbeziehen müssen, die ebenso der Sammelpunkt seiner Initiativen wie der Quellgrund seiner Inspirationen und Energien ist. Kaum etwas ist aber erstaunlicher und tröstlicher als die Feststellung, daß das Christentum, ungeachtet aller Irritationen, bereits auf diesem Weg zu seiner Mitte begriffen ist. Das zeigt zunächst schon die dreifache Umschichtung im Glaubensbewußtsein, die nach der Zäsur des Zweiten Vatikanums einsetzte. Sie betrifft den Wandel:

Vom Gehorsams- zum Verstehensglauben,
vom Bekenntnis- zum Erfahrungsglauben und
vom Leistungs- zum Verantwortungsglauben.

Begriff sich der vorkonziliare Glaube als die gehorsame Unterwerfung unter die Autorität des Offenbarungsgottes, so der konziliare, wie es der Klärung des Offenbarungsbegriffs entsprach, als den lebenslangen Versuch, die Selbstzusage Gottes in seinem menschgewordenen Sohn verstehend nachzuvollziehen. Hilfreich wirkte darauf das differenzierte Autoritätsverständnis hin, das Hans-Georg Gadamer in seiner philosophischen Hermeneutik »Wahrheit und Methode« entwickelte.[2] Denn im Licht seiner Unterscheidung zeigt sich, daß Gott dem Glaubenden nicht in der Autorität des allmächtigen Herrnhimmels und der Erde, sondern in der Autorität des Lehrers (Sören Kierkegaard) entgegentritt, der ihm das denkbar

Wichtigste – sich selbst – zu sagen hat. In der Doppelsinnigkeit dieses »sich selbst« besteht der Reichtum und das Glück des christlichen Glaubens. Denn im selben Maß, wie sich Gott im Sinn des Begriffs »Selbstoffenbarung« (Karl Rahner) selbst erschließt, gibt er sich dem Glaubenden auch als den Inbegriff seiner Sinnfindung zu verstehen. So aber tritt an die Stelle des unwissenden, unterwürfigen Knechtes der mitwissende Partner und Freund, wie ihn der johanneische Jesus (Johannes 15,15) gefordert hatte.

Im selben Maß, wie diese Einsicht an Boden gewinnt, verlagert sich das Interesse von den dogmatisch umschriebenen Inhalten auf diese selbst, da der Glaube, wie schon Thomas von Aquin betonte, nicht so sehr den Sätzen als vielmehr dem gilt, den sie umschreiben und meinen[3]. Das wurde von den bedeutendsten Christentumskritikern der ausgehenden Neuzeit bestätigt. Sprachtheoretisch durch Friedrich Nietzsche, für den das Verständlichste an der Sprache nicht in den Worten, sondern in der Musik hinter den Worten, in der Leidenschaft hinter der Musik und in der Person hinter der Leidenschaft besteht[4]. Auf den Glaubensakt bezogen, besagt das, daß er sich, vermittelt durch die Glaubenssätze und Schriftworte letztlich auf den bezieht, der sich durch sie zu verstehen gibt und zu dem der Glaubende so in eine dialogische Personbeziehung tritt. Glaubenstheoretisch unterstrich das Martin Buber mit seiner in »Zwei Glaubensweisen« geübten Kritik des christlichen Satzglaubens, dem er vorwirft, von der Höhe des prophetischen Vertrauensglaubens, den auch Jesus geteilt habe, auf ein formales Glaubensverständnis abgesunken zu sein, bei dem es in erster Linie um die Richtigkeit der für wahr gehaltenen Sätze geht. Doch der wahre Gegensatz des für wahr haltenden Satzglaubens ist nicht so sehr das Vertrauen als vielmehr die Mystik, verstanden als das Verlangen, zu dem von den Sätzen umschriebenen Inhalt vorzudringen, um ihn zum Lebensinhalt zu gewinnen. Eben dies meint das berühmte Rahner-Wort, daß der Christ der Zukunft ein Mystiker oder aber nicht mehr sein werde, sofern Mystik in diesem Satzzusammenhang das Verlangen nach Gotteserfahrung bezeichnet.

Ein ebenso wichtiger Wandel betrifft den vom Leistungs- und Versicherungsglauben zum Verantwortungsglauben. Denn der Satzglaube wurde, wie es sich aus dem Moment des

Festhaltens ergab, als die vom jeweils einzelnen zu erbringende Leistung begriffen, die sich mit der Hoffnung auf individuelle Heilssicherung verband und so dem Kirchenvolk unter dem Motto »Rette deine Seele!« ans Herz gelegt wurde. Doch das Herz wurde davon schwerlich berührt. Um so mehr gelingt das dem Verstehensglauben, weil es dabei nicht so sehr um eine rezeptive Hinnahme von Vorgegebenem als vielmehr um die kreative Mitgestaltung von Aufgegebenem zu tun ist. Mit der Entdeckung der Kreativität des Glaubens geht aber die seines Mitvollzugs mit der Gemeinschaft der Glaubenden Hand in Hand. »Niemand weiß, aus welchen – vielleicht räumlich entfernten oder zeitlich vergangenen – gläubigen Existenzen heraus sein eigener Glaube gespeist wird«, sagt Romano Guardini in seiner nachgelassenen »Existenz des Christen«; und er fügte dem hinzu: »ebenso wenig wie er weiß, welche Menschen er selbst mitträgt.«[5] Denn der Glaube gehört, um es ins Prinzipielle zu heben, zu jenen höchsten Gütern der Menschheit, die man – wie Freiheit, Hoffnung und Frieden – voll nur mit allen andern zusammen, oder, falls diese Bedingung nicht gegeben ist, nur in fragmentierter Weise haben kann. So gesehen steht die Glaubenskraft in einer funktionalen Abhängigkeit vom Grad des Willens zur Glaubenseinheit, so wie dieser eine seiner stärksten Beweggründe im Bestreben nach Intensivierung der Glaubenskraft haben müßte.

Dessen aber bedarf es vor allem, wenn das Ziel erreicht werden soll, auf das der dreifache Wandel hinwirkt und das die Achse der längst schon in Gang gekommenen glaubensgeschichtlichen Wende bildet: die Neuentdeckung Jesu im Glaubensbewußtsein der Gegenwart. Während Romano Guardini noch auf breite Zustimmung stieß, als er den Stand des Glaubensbewußtseins am Ende des Ersten Weltkriegs auf die Formel brachte: »Die Kirche erwacht in den Seelen«, müßte dieser Satz heute umgeschrieben werden, so daß vom Erwachen Jesu im Glauben – und Unglauben – der Gegenwart die Rede ist.[6] Seine eindruckvollste, wenn in ihrer Bedeutung längst nicht zureichend gewürdigte Bestätigung fand dieser Vorgang in der spontanen Entstehung einer ganzen Jesusliteratur im unmittelbaren Gefolge des Konzils, an der sich auch eine Reihe von jüdischen Autoren, allen voran Schalom Ben-Chorin mit seinem Buch »Bruder Jesus« beteiligte. Daß dieses christologische Erwachen auch den Unglauben ergriff, bestätigen die sensationellsten Dokumente der Neuentdeckung, die wie »Jesus für Atheisten« von Milan Machovec und »Matthäus-Passion« von Hans Blumenberg Atheisten und Agnostiker zu Verfassern haben.

Über die durch die Neuentdeckung bedingte und sie bestätigende Perspektivendrehung geben die Titel der dafür signifikanten Werke Aufschluß, die von einem überraschenden Positionswechsel sprechen. Der Herr, zu dem Romano Guardini aufgeblickt hatte, stieg diesen Benennungen zufolge vom Podest seines Herrentums herab, um den Seinen als »Bruder« und »Helfer« entgegenzutreten und sie schließlich in ein »Freundschaftsverhältnis« mit sich zu ziehen.[7] Das aber markiert den Umbruch von einer Christologie der Autorität zu einer der Solidarität und schließlich der Identität, wie es dem Weg des Glaubens in ein Stadium seiner mystischen Verinnerlichung entspricht. Wenn aber dieses Ziel in Sichtweite gerät, zeigt sich auch, daß die Glaubenswende der Identitätsfindung des Christentums in die Hand arbeitet. Denn zur Neuentdeckung Jesu gehört in erster Linie der Einblick in sein Herz, den Ort seiner beseligend-leidvollen Gotteserfahrung, die ihrerseits im Zentrum seiner revolutionären Lebensleistung steht.[8] Doch ihr stehen tief eingewurzelte Vorstellungen entgegen, die ausgeräumt werden müssen, weil sie den freien Blick auf das Identifikationsziel behindern.

Wie das Wort vom »Erwachen« Jesu im Glaubensbewußtsein der Gegenwart darauf hinwies, daß die glaubensgeschichtliche Wende letztlich nicht als die Wirkung menschlicher Initiativen, sondern als sein Werk in den Glaubenden begriffen werden muß, ist auch von der notwendigen Korrektur zu sagen, daß sie weithin den Eindruck einer Selbstkorrektur erweckt. Das zeigt sich daran, daß die entscheidenden Hindernisse, die Satisfaktions- und Rechtfertigungslehre, wie zunehmend deutlich wird, über keine tragende Grundlage mehr verfügen, so daß damit zu rechnen ist, daß beide Gedankengebäude über kurz oder lang einstürzen werden.[9] Im Fall der Satisfaktionstheorie ergab sich das aus der Einsicht, daß das Licht, das der Sühnegedanke auf das Rätsel des Kreuzestodes Jesu zu werfen schien, mit einer Verdunkelung des Gottesbegriffs erkauft war: erkauft mit dem Rückfall auf den von Jesus überwundenen Gott der rigorosen Strafgerechtigkeit, der auf unbedingter Genugtuung bestehen und sich daher das Todesopfer des eigenen Sohnes abverlangen mußte.[10] Für die Rechtfertigungslehre betonte dies Günter Rohrmoser, als er der Frage Luthers nach dem gnädigen Gott mit der Gegenfrage entgegentrat:

Ist der Mensch der Gegenwart durch diese Frage Luthers noch erreichbar, wird er von ihr noch betroffen oder entzieht sie sich völlig seinem Begreifen? Was bleibt von dem Kernstück des ganzen Protestantismus, der Rechtfertigungslehre, wenn diese Frage nicht mehr das sie bewegende Zentrum bildet?[11]

Abgesehen von ihrem Plausibilitätsverlust kranken beide Vorstellungen daran, daß sie Jesus im Sinn der ihm zugesprochenen Sühne- und Rechtfertigungsfunktion instrumentalisieren und damit gegen den kategorischen Imperativ verstoßen, wonach der Mensch niemals als Mittel zu behandeln, sondern stets als Selbstzweck zu achten ist. Daß sich beide Modelle noch immer einer beträchtlichen Konjunktur erfreuen, dürfte sich, ebenso wie der theologische Rückfall in die Schreckensperspektive Gottes, letztlich aus der periodischen Wiederkehr apokalyptischer Angstvorstellungen, besonders im Maß der Annäherung an die Jahrtausendwende, erklären. Auch wenn für die erste die historischen Quellen nur spärlich fließen, sprechen doch die skurrilen Ungeheuer an zeitgenössischen Kapitellen und die extensiven Höllenvorstellungen im Tympanon der Kirchenportale eine Sprache, die auf eine ins Chaotische treibende Vorstellungswelt schließen läßt. Eine von Panikzuständen begleitete Gottesverdüsterung spiegelt sich auch in der Kunst des Übergangs vom Mittelalter zur Neuzeit wie etwa in den Höllenphantasien des Hieronymus Bosch und in der Versuchung des heiligen Antonius auf dem Isenheimer Altar. Sie fand ihren theologischen Niederschlag in Luthers Suche noch dem gnädigen Gott und zumal in dem zum Inbegriff der radikalen Übermacht erstarrten Gott, dem Descartes das Wort redete (Gerhard Krüger)[12]. Als verkürze sich der Zeitraum der Wiederkehr derartiger Krisen jeweils um die Hälfte, bricht das Bild des unheimlichen, jetzt sogar vor sich selbst erschreckenden Gottes bei Immanuel Kant wieder durch, der auf einem Höhepunkt seiner »Kritik der reinen Vernunft« das höchste unter allen Wesen in ein Selbstgespräch eintreten und zu sich sagen läßt:

Ich bin von Ewigkeit zu Ewigkeit, außer mir ist nichts, ohne das, was bloß durch meinen Willen etwas ist; aber woher bin ich denn?[13]

Da nach allen Anzeichen mit der Annäherung der Jahrtausendwende eine gesteigerte Wiederholung dessen zu befürchten ist, muß jetzt schon eine Gegeninitiative ergriffen werden. Und dies in Gestalt jener Selbstkorrektur, die auf die Beseitigung der Hindernisse abzielt, die der Konzentration des Christentums auf seine Mitte entgegenstehen. Sie betrifft in erster Linie den Geist der Schwere, der mit seinen lähmenden Einflüsterungen das Christentum in den Anschein einer asketischen, womöglich sogar auf den Opfergedanken gegründeten Religion bringt. Vergessen ist das Herrenwort, daß die Hochzeitsgäste nicht fasten können, solange der Bräutigam bei ihnen ist, zumal dieser Aufruf zur Glaubensfreude schon früh mit dem Zusatz abgeschwächt wurde: »Doch werden Tage kommen, da ihnen der Bräutigam entrissen wird; dann werden sie fasten«. Hier ist ein Exorzismus angesagt, der die Austreibung dieses beschwerenden Ungeistes zum Ziel hat und der, wie das erwähnte Beispiel zeigt, vom Rückgriff auf die originäre Jesus-Botschaft ausgehen muß. Zentral wird es dabei um die Wiederentdeckung der Anwesenheit des »Bräutigams« gehen. Denn dort, wo die Nähe dieses »Freudenmeisters« gefühlt wird, müssen, wie Johann Sebastian Bach in seiner Motette »Jesu, meine Freude« (1723) versichert, die Trauergeister der Resignation und Hoffnungslosigkeit weichen.

Aufs engste hängt das mit der wichtigsten Korrektur zusammen, die sich auf die Beseitigung der moralischen Kopflastigkeit in der derzeitigen Selbstdarstellung der Kirche beziehen und die Wiedergewinnung des inneren Gleichgewichts zum Ziel haben müßte. Im Unterschied zum Judentum, das von seinem Ursprung her eine vorwiegend moralische Religion ist, hat das Christentum zwar eine moralische Mission; doch geht es darin, anders als die offiziellen Äußerungen vermuten lassen, nicht auf, weil ihm letztlich nicht um die Erziehung des Menschen, sondern um seine Erhebung zum Rang der Gotteskindschaft zu tun ist. Denn das Christentum ist von seiner Mitte her eine mystische, auf die Lebensgemeinschaft mit dem Stifter gegründete und von seinem Fortleben in der Glaubensgemeinschaft bewegte Religion. Wenn das derzeitige Ungleichgewicht behoben werden soll, muß es auf diese Mitte hin wieder neu justiert werden.

Doch die schwerste Korrektur betrifft die dreifache Verstörung, unter der das Christentum quer durch alle Konfessionen leidet. Unter einer hermeneutischen zunächst, die auf seiner Verwechslung mit einer primären Schriftreligion beruht und durch die Gleichsetzung von Schrift und Offenbarung (Romano Guardini) fundamentalistische Tendenzen heraufbeschwört. Tatsächlich aber unterscheidet sich das Christentum dadurch vom Islam, diesem Modell einer primären Schriftreligion, dadurch, daß es von einer Gottesoffenbarung ausgeht, die nicht in Form eines heiligen Buchs, sondern in Gestalt des menschgewordenen Gottessohnes an die Welt erging. Hier bedarf es nachhaltiger Aufklärungsarbeit, die vor allem in der Sicherung und Verbreitung der Erkenntnisse bestehen muß, zu der die wissenschaftliche Theologie in akribischer Denkleistung seit Beginn dieses Jahrhunderts gelangte. Denn die Bibel ist, in ihrer menschlichen Bedingtheit gesehen, ein antikes Buch, das im Sinn seiner Entstehungsbedingungen gewürdigt werden muß, weil es nur so, wie es verstanden sein will, auch verstanden werden kann.

Gleichzeitig muß aber auch die strukturelle Verstörung behoben werden, die zu einer wachsenden Entfremdung zwischen der Kirchenspitze und der Basis und dadurch zu jenem Bruch geführt hat, der die Gefahr eines »vertikalen Schismas« heraufbeschwört. Dazu kam es hauptsächlich infolge jener kopflastigen Verkündigung, die längst schon einen Überdruß gegenüber der moralischen Unterweisung erregte und entscheidend mit dem Ungleichgewicht im kirchlichen Kommunikationsverlauf zu tun hat. Denn noch immer gilt hier das Wort von oben, ohne daß dem Kirchenvolk Gelegenheit zu einer wirklichen Antwort gegeben wäre. Obwohl in der Kirche das Lehramt von ihrer ganzen Bestimmung her »das Sagen« hat, steht doch auch dem Kirchenvolk ein Mitspracherecht zu, weil sich der vom Konzil geforderte Dialog nur in Rede und Gegenrede vollziehen kann.

Die angesprochene Kopflastigkeit hängt aber auch mit einer dritten Verstörung zusammen, die auf eine Verkennung des Adressaten zurückgeht. Denn noch immer geht die kirchliche Verkündigung vom Bild eines Menschen aus, der von einem unbändigen Lebenswillen erfüllt und von Leidenschaften getrieben wird, so daß er in seinem eigenen Interesse an die Zügel genommen werden muß. Doch dieser Mensch ist längst einem ganz anderen gewichen, der, weil er unter einem Selbstzerwürfnis leidet und von einer schier unstillbaren Lebensangst gepeinigt wird, in erster Linie der Heilung bedarf. Was er brauchte, ist die »Heilung von Grund auf«, die allein jener Helfer bewirkt, der nach Kierkegaard nicht nur Hilfe bietet, sondern »die Hilfe ist«, weil er zusammen mit seinen Gaben sich selbst als Lebenshilfe und Lebensinhalt gibt.[14] So entspricht es einem Christentum, das begriffen hat, daß es von seinem Ursprung her keine asketische, sondern eine therapeutische Religion ist. Doch wird die von Entfremdungen belastete und bis in die Frage nach ihrer Identität hinein zerrissene Christenheit dazu in der Lage sein?

Vermutlich könnte sie sich kaum aus der gegenwärtigen Lethargie erheben, wenn ihr nicht Hoffnungsimpulse erster Ordnung zuhilfe kämen, die, um wirksam zu werden, nur deutlicher als bisher ins allgemeine Glaubensbewußtsein eingebracht werden müßten. Es sind dies die nachwirkende Schubkraft des Zweiten Vatikanums, das als das Konzil der Wende seine Botschaft in erster Linie an die Kirche der Zukunft richtet, die im Gefolge des Konzils eingetretene Neuentdeckung Jesu und der sich oft schon zu Selbsthilfeaktionen verfestigende mystische Aufbruch.

Uneingelöst ist noch immer die Verheißung einer Glaubensgemeinschaft, wie sie das Konzil mit seinem zentralen Vorhaben, der Kirche in Gestalt des dialogischen Prinzips einen neuen Geist einzuhauchen, im Blick hatte. Dazu aber wird es schrittweise kommen, wenn der Dialog über die bisher angezielten Bereiche des innerkirchlichen Gesprächs und des ökumenischen Verhältnisses zu anderen Konfessionen und Religionen hinaus auf den bezogen wird, der den Glaubenden in ein lebenslanges Gespräch mit sich zu ziehen sucht: mit dem

Gott, der sich in der Person und Lebensgeschichte Jesu auf eine zugleich übersprachliche und alle sprachlichen Möglichkeiten umgreifende Weise zu verstehen gab. Ihn verstehen aber ruft das innerste Verlangen des Menschenherzens nach Bestätigung wach und läßt es gleichzeitig aufs Vollkommenste in Erfüllung gehen.

Doch die stärkste Schubkraft geht zweifellos von der entscheidenden Folgeerscheinung des Konzils in Gestalt der Neuentdeckung Jesu aus, sofern diese nur als seine spirituelle Auferstehung im heutigen Glaubensbewußtsein begriffen wird. Wie das Ereignis der Auferstehung dazu führte, daß der Verkündigende zum Verkündigten wurde, zeichnet sich auch heute eine nicht unverständliche Neigung zu dogmatischer Festschreibung ab. Doch so begründet diese immer sein mag, entsprach ihr doch schon in der ersten Stunde der Christenheit eine spirituelle Gegenbewegung, die sich am deutlichsten im Eingangswort des Ersten Johannesbriefs ausspricht:

Was von Anfang an war, was wir gehört und gesehen, was wir mit unseren Augen geschaut und mit unseren Händen berührt haben - das Wort des Lebens, das verkünden wir euch (1. Johannes 1,1ff.).

Der Satz spricht weder vom Erlebnis der Osterzeugen noch von der Wirklichkeit der Menschwerdung, sondern davon, daß der zum Gegenstand und Herrn des Glaubens Erhobene auf neue Weise vernommen, geschaut und gefühlt wurde, so wie es in seinem charismatisch nachempfundenen Selbstzeugnis in den »Oden Salomons« zum Ausdruck kommt:

Ich bin auferstanden und in ihrer Mitte,- durch ihren Mund will ich reden (42,6).

Das entspricht aufs genaueste der Glaubenserfahrung jener Mitgestalter des Neuen Testaments, die sich aufgrund ihrer Verbundenheit mit dem erhöhten Herrn befugt wußten, bekannte Jesusworte umzuformen oder neue zu gestalten, die der inzwischen tiefgreifend gewandelten Situation entsprachen. Doch was besagt das für die Gegenwart?

Sicher nicht, daß im Sinn sektiererischer Ansprüche mit

»Neuoffenbarungen« zu rechnen ist, da die Möglichkeit der Neugestaltung nach Ausweis der Kanonbildung auf die erste Stunde der Christenheit eingegrenzt war. Wohl aber tritt im Zusammenhang damit der Sinn des mystischen Aufbruchs zutage, der als das deutlichste Hoffnungszeichen der Gegenwart zu gelten hat. Er bezieht sich auf das wachsende Verlangen, daß sich der Schrein der dogmatischen und kultischen Vergegenständlichungen öffnet und sein Inhalt in einer Weise zugänglich werden möge, daß er vom Glaubenden aufgenommen, mitvollzogen und schließlich als Lebensinhalt gewonnen werden kann. Nur so entspricht es der Zusage dessen, der vom Podest seines Herrentums herabstieg, um das Freundschaftsverhältnis zu erneuern, das er seiner Jüngergemeinde zusprach. Nur so entspricht es seiner Entdeckung des neuen Gottes, der das Elend seiner Kreatur dadurch überwindet, daß er sie an sein Herz zieht, sie in ein Kindesverhältnis zu sich aufnimmt und ihre Not und Schuld im Feuer seiner läuternden Liebe verglühen läßt. Und nur so entspricht es einem Christentum, das in diesem Gott seinen Identitätsgrund entdeckt und gefunden hat. Daher mußte es von asketischen und moralischen Religionen ebenso wie von dem Modell einer primären Schriftreligion abgegrenzt werden, weil nur so der Identitätsgrund verdeutlicht werden konnte, der, wie sich dem staunenden Menschen schließlich zeigt, zugleich der Grund ist, in dem sich der Sinn seines eigenen Lebens klärt. Wenn es dem Christentum gelingt, sich dem nach Identität verlangenden Menschen als die vollgültige Beantwortung seiner Lebens- und Sinnfrage glaubhaft zu machen, ist an seiner Zukunftsfähigkeit nicht zu zweifeln. Dann wird ihm, wenngleich nur unter dem Aufgebot seiner ganzen spirituellen Kraft, der Einzug ins dritte Jahrtausend gelingen.

Anmerkungen:

1. Dazu meine Ausführungen in: »Der Mensch – das uneingelöste Versprechen. Entwurf einer Moralanthropologie«, Düsseldorf 1995, 100ff., 254-257 und in: »Paulus: Zeuge, Vordenker, Mystikter«, München 1993, 293-298, 393-398.
2. Hans-Georg Gadamer, »Wahrheit und Methode. Grundzüge einer philosophischen Hermeneutik«, Tübingen 1972, 262-269; dazu die

Ausführungen meiner Untersuchung: »Die glaubensgeschichtliche Wende. Eine theologische Positionsbestimmung«, Graz 1986, 193-199.

3. Dazu das Kapitel »Der Verlust der Attribute. Zur Dekomposition des Gottesbegriffs«, in meiner Schrift »Glaubensbewährung. Bedrängnis und Aufbruch«, Augsburg 1995, 52-68. Thomas von Aquin, Summa theol. 11/2, 9.1, a.2, ad 2.
4. Dazu das Kapitel »Der tägliche Tod« in meiner Studie »Der Mensch - das uneingelöste Versprechen«, Düsseldorf 1995, 122-136. Friedrich Nietzsche, Nachgelassene Fragmente vom Herbst 1882 in: Sämtliche Werke. Kritische Studienausgabe X, München 1980, 89.
5. Johann Baptist Metz, »Der unpassende Gott«, in: »Wir sind Kirche«. Das Kirchenvolksbegehren in der Diskussion, Freiburg 1995, 200-203. Romano Guardini, »Die Existenz des Christen«, Paderborn 1976, 409.
6. Dazu das Kapitel »Ein Zeichen der Verständigung«, in: »Glaubensbewährung«, 29-41, Romano Guardini, »Vom Sinn der Kirche«, Mainz 1955, 19.
7. Rudolf Schnackenburg , »Freundschaft mit Jesus«, Freiburg 1995.
8. Rudolf Bultmann, »Zur Frage der Christologie«, in: »Glauben und Verstehen 1«, Tübingen 1966, 93f, 101.
9. Thomas Samuel Kuhn, »Die Struktur wissenschaftlicher Revolutionen«, Frankfurt 1973, 107ff., 203ff.
10. Dazu das Kapitel »Bindet ihn los. Vom Sinn des Todes Jesu« in: »Glaubensbewährung«, 928.
11. Günter Rohrmoser, »Geistige Wende - Warum?«, Mainz 1984, 67.
12. Gerhard Krüger, »Die Herkunft des philosophischen Selbstbewußtseins«, in: »Freiheit und Weltverwaltung«, Freiburg und München 1958, 42.
13. Immanuel Kant, »Kritik der reinen Vernunft« (Ausgabe Schmidt), Hamburg 1956, 583.
14. Dazu Wolfgang Beinert (Hrsg.), »Hilft Glaube heilen?«, Düsseldorf 1985; ferner meine Studie »Theologie als Therapie. Zur Wiedergewinnung einer verlorenen Dimension«, Heidelberg 1985.

Udo Tworuschka

Dialog der Religionen – Glauben alle an denselben Gott?

Einhundert Jahre nach dem religiösen Großereignis »Weltparlament der Religionen« (1893) in Chicago ist die religiöse Weltlage charakterisiert durch: Religionsbegegnung und -konfrontation, durch Auseinandersetzung (Stichwort »Markt der Sinnanbieter«), Dialog und Kampf. Die Religionen haben sich in für sie fremden Gebieten verbreitet. Mit zirka drei Millionen Muslimen ist der Islam neben dem Christentum zur zweitgrößten Religionsgemeinschaft in Deutschland geworden. Der Buddhismus wurde von den Medien zur »Trendreligion« aufgebaut. Neue Religionen sind entstanden, vor allem in Japan, Korea und in Afrika. Nicht aber in Europa; denn der alte Kontinent ist nach wie vor religiös unproduktiv und auf Import angewiesen. Die Zahl der neuen Religionen geht in die Hunderte. Es handelt sich keineswegs nur um »Eintagsfliegen«, sondern um zum Teil respektable Größen. Die neuen Religionen haben Deutschland als Missionsland entdeckt. Aggressiv gehen sie bis auf Ausnahmefälle nicht vor, »aber sie sind da, einladend und aktiv, für viele offensichtlich auch attraktiv«.[1]

Die neuen Religionen wurden hierzulande zunächst als »Jugendreligionen«, dann als »Sekten« verkannt und verdeutet. Das 20. Jahrhundert boomt religiös, auch wenn dies säkularisierte, oft aus der Kirche ausgetretene Zeitgenossen, die in vielen Redaktionen der Massenmedien den religionslosen Zeitgeist mitprägen, noch immer nicht so recht begriffen haben. Daher kommen die Milliarden von Menschen (mehr oder weniger intensiv) prägenden Religionen in den Massenmedien nur am Rande vor oder ressortieren – als Anhängsel – im Kirchenfunk (Hörfunk, TV), der sich an einigen Stellen für die real existierenden Religionen stärker geöffnet hat. Interessant werden die Religionen außerhalb der »Religionsredaktionen« höchstens noch im Kontext von Fundamentalismus und Gewalt (Islam, Hinduismus), oder wenn Papst und Dalai Lama auf Reisen gehen. Daß viele politische, wirtschaftliche, kulturelle Phänomene ohne ihre religiösen Hintergründe kaum verstehbar sind, begreifen säkularisierte Zeitgenossen meist erst spät. Für viele religiös Suchende unserer Tage besitzen Esoterik, New Age und Okkultismus einen hohen Attraktivitätsgrad. Jeder fünfte Europäer glaubt an irgendeine Form der Reinkarnation. Begriffe wie Guru und Karma gehören zum Alltagswortschatz. Das wachsende Interesse vieler Zeitgenossen hat Religionswechsel im Gefolge. Synkretismus, Bricolage, Patchwork und Warenhaus sind häufig anzutreffende Metaphern in religionssoziologischen Analysen unserer postmodernen Kultur.

Diese wenigen Zeilen wollen nicht als zureichende Beschreibung unserer religiösen Gegenwartslage verstanden werden. Sie enthalten aber einige Beobachtungen, vor deren Hintergrund die mir gestellte Frage ihre Richtung erhält. Gläubigen, die über den eigenen religiösen Tellerrand ihrer Kirchengemeinde/Konfession/Religion nicht hinausblicken, dürfte die Frage kaum auf den Nägeln brennen. Fundamentalistisch ausgerichtete, für ihre jeweilige Denomination/Religion Absolutheitsansprüche erhebende Gläubige werden sich über die Frage empören und dem, der sie stellt, unerlaubtes Abweichen von geoffenbarter Wahrheit unterstellen. Interessant ist die Frage in erster Linie für zwei jeweils sehr unterschiedliche Gruppen: Dem »aufgeklärten« Zeitgenossen, der Religion(en) oft für sozialschädliche, Aggressionen und Unfrieden befördernde Gebilde hält, sind Differenzierungen zumeist lästig. Er pflegt darauf zu verweisen, daß es bei allen Religionen offensichtlich doch irgendwie um dasselbe geht. Um wieviel friedlicher ginge es auf der Welt zu, wenn die Religionen nicht so ein fürchterliches Gezeter um ihre vermeintlich absoluten Wahrheiten veranstalteten.

Auch in Alltagsgesprächen wird diese Ansicht häufig von Menschen vertreten, die sich weder gegen noch für Religion(en) engagieren bzw. ihnen gleichgültig gegenüberstehen. Auf der anderen Seite stehen aufgeklärte religiöse Zeitgenossen, die den religiösen Pluralismus wahrnehmen und ihn als Chance begreifen. Professor für Praktische Theologie, Klaus-Peter Jörns, schreibt in seiner wichtigen empirischen Untersuchung über den tatsächlichen Glauben heutiger Menschen: »Doch solche Theologie, die mit einbezöge, was die Menschen wirklich glauben, steht noch weitgehend aus. Sie müßte sich unter anderem selbst zum Ausgangspunkt machen, wovon immer mehr Gläubige ausgehen: daß Gott *einer* ist, und daß es Aufgabe der Theologie ist, dem durch eine Theologie der Religionen Rechnung zu tragen. Doch auch diese Theologie, die das Nebeneinander der Religionen anders als zähneknirschend zur Kenntnis nehmen wollte, steht noch aus.«[2]

Die Frage fächert sich in mehrere Varianten auf, je nachdem, welches Wort betont wird: 1. *Glauben* alle an einen Gott? 2. Glauben alle an einen *Gott*? 3. Glauben alle an *einen* Gott? 4. Glauben alle an *den einen/denselben* Gott? Die Frage des Herausgebers verdankt sich einem abendländisch-christlichen Hintergrund. Sie ist geleitet von der Absicht, den eigenen, christlichen Gott, der gut monotheistisch als der eine und einzige gilt, mit den Göttern anderer Religionen in Beziehung zu setzen. Ein reichliches Jahrhundert Religionsdialog zeigt an der Wende zum neuen Jahrtausend: Der Optimismus der 1. Weltmissionskonferenz von Edinburgh (1910), die ganze Welt innerhalb einer Generation zu christianisieren, war auf Sand gebaut. Die Religionen sind darauf angewiesen zu koexistieren.

Das Wort »glauben« wird in unserer Sprache sehr vielfältig verwendet. Es ist Bestandteil profaner Alltagssprache, kommt daneben auch in quasi-religiöser und religiöser Sprache vor. Umgangssprachlich meint »glauben« soviel wie vermuten, nicht genau wissen. Sätze in der ersten Person Singular jedoch (»Ich glaube, daß es gleich regnet.«) unterstreichen im Unterschied zu Sätzen in der 3. Person Singular (»Er glaubt, daß es gleich regnet.«) den subjektiven Wahrheits- und Ernsthaftigkeitscharakter einer Aussage. Von »glauben« ist gewöhnlich die Rede, wenn wir *über* Religion(en) reden. So wie man im Bereich der (Natur-)Wissenschaft »erkennt«, »weiß« usw., so wird im Bereich von Religion »geglaubt«. Es heißt dann, daß Buddhisten, Hindus, Muslime usw. an dieses oder jenes glauben, daß also bestimmte Inhalte zum Gegenstand einer Religion gehören. In der Sprache der Religionen selbst, genauer formuliert: in religiös-gebrauchter Sprache, drücken die Begriffe »Glaube«/»glauben« eine spezifische religiöse Erfahrung aus: das vertrauensvoll-heilsame Verhältnis von Mensch und Gott.

Der kanadische Religionswissenschaftler und ordinierte Theologe Wilfred Cantwell Smith hat die Unterscheidung von *faith* und *belief* eingeführt. Seine Grundannahme besteht darin, daß *faith* (= Glaube im Sinne von Gottvertrauen) das Primäre ist gegenüber der intellektuellen Ausdrucksform *belief* (= Glaube im Sinne von Glaubensinhalt, -vorstellung). *Faith* ist »eine weltweit anzutreffende menschliche Eigenschaft«, gehört also zum Wesen des Menschen. Dabei ist für Cantwell Smith unerheblich, ob es sich um einen personalen oder impersonalen Transzendenzgrund handelt (Gott, Allah, Jahwe, Tao, Brahman, Nirvana usw.). *Faith* ist eine persönliche Beziehung zum Transzendenten: »Ich stelle schlicht die These auf, daß ein religiöser Mensch in der Christenheit oder in Tierra de Fuego (=Feuerland/Südamerika) seine oder ihre Beziehung zu Gott (oder einer allerersten-allerletzten Wirklichkeit) hat, die primär gebildet wird durch die Teilnahme an einer fortlaufenden geschichtlichen Bewegung, nämlich dieser oder jener religiösen Gemeinschaft.«[3]

So hilfreich die Unterscheidung Cantwell Smiths ist, so läßt sie die innerhalb der konkreten Religionen doch zum Teil erheblichen Unterschiede im Verständnis von *faith* einerseits sowie in der ungleichen Gewichtigkeit von *faith* anderseits in den Hintergrund treten. In einigen Religionen spielt Glaube eine derart zentrale Rolle, daß man sie zu recht als »Glaubensreligionen« (Gustav Mensching) bezeichnet hat: Judentum, Christentum, Islam, Zoroastrismus, Shiva- und Vishnu-Verehrung, Amida-Buddhismus. Glaube wird in diesen Religionstraditionen zur zentralen religiösen Erfahrung, zum großen theologischen Thema. In anderen Religionen treten Glaubenserfahrungen zurück, kommt anderen (gewöhnlichen/außergewöhnlichen) religiösen Erfahrungsweisen (Erleuchtung, Erkenntnis, Vision, Audition usw.) eine größere Bedeutung zu, haben Ritual und Kult einen größeren Stellenwert. Die vedische Religion Altindiens und die altskandinavische Religion besitzen zwar Wörter für »glauben«, messen der damit bezeichneten Sache sogar eine gewisse Bedeutung bei. Doch ihr Schwergewicht liegt eher auf Opfer und Ritus.

In der brahmanischen Phase des Hinduismus (ca. 1000 – 800 v. Chr.) gewann das Opfer eine derart zentrale Bedeutung, daß der Priester für die Aufrechterhaltung der gesamten Welt verantwortlich wurde. In einem Text heißt es: »Die Sonne würde nicht aufgehen, brächte nicht der Priester beim Anbruch der Morgenröte das Feueropfer dar.« In der antiken römischen Bauernreligion war *religio* nicht etwa eine Gesinnung, die seine ganze Persönlichkeit prägte, ging es nicht um ein vertrauensvolles Mensch-Gott-Verhältnis. *Religio* war die ständige Bereitschaft, auf jedes Anzeichen einer Störung des gewohnten Verhältnisses zu den Göttern mit einer begütigenden Handlung zu antworten. Römische *religio* ist die peinlich genaue Befolgung des Ritus, ist cultus deorum (»Kult der Götter«). Der Römer unterwirft sich dem Gebot und dem Willen seiner Götter in der festen Überzeugung, daß sein Gehorsam anerkannt, belohnt wird. Das Verhältnis von Mensch und Gott ist ein Rechts- und zugleich Treueverhältnis. Römische *religio* ist Staatstugend: Cultus und *religio* bilden das Fundament des Staatswesens, der res publica. Das Gegenteil von *religio* war die neglegentia deorum: die »Vernachlässigung der Götter«, die z.B. politische Niederlagen erklärte.

Auf dem buddhistischen Heilsweg spielt *saddha* (»Vertrauen«, »Glauben«) eine Rolle, doch wird *saddha* kein zentraler Platz zugewiesen. Ein Buddhist »vertraut« zwar zunächst der »Erwachung« des »Vollkommen Erwachten«, »glaubt« also an den Buddha. *Saddha* bewirkt innere Gemütsruhe, verleiht ein felsenfestes Sicherheitsgefühl und ist damit von der psychologischen Seite her gesehen dem Glauben der »Glaubensreligionen« vergleichbar. *Saddha* ist aber nicht die höchste Erkenntnisform, sondern etwas Vorläufiges. *Saddha* ist nicht Heilsursache; denn das Heil verdankt sich einer Erkenntnis, die das bloße Vertrauen ablöst.

Von einer Universalität des Glaubens – noch dazu vor dem Hintergrund der paulinisch-protestantischen Rechtfertigungslehre verstanden – kann also nach dieser knappen religionsgeschichtlichen Skizze keineswegs gesprochen werden.

Vom abendländisch-christlichen Hintergrund betrachtet, bezeichnet Gott die höchste, absolute, transzendente, »alles bestimmende Wirklichkeit« (Wolfhart Pannenberg). Sprachlogisch betrachtet, ist Gott ein Gemeinname, ein Prädikator, kann also vielen Gegenständen zugesprochen werden. In der griechischen, lateinischen, altnordisch-gotischen Sprache impliziert die Verwendung der Begriffe theos, deus einen polytheistischen Sprachgebrauch.[4] Das altnordische, als Neutrum gebrauchte *goth* bezeichnete bis in das 13. Jahrhundert hinein die altgermanischen Götter. Nach Walter Baetke handelte es sich wohl um »die als Einheit gefaßte Gesamtheit der Gottheiten oder göttlichen Mächte«, also um einen »kollektivistischen Allgemeinbegriff«. Die Christen unterschieden ihren Gott dadurch, daß sie *goth* bzw. später *guth* im maskulinen Sinne verwendeten.

Burkhard Gladigow hat darauf hingewiesen, daß mit den Göttern – jenseits aller Unterschiede anthropomorpher, theriomorpher, mischgestaltiger oder anikonischer Erscheinungsformen »Sozialbeziehungen konzipiert sind«. *Religionsgeschichtlich* gesehen werden Götter als handelnde Wesenheiten geschildert (berühren, erzeugen, gebären, erschaffen, kämpfen, töten, lenken, steuern, herrschen), die Macht und Willen haben, also planen, wissen, Gerechtigkeit ausüben. Sie sind charakterisiert durch Körperlichkeit, anthropomorphe und nichtanthropomorphe Gestalt, Größe und Gewicht, Geburt, Jugend. Sie altern, sterben und auferstehen, bewegen sich fort, erscheinen als Epiphanien. Götter haben Namen und Bilder, sind lokalisierbar. Was die Formen der Kommunikation mit ihnen betrifft, so kommt es zu körperlichen, materiellen, verbalen Kontakten, anschauen und sehen, spirituellen Kontakten, Abwesenheit, Unsichtbarkeit, Unerkennbarkeit, Transzendenz, Verehrungsformern, asymmetrischen Beziehungen.[5]

Gott im Christentum: War der persönlich vorgestellte Gott traditionellerweise männlich, so hat die Feministische Theologie inzwischen den Blick für die weiblichen Dimensionen Gottes freigelegt. Interessant ist ein Vergleich mit dem Islam. Abdoldjavad Falaturi ist unter Hinweis auf die rahma/ Barmherzigkeit Allahs zu folgender Gegenüberstellung gelangt: »Das Gott-Mensch-Verhältnis bekommt somit im Islam mütterliche, also weibliche Züge und nicht wie im Christentum väterliche, also männliche Züge«.[6]

Trotz seines trinitarischen Charakters ist *der eine* (christliche) Gott ein einziger, und das Christentum gehört wie Judentum und Islam zu den monotheistischen Religionen. Im Mittelpunkt steht »*der* Eine«, nicht »*das* Eine«, wie in den von Mensching »theiomonistisch« (von griech. to theion = das Göttliche) genannten Religionen.

Ist das christlich-abendländische Gottesverständnis auf andere Religionen übertragbar? Diese Problematik ist von religionswissenschaftlicher Seite noch ungenügend bearbeitet. Die Problematik stellt sich jedoch grundsätzlich nicht anders als beim Religionsbegriff. Dessen Übertragbarkeit auf andere Religionen ist eingehend untersucht worden.[7] Die Analyse hat folgende Grundbedeutungen der Religions-Äquivalente ergeben: »Gesetz, Glaube, Weg, Furcht, Wahr(heit), Meinung, Gottesdienst, Beachten der Bräuche, heiliger Dienst, Gottesliebe, Lehre, Vertrauen.«[8]

Wenn Religionswissenschaftler also weiterhin mit dem Religionsbegriff arbeiten, so im Wissen darum, daß das christlich-abendländische Verständnis von Religion nicht nahtlos auf andere »Religionen« übertragen werden kann.

An einen »Gott« – wie den eben geschilderten – glauben viele Religionen nicht. Lange Zeit war religionswissenschaftlich unklar, ob ein Gott überhaupt das entscheidende Kriterium zur Bestimmung von Religion sei. Der niederländische Religionsphänomenologe Gerardus van der Leeuw ging davon aus, daß der Glaube an »Macht« zum religionsgeschichtlichen Urgestein gehört. Für ihn war Gott ein »Spätling«. Auch wenn nicht nachgewiesen werden kann, daß die Muttergottheiten älter sind als die sehr weit verbreitete Vorstellung eines Himmels- bzw. Hochgottes (»Vater im Himmel«), so spielen Gottesvorstellungen – Gott im christlichen Sinne verstanden – nicht in allen Religionen eine gleich große Rolle. Tiere, Naturgegenstände, Geister, Ahnen, Dämonen – sie stehen oft stärker im Vordergrund. Beim Glauben an die australische Figur des Bundjil, der u.a. nicht *angebetet* wird, fällt es schwer, von »Gott« selbst im oben charakterisierten religionsgeschichtlichen Sinn zu sprechen. »Die flehende und lobende Anrede höheren Wesen gegenüber ist in Australien fast gar nicht belegt. Die Dimension des Gegenübers fehlt also in diesem Verhältnis zwischen den Menschen und den höheren Wesen.«[9]

Buddhisten, Taoisten, Advaitins – Vertreter einer monistischen Alleinheitslehre im Hinduismus – glauben an keinen Gott im christlichen Sinn. Im Mittelpunkt des Buddhismus steht eine impersonale Größe: das Nirvana, der Zustand des Nicht-mehr-Wehens, der Ruhe. Nirvana ist das Gegenteil von Leiden, das den endlosen Kreislauf der Weiterverkörperungen prägt. Im Taoismus bezeichnet Tao *das* eine uranfängliche Sein, das sich als Kosmos entfaltet und später wieder zurückzieht. Im Tao sind aber auch weibliche Züge erkennbar. Trotzdem hat Tao nur wenig mit Gott gemeinsam. Im Hinduismus spielt das transzendente Neutrum Brahman eine Rolle. Es ist »sat« oder »satya«, das »Wirkliche«.

Bei allen religionsgeschichtlichen Vergleichen sind zwei »Gefahren« zu beachten, auf die Gustav Mensching hingewiesen hat: »voreilige Identifizierung« und »voreilige Unterscheidung«. Nicht auf die bloß äußere Ähnlichkeit (Homologie) komme es an, sondern auf »innerliche Verwandtschaft« (Analogie). Die Götter, die der Buddhismus in großer Zahl kennt, sind dem christlichen, aber auch anderen monotheistischen Göttern allenfalls homolog. Nicht nur, weil sie in der Mehrzahl auftreten, sondern weil sie als Teile der unerlösten Leidenswelt noch dem Samsara-Wiedergeburten-Kreislauf verhaftet sind. »Das Analoge zur christlichen Gottesidee ist das buddhistische Nirvana, die impersonale numinose Wirklichkeit schlechthin. Die Götter aber sind nur erlösungsbedürftige Wesen.«[10]

Im Hinduismus kann man im wesentlichen drei »Gottes«-Begriffe unterscheiden: Brahman, Ishvara, Deva. Brahman ist Neutrum und nicht pluralisierbar. Brahman bezeichnet das qualitätslose Ur-Eine, das allem empirischen Sein zugrundeliegt. Die Advaita-Philosophie Shankaras (7./8. Jahrhundert) lehrt die Nicht-Zweiheit. Alle Wirklichkeit ist eins und göttlich. Der Atman (Sanskrit, »Selbst«, »Seele«) des Menschen strebt danach, die Identität mit dem Brahman wiederherzustellen. Ishvara ist der personal gedachte »Herr«. Deva schließlich (verwandt mit deus, theos) bezeichnet nur einen bestimmten Aspekt, eine Funktion von Brahman bzw. Ishvara. Devas sind göttliche Funktionsträger, »Himmlische«, »Himmelsbewohner« – am ehesten den Engeln monotheistischer Religionen vergleichbar.

Im Shintoismus hören wir von den »acht Myriaden bzw. Millionen Kami«. Kami (japanisch »der Obere, der Höhere, übergeordnet, mächtig«) ist mehr als eine personale Gottheit: »eine überlegene geistige Kraft, die in erster Linie solche Naturgeschehnisse kontrollieren kann – Jahreszeitenwechsel, rechtzeitige Regenzeit, das Besiegen einer Pest –, die über die Verfügungs- und Verstehensmöglichkeit des Menschen hinausgehen. Zweitens kennen sie die Zukunft, welche dem Menschen verborgen ist. Daher kann man sie zum Schutz vor Unglück, für besondere Zwecke und bestimmte Informationen anrufen. Die meiste Zeit des Jahres wohnen sie gewissen Gegenständen und Orten ein, die aufgrund ihrer geheimnisvollen und furchterregenden Assoziationen zeigen, daß sie Träger einer überirdischen Macht sind«.[11] Glauben alle an einen *Gott*? Diese Frage kann religionswissenschaftlich nur bejaht werden, wenn dabei offenbleibt, ob Gott personal, impersonal, männlich, weiblich, singularisch, pluralisch usw. zu verstehen ist. Möglicherweise machen wir aber dabei die Rechnung ohne den Wirt. Denn können Buddhisten, Konfuzianer, Taoisten zustimmen, daß sie an einen *Gott* glauben? Oder würden sie dies als »sprachlichen Imperialismus«[12] betrachten? Die Frage übersteigt die Kompetenzen des Religionswissenschaftlers, der innerhalb der Grenzen seines Faches bleibt, und ist an Vertreter des christlich-buddhistischen, christlich-hinduistischen usw. Dialogs zu stellen.

Im numerischen Sinne verstanden, stehen in der allgemeinen Religionsgeschichte dem »einen« Gott der monotheistischen oder henotheistischen Religionen die »vielen« Götter gegenüber. Absurdität, Heidentum, Götzendienst: Das sind traditionelle, auch heute noch unter Gläubigen und Glaubensspezialisten monotheistischer Religionstraditionen nicht unübliche Assoziationen. Die Religionsgeschichte als monistische, d.h. mono*theistische*/*theio*monistische Erfolgsgeschichte mit dem Christentum als Endpunkt – diese globale evolutionistische Religionstheorie, von der sich die Religionswissenschaft lange schon verabschiedet hat, die aber in den Köpfen manch eines Theologen durchaus noch nistet – kann göttlichen Pluralismus nur schwer ertragen. Marjorie Leach verzeichnet im voluminösen Götter-Führer[13] weltweit mehr als 20.000 verschiedene Götternamen, dürfte damit aber kaum Vollständigkeit erreicht haben. Eine weitaus bescheidenere, durchaus beeindruckende Auswahl (immerhin 1.800 Einträge) präsentiert Manfred Lurker.[14]

Die empirisch belegbare Vielfalt läßt religionswissenschaftlich zunächst keine andere Aussage zu: Selbstverständlich glauben *nicht* alle Religionen an den numerisch *einen* Gott. Zur Ehrenrettung des Polytheismus muß hinzugefügt werden: Ein Polytheist glaubt nicht wahllos an beliebig viele Götter, wie man ihm gern unterstellt. Es gibt gute Gründe dafür anzunehmen, daß er nur zu einer bestimmten Zahl echte personale Beziehungen aufbauen kann. Burkhard Gladigow weist auf Erkenntnisse der Verhaltensforschung hin, »daß es für viele höhere Tiere und auch den Menschen eine Begrenzung der Zahl der Individuen gebe, mit denen sie in individualisierte Beziehung treten können: jenseits dieser Zahl (...) beginnt die Anonymität«.[15] Polytheismus ist die »charakteristische Religionsform aller großen antiken Kulturvölker« (Angelo Brelich), entspricht also einem »besonderen kulturellen Niveau«.

Religionswissenschaftlich gesehen, läßt sich auch die Frage, ob alle an denselben Gott glauben, zunächst nur mit Nein beantworten. Wie wir bisher gesehen haben, treten dem Religionswissenschaftler sehr verschiedene transzendente Wesen entgegen. Gott gibt es für den empirischen Religionswissenschaftler nur als Pluralität verschiedener Götter. Angesichts der virulent gewordenen Notwendigkeit, auf unserem immer kleiner gewordenen Erdball mit Menschen anderer Religionen zusammenzuleben, wird die Frage dieses Aufsatzes zu einer *lebenspraktischen*. Lange bevor die Religionen in ihre dialogische Ära eintraten, erkannte der Bonner Religionswissenschaftler Gustav Mensching die Notwendigkeit, Religionswissenschaft aus ihrer Elfenbeinturmexistenz herauszuholen und lebensrelevanter auszurichten. In seiner klassischen Abhandlung »Toleranz und Wahrheit in der Religion« vertritt er die »Meinung, daß es sich bei dem Problem der Toleranz nicht nur um ein interessantes akademisches Phänomen, sondern um ein die menschliche Existenz heute zutiefst betreffendes Anliegen handelt«.[16]

In Alltagsgesprächen ist oft die Auffassung anzutreffen, daß die vielen Religionen letztlich doch alle eins seien, daß »hinter all diesen kulturellen Nebensächlichkeiten (...) der eine Gott (steht), das gemeinsame Wesen«.[17]

Klaus-Peter Jörns untermauert diese Beobachtung in seiner bereits genannten Untersuchung: »Der alte Absolutheitsanspruch, daß die *eigene* die *wahre* Religion ist und den anderen Gläubigen die Wahrheit fehlt, findet in einem entscheidenden Punkt keinen Rückhalt mehr: Der von der eigenen Religionsgemeinschaft und der von den anderen geglaubte *Gott* wird als einundderselbe angesehen: die Religionen sind kulturbedingt und als Verehrungsformern des Einen Gottes sekundär.«[18] Nicht nur religiös Gleichgültige, bei denen eine derartige Sicht vorauszusetzen war, sehen dies so, auch religiöse Menschen, vor allem die von Jörns untersuchten »unter evangelisch-theologischem Einfluß stehenden Bezirke und Gruppen«[19] zeigen diese Einstellung.

Ein Blick auf die Religionsgeschichte zeigt, wie unterschiedlich mit dieser Frage religiös/theologisch umgegangen wurde und wird.

Die Religionsgeschichte nicht erst der Neuzeit bietet Versuche, die realgeschichtlich-religiöse Vielheit in Richtung auf Einheit zu durchdenken. Ein klassischer Beleg stammt aus der altvedischen Religion Indiens: »Sie [die frommen Seher und Sänger der heiligen Texte, die Rishis] nennen es Indra, Mitra, Varuna. (...) Was nur das Eine ist, bezeichnen die Sänger mit vielen Namen.« Die verschiedenen Götter sind Namen, Benennungen für letztlich ein und dieselbe numinose Wirklichkeit. Von dem Hindu-Heiligen Sri Ramakrishna (1836-1886) stammt der Ausspruch: »Wie ein und dasselbe Wasser in den einzelnen Sprachen verschieden benannt ist – der eine nennt es ›Wasser‹, ein anderer ›vari‹, ein Dritter ›aqua‹ und ein Vierter ›pani‹ – so wird Saccidananda von einigen als Gott angerufen, von anderen als Allah, von anderen als Hari und wieder anderen als Brahman.«

Darüber hinaus gibt es zahlreiche weitere Metaphern, die auf die Einheit des Göttlichen zielen: die auf die Nabe eines Rades zustrebenden Speichen; das sich im Opal brechende Sonnenlicht. Dschalal ad-din Rumi, der große islamische Mystiker aus dem 13. Jahrhundert, formulierte: »Die Lampen sind unterschiedlich, aber das Licht ist dasselbe.« Das Konzept einer »inklusiven Absolutheit« (Gustav Mensching) bezieht fremde Gottesvorstellungen und Kulte in die eigene Glaubensüberzeugung mit ein. Ohne daß die Angehörigen anderer Religionen es wissen, beten sie den einen und einzigen Gott an. In der Bhagavadgita, der volkstümlichsten aller heiligen Hindu-Schriften, heißt es (IX, 23): »Und jene, welche anderen Göttern anhängend von Glauben erfüllt ihnen opfern, auch die (...) opfern nur mir, obschon sie es sich nicht vorgenommen haben.« Die Möglichkeit, auch in anderen Kulträumen dem einen und einzigen Gott zu begegnen, ist die Überzeugung des islamischen Mystikers Omar Chayyam: »Vom Tempel, von der Kaaba kannst du Gott erreichen, / Die Kirchenglocken läuten Gottes Dienst desgleichen, / Ob Parsengürtel, Kirche, Rosenkranz und Kreuz, / Sie alle sind des Gottesdienstes Zeichen.« Weitere einschlägige Belegstellen finden sich in Menschings Toleranz-Abhandlung (im Kapitel »Mystische Toleranz«).

Immer wieder hat es in der Religionsgeschichte »interreligiöse Persönlichkeiten« gegeben, die Erfahrungen in mehreren Religionstraditionen gesammelt haben und dadurch zur Einheitsvorstellung gelangt sind. Der bereits genannte, ekstatisch veranlagte Ramakrishna hatte Visionen der Hindu-Göttin Kali ebenso wie Allahs und Mohammeds bzw. fühlte sich von Christus ergriffen, der ihn mit seiner göttlichen Wirklichkeit ganz durchdrungen habe. Daraus folgerte er: »Alle Religionen habe ich erprobt: Hinduismus, Islam, Christentum, und auch die Pfade der verschiedenen Hindusekten bin ich gewandelt. (...) Ich habe gefunden, es ist derselbe Gott, dem alle auf verschiedenen Pfaden zustreben.«[20]

Zu den großen interreligiösen Persönlichkeiten kann auch der über mehrere Jahrzehnte in Indien lebende englische Benediktinermönch Bede Griffiths (1906-1993) gezählt werden. »Morgens lesen wir aus den Weden, mittags aus dem Koran und dem Granth Sahib der Sikhs und am Abend aus Andachtspoeten, speziell solchen aus Tamil Nadu, wie dem großen tamilischen Mystiker Manikka Vasagar.« Viele »Rechtgläubige« werden sich fragen, ob hier nicht der Religionsmischerei Tür und Tor geöffnet wird. Die Jahre in Indien haben Bede Griffiths religiös und theologisch entkrampft, gelassener, weniger hitzig in der Diskussion um die absolute Wahrheit gemacht. Indien verhalf dem Pater dazu, seine eigene christliche Spiritualität zu vertiefen, stärker als bisher aus den mystischen Traditionen des Abendlands und Indiens zu schöpfen. Bede Griffiths bezeichnet es als »Aufgabe der vergleichenden Religionswissenschaft (...), die wesentliche Wahrheit des göttlichen Mysterium, das über Sprache und Begriffe hinausgeht, in jeder religiösen Tradition zu erkennen, in den primitivsten Stammestraditionen bis hin zu den großen fortgeschrittenen Weltreligionen«.[21]

Für ihn sind die einzelnen Götter Jahwe, Allah, Shiva, Vishnu usw. ein »Name für ein nicht auszusagendes Mysterium«[22], für die »Gottheit (...), der Grund aller Existenz«.[23]

Es gibt einige klassische Versuche, Religionen zu einer höheren Einheit, zur allgemeinen Menschheitsreligion, zur »Welteinheitsreligion« (Peter Gerlitz) zusammenzuschauen oder zusammenzuschmelzen.

Im christlichen Bereich war es der Kardinal Nikolaus von Kues (1401-1464), der von »einer Religion innerhalb der Mannigfaltigkeit religiöser Bräuche« (una religio in rituum varietate) sprach. In seiner Schrift »De pace fidei« (Vom Frieden des Glaubens) aus dem Jahre 1453 erörterte der Kardinal in dialogischer Form seine Idee einer zukünftigen Welteinheitsreligion auf christlicher Grundlage. Die vielerlei Religionen sind für ihn Verkörperungen des ewigen Logos. Dieser Logos tritt in der himmlischen Ratsversammlung auf und erklärt, daß die Religionsstreitigkeiten auf ein falsches Verständnis der Religionen vom eigentlichen Willen Gottes zurückgingen. Gott beschließt daraufhin, »alle Religionen durch ein gemeinsames Übereinkommen aller Menschen in einer einzigen Religion friedlich zu vereinigen, die fortan unverletzlich sein soll«. Die Schaffung dieser Menschheitsreligion soll in die berufenen Hände der hervorragendsten Vertreter jeder einzelnen Religion gelegt werden.

Im indischen Islam sind ebenfalls Einheitsbestrebungen vorgekommen. Der Moghulkaiser Akbar (1542-1605) bemühte sich, aus Hinduismus, Jainismus und Parsismus bestimmte Elemente herauszugreifen, um sie zu einer Einheitsreligion mit antiislamischer Zielsetzung zusammenzufassen. Er nannte sie »Religion Gottes« bzw. »Göttlicher Monotheismus«.

Ein moderner Versuch, die alles überhöhende Einheitsreligion zu schaffen, ist die Religion der Bahai. Sie tritt mit dem Anspruch auf, die endgültig weltumspannende Religion zu sein. Eines ihrer »12 Prinzipien« ist der Einheitsgedanke: Alle Religionen haben eine gemeinsame Grundlage, sie sind letztlich urverwandt und identisch. Die Geschichte der Religionen wird als »Stufenfolge der *einen* Religion« beschrieben.

Weitere Beispiele sind: Adyar-Theosophie, Sufi-Orden des Westens, neuhinduistische Organisationen wie die Ramakrishna-Mission, die Vereinigungskirche Sun Myung Muns.

Das Deutungsmuster vom ein- und demselben Gott ist auch in manchen bilateralen Religionsdialogen beheimatet. Einigen Religionen fällt es leichter als anderen, dieses Interpretationsschema anzuwenden. Der Koran ist davon überzeugt: Allah und der Gott von Juden und Christen ist ein und derselbe. Wenn der Koran von Allah (arabisch »der Gott«) spricht, hat er nicht ausschließlich den Gott der Muslime im Blick: »Wir glauben an das, was zu uns herabgesandt und zu euch herabgesandt wurde. Unser Gott und euer ist einer. Und wir sind ihm ergeben« (Koran 29,46). Zum islamischen Glaubensbekenntnis gehört der Glaube an *die* Propheten und Bücher Gottes im Plural, nicht an den Propheten/Gesandten Mohammed und den Koran im Singular. An der substantiellen Einheit Gottes in den drei Abrahamsreligionen besteht für den Islam kein Zweifel. Daß Juden und Christen diesen Gott nicht vollkommen richtig verehren, daß die Christen ihm einen trinitarischen Charakter verleihen, ist aus islamischer Sicht kritikwürdig, ändert jedoch an der geschilderten Tatsache grundsätzlich nichts.

In den beiden großen Kirchen sind die Grundlagen dafür gelegt worden, in Allah und Gott ein und denselben sehen zu können. In Lumen Gentium, der dogmatischen Konstitution über die Kirche, verabschiedet im November 1964 vom

Zweiten Vatikanischen Konzil, findet sich folgender Satz: »[die] Heilsabsicht [Gottes] umfaßt aber auch die, welche den Schöpfer anerkennen, unter ihnen besonders die Muslime, die (...) mit uns den einzigen Gott anbeten...« 1969 formulierte das Schlußdokument des ersten Dialogtreffens von Protestanten mit Repräsentanten des Islam in Cartigny: »Judentum, Christentum und Islam gehören nicht nur historisch zusammen; sie sprechen auch von demselben Gott...« Solche Erkenntnisse setzen sich ausgesprochen langsam in der protestantischen Theologie durch. Auch in vielen Kirchengemeinden dürften solche Einsichten noch sehr gewöhnungsbedürftig sein. Die erregte Diskussion um den Muezzin-Ruf und den Islamischen Religionsunterricht hat dies deutlich gezeigt. Nicht zuletzt hängt die Akzeptanz von den lokalen/regionalen Umweltbedingungen ab, also davon, ob die Muslime als real existierende Personen im Lebensalltag von Protestanten, Katholiken usw. vorkommen.

In christlich-buddhistischen Dialogen gehen Theologen der Frage nach, wie sich Gott und Nirvana, Gott und Dhamma (Pali, »Lehre« Buddhas), die buddhistische Dreikörperlehre (trikaya) und die christliche Trinitätsdoktrin zueinander verhalten. Hier erweist sich das personalistische Gottsymbol für schwerer mit den impersonalistischen buddhistischen Konzeptionen vereinbar.

Pluralistische Religionstheologien: So nennt sich das Programm einer immer zahlreicher werdenden Gruppe meist anglo-amerikanischer Theologen. Es handelt sich um Glaubensdenker, die einen »theologischen Rubikon« zu neuen Ufern überschritten haben, wie dies Paul F. Knitter, einer ihrer maßgeblichen Vertreter, gelegentlich ausdrückte. Neue theologische Denkrichtungen fallen nicht einfach vom Himmel, sind nicht ohne Vorläufer. Mit ermöglicht wurde die Neuorientierung durch die verstärkte Begegnung mit Menschen anderen Glaubens durch die Beschlüsse des 2. Vatikanums und durch die Arbeit des Ökumenischen Rates der Kirchen. Der neuzeitliche christlich-jüdische sowie der christlich-islamische Dialog haben ihren Teil mit dazu beigetragen, den Boden für die Umorientierung zu bereiten. Eine der nicht unumstrittenen Postulate der pluralistischen Religionstheologie ist der Gedanke der »Einheit in der Vielfalt«.

Dieser gründet letztlich darin, daß alle Religionen auf ein Heiliges oder Numinoses, auf Gott ausgerichtet sind. Diese Ansicht wird in jeweils modifizierter Weise von Gelehrten wie John Hick, Wilfred Cantwell Smith, Leonard Swidler, Paul F. Knitter vertreten, die einen gemeinsamen Transzendenzgrund postulieren. In der deutschen Theologie ist auf Denker wie Ulrich Mann[24] und Paul Schwarzenau[25] hinzuweisen, welche die Einheit Gottes und damit der Religionen auf der Grundlage der Tiefenpsychologie C.G. Jungs begründeten.

Bis in die siebziger Jahre unseres Jahrhunderts war in der deutschsprachigen Religionswissenschaft die »Religionswissenschaft des Verstehens« maßgebend. Sie war in erster Linie mit den Namen Friedrich Heiler, Gerardus van der Leeuw, Mircea Eliade, Gustav Mensching, Kurt Goldammer verknüpft, die unter Berufung auf den protestantischen Theologen und Religionsforscher Rudolf Otto (1869-1937) eine Religionswissenschaft vertraten, in deren Zentrum der Begriff des »Heiligen« stand. Gustav Mensching (1901-1978) ging von dem »Minimum an Vorverständnis« aus, »daß allenthalben in der Geisteswelt der Menschheit eigentümliche Erfahrungen von Wirklichkeiten bezeugt sind, die mit dem Begriff ›heilig‹ benannt und dadurch von profaner Wirklichkeit unterschieden werden«.[26]

Religion definierte Mensching klassisch als »Begegnung mit heiliger Wirklichkeit und antwortendes Handeln des vom Heiligen bestimmten Menschen«.

Auf der Grundlage des in allen Religionen verehrten »Heiligen« postulierte der Bonner Religionsforscher eine letzte Einheit.[27] Der von der lutherischen Theologie herkommende frühe Mensching konnte in seiner Rigaer Antrittsvorlesung (»Das Christentum im Kreise der Weltreligionen«, 1928) noch formulieren: »Allenthalben in der Welt tritt echtes religiöses Erleben in den denselben äußeren Formen zutage, und wer ein feines Ohr hat für diese Welten, der erkennt immer wieder die ewige Sprache Gottes und schaut immer wieder das heilige Wesen seiner Gottheit.« In späteren Schriften ersetzte er das personale Symbol Gott durch das Symbol des Heiligen und Numinosen. Das Heilige aber ist nicht einfach Gott, Allah, Vishnu, Shiva, Brahman oder Tao. Das Heilige wird von den Menschen auf unterschiedliche Weise erfahren: *als* Gott, Allah, Vishnu, Shiva, Brahman, Tao. Die »eigentümlichen Erfahrungen von Wirklichkeiten«, welche Menschen in allen Zeiten und Räumen immer wieder gemacht zu haben bezeugen, sind unterschiedlicher Natur. »Begegnung mit dem Heiligen kann z.B. vorliegen als religiöse Erkenntnis, als Schau, als gläubige Erfahrung, als gehörtes Wort, als innerliche Erleuchtung usw. (...) Schlechthin alles irdisch Gegebene kann gegen ein Heiliges in personaler oder impersonaler, in singularischer oder pluralischer Fassung transparent werden.«[28]

Menschings Ausgangsposition in der Beziehung aller Religion(en) auf ein Heiliges und Numinoses führt zu einer Aufsprengung des unfruchtbaren Entweder-Oder-Denkens, zur Betonung des Sowohl-Als-Auch. Ein Wahrheitsverständnis, das Wahrheit im Sinne von göttlicher Wirklichkeit versteht, ausgedrückt in bekenntnishaft-*symbolischer* Sprache, führt gerade wegen des daraus resultierenden »intensiven Absolutheitsanspruches« nicht zur Bestreitung der grundsätzlichen Wahrheitsbezogenheit anderer Religionen. Einander widersprechende Gotteserfahrungen müssen sich nicht ausschließen, sondern ergänzen sich, sind »beide verschiedene Aspekte (...), die nebeneinander möglich sind, weil sie beide aus echter Erfahrung des Heiligen stammen«.[29]

Die Frage dieses Beitrags hätte Mensching für naiv gehalten und sie in der Form kaum bejaht; denn zu groß sind die Unterschiede zwischen dem Blitze schleudernden Zeus, der grausamen Mutter Bengalens, Kali, den mesopotamischen Gestirngöttern, dem göttlichen Drachentöter Agni aus dem alten Indien oder dem gnädigen Shiva. Daß alle diese Gottheiten jedoch *Symbole des einen Heiligen* sind und dieses Heilige auf der Grundlage verschiedenartiger Kulturen, Biographien, sozialer, ökonomischer, psychologischer usw. Bedingungen realisieren – dies wäre Menschings religionswissenschaftliche Antwort gewesen.

Friedrich Heiler, der als Religionswissenschaftler immer auch Theologe geblieben ist, sah die Sache anders. Seine Religionsphänomenologie »Erscheinungsformen und Wesen der Religion«[30] enthält zur Erläuterung der religionsphänomenologischen Methode ein Schaubild. Es sieht den Königsweg darin, daß der Forscher – und zugleich Gottsucher –

durch die drei konzentrischen Kreise (Erscheinungs-, Vorstellungs- und Gegenstandswelt der Religion) bis zum *Zentrum* durchstößt. Dort trifft er auf den deus revelatus, den als Du erfahrenen persönlichen Gott, und auf den deus absconditus, die »überpersönliche Gottheit«, die als Es erfahren wird. Schon die christliche Terminologie (Gott, die lutherische Unterscheidung von deus absconditus/revelatus, verborgener/offenbarer Gott usw.), die Heiler verwendet, verrät den (universalistischen) Theologen, der *seinen Gott* in den anderen Göttern und Religionen mehr oder weniger »rein« wiederfindet. »Weil die in der Religion erfahrene göttliche Wirklichkeit nur *eine* ist, darum ist auch im Grunde nur *eine* Religion.«[31]

Für den rumänischen Religionswissenschaftler Mircea Eliade ist »die Erfahrung des Heiligen (...) ein Element der Bewußtseinsstruktur«[32], d.h. von den Altsteinzeitmenschen angefangen bis zu den heutigen Menschen hat es immer Religion gegeben, die auf der Erfahrung des Heiligen – Eliade spricht von »Hierophanien« – aufgebaut ist. Wie dieses Heilige beschaffen ist, definiert Eliade nirgendwo. Für ihn ist es »der Gegensatz zum Profanen«.

Vor mehr als siebzig Jahren entwarf Rudolf Otto, Verfasser des theologischen Meisterwerkes »Das Heilige« (1917), folgendes Szenario: »Ein Riesenringen bereitet sich vor (...). Das wird der feierlichste Moment in der Geschichte der Menschheit werden, wenn nicht mehr politische Systeme, nicht wirtschaftliche Gruppen, nicht soziale Interessen, wenn die Religionen der Menschheit gegeneinander aufstehen, und wenn (...) zuletzt der Kampf den hohen Stil erreichen wird, wo endlich Geist auf Geist, Ideal auf Ideal, Erlebnis auf Erlebnis trifft, wo jeder ohne Hülle sagen muß, was er Tiefstes, was er Echtes hat und ob er etwas hat.«

Vielfach stehen die religiösen Experten (Priester, Pfarrer, Rabbiner, Imame, Gurus, Roshis usw.) hilflos dieser neuen interreligiösen Situation gegenüber, die nicht von vorübergehender Dauer ist. Oft im Stich gelassen von ihren Studiengängen, Fakultäten, akademischen Lehrern. Auch wenn Studien-Reformkommissionen dies immer noch nicht erkannt zu haben scheinen: Kindergarten, Schule, Theologiestudium müssen religionswissenschaftliche/-geschichtliche und religionstheologische Fragen viel intensiver als bisher thematisieren. Die über drei Jahrzehnte lange religionspädagogische Diskussion über »Weltreligionen im Unterricht«, die sich mit dem »Interreligiösen Lernen« verzahnt, hat die Bedeutung der Religionswissenschaft als fachwissenschaftliche Bezugswissenschaft im Studium der Religionspädagogik (noch!) nicht entscheidend vergrößert.

Im Studium evangelischer Theologie ist Religionswissenschaft (auch in Verbindung mit Missionswissenschaft) weiterhin von marginaler Bedeutung, kein den fünf »klassisch« genannten Disziplinen vergleichbares Fach, allenfalls Wahlpflichtfach. Wo außerdem Philosophie und Ökumenik angeboten werden, kann man ein Theologiestudium sogar ohne Kenntnisse der Religionen absolvieren. Erst wenige Systematische Theologen haben sich religionstheologischen Fragen geöffnet. Wenn Religionen, wenn andere »Gottes«-Vorstellungen verschiedenartige Symbole, verschiedene »Möglichkeiten sein können, wie sich die dieselbe Höchste Wirklichkeit dem menschlichen Leben eingeprägt hat«, so die Ansicht des Religionsphilosophen John Hick[33], die sich sehr stark mit Menschings Position berührt, dann können die Theologien der verschiedenen Religionen nicht mehr ausschließlich um sich selbst kreisen. Dann kann sich eine Religionstradition von anderen Traditionen bereichern lassen und andere bereichern. Die Begegnung der Religionen hat an den Konfessions- und Religionsgrenzen zu Verwischungen geführt. Aber ein dogmatisch »reines« Christentum hat es nie gegeben. Christsein war immer und überall inkulturiertes Christsein: bei den Germanen ein anderes als bei Afrikanern, Indern und Chinesen. Identität ist keine statische Größe. Sie wird lebenslang entwickelt. Evangelisches Christsein in nicht fundamentalistisch versekteter Gestalt muß den vielfältigen religiösen Erfahrungen der Menschen – die in aller Regel nicht dogmatisch »rein« sind – mehr Raum als bisher geben.

Eine große Chance für eine freiheitliche evangelische Religiosität sehe ich in der Mystik. Wer Rudolf Otto gelesen hat, weiß, daß dies keine religiöse Nivellierung meint. Dann kann man das protestantische, islamische, jüdische, buddhistische Profil – mit Blick auf die jeweils anderen Profile – schärfen. Nicht, um die vermeintlich absolute eigene Wahrheit gegenüber der Unwahrheit der anderen beweisen zu wollen. Sondern um immer tiefer in das Geheimnis der Transzendenz einzudringen.

Anmerkungen:

1. Renate Pitzer-Reyl / Joachim Süss (Hg.) »Religionswechsel. Hintergründe spiritueller Neuorientierung«, München 1996, 7.
2. Klaus-Peter Jörns, »Die neuen Gesichter Gottes«, München 1997, 226.
3. Wilfried Cantwell Smith, »Faith and Belief«, Princeton 1979.
4. Alex Stock: Einübung in theologisches Reden und Umgang mit theologischen Grundbegriffen, in: Gerhard Sauter / Alex Stock: »Arbeitsweisen Systematischer Theologie«, München – Mainz 1976, 131ff.
5. Art. »Gottesvorstellungen« in: »Handbuch religionswissenschaftlicher Grundbegriffe«, Bd. III, Stuttgart 1993, 32-49.
6. »Der Islam – Religion der Rahma, der Barmherzigkeit«, in: Abdoldjavad Falaturi / Jakob J. Petuchowski / Walter Strolz (Hg.), Universale Vaterschaft Gottes, Freiburg i.Br. 1987, 78.
7. Bertram Schmitz: »Religion und seine Entsprechungen im interkulturellen Bereich«, Marburg 1996.
8. Ebd., 198
9. Fritz Stolz, »Grundzüge der Religionswissenschaft«, Göttingen 2. Aufl. 1997, 19.
10. Gustav Mensching, »Die Religion«, Taschenbuchausgabe München 1965, 10.
11. Carmen Blacker, »Religions of Japan«, in: »Historia Religionum« Bd. II, Leiden 1971, 536.
12. John Hick, »Religion. Die menschlichen Antworten auf die Frage nach Leben und Tod«, München 1996, 26.
13. Marjorie Leach, »Guide to the Gods«, London u.a. 1992.
14. Manfred Lurker, »Lexikon der Götter und Dämonen«, Stuttgart 1984.
15. »Der Sinn der Götter«, in: Peter Eicher (Hg.), »Gottesvorstellung und Gesellschaftsentwicklung«, München 1979, 27.
16. Gustav Mensching, »Toleranz und Wahrheit in der Religion«, 1955, neu hg. und mit einem Vorwort von Hans Küng, Weimar 1996, 41.
17. Paul F. Knitter, »Ein Gott – viele Religionen«, München 1988, 51.
18. Klaus-Peter Jörns, a.a.o., 172f.
19. Ebd., 171.
20. Zitiert bei Gustav Mensching, »Die Söhne Gottes«, Wiesbaden 1958, 81.

21. Bede Griffiths, »Rückkehr zur Mitte«, München 1987, 68.
22. Bede Griffiths, a.a.o., 20.
23. Bede Griffiths, a.a.o., 24.
24. Ulrich Mann, »Die Religion in den Religionen«, Stuttgart 1975.
25. Paul Schwarzenau, »Welt-Theologie«, Köln, Weimar, Wien 1998 (= Interreligiöse Horizonte 3).
26. Gustav Mensching, »Die Religion«, 14.
27. Gustav Mensching, a.a.o., 349ff.
28. Gustav Mensching, »Die Religion«,15.
29. Gustav Mensching, »Buddha und Christus«, Stuttgart 1978, 272.
30. Friedrich Heiler, »Erscheinungsformen und Wesen der Religion«, Stuttgart 1961, 19-21.
31. Die Religionen der Menschheit, Stuttgart 5. Aufl. 1991, 37.
32. Geschichte der religiösen Ideen, Freiburg i. Br. 1978, Bd. I, 17.
33. John Hick, a.a.o., 401.

Wolfgang Huber

Abendland – Kommen Christentum und Kultur wieder miteinander ins Gespräch?

In unserer Gegenwart wird das Verhältnis von Glaube und Kultur als Thema neu entdeckt. Was lange vernachlässigt war, soll wieder ins Licht gerückt werden. Deshalb haben die Evangelische Kirche in Deutschland (EKD) und die Vereinigung Evangelischer Freikirchen (VEF) einen Konsultationsprozeß zum Thema »Protestantismus und Kultur« initiiert. Zwar hat die Bindekraft der Kirchen und die Prägekraft des Christentums in den zurückliegenden Jahrzehnten stetig abgenommen, es gibt aber auch gegenläufige Entwicklungen: In dem Maß, in dem der christliche Charakter unserer Kultur seine vermeintliche Selbstverständlichkeit einbüßt, wird wieder ausdrücklich nach dem Verhältnis des christlichen Glaubens zur Kultur gefragt.

In drei Hinsichten wird diese Frage vor allem artikuliert. Der Einfluß des Christentums auf die geschichtliche Prägung und die aktuelle Gestalt unserer Kultur, die multikulturelle Züge der gegenwärtigen gesellschaftlichen Wirklichkeit und das kritisch-konstruktive Verhältnis von Glauben und Kultur sind die drei Felder, auf denen sich diese Diskussion vorrangig vollzieht.

Die christlichen Prägungen unserer kulturellen Vergangenheit sind für viele Menschen zu einer terra incognita geworden. Die Ikonographie der europäischen Kunst, die ohne Kenntnis ihrer christlichen Stoffe schlechthin unverständlich ist, die biblischen Anspielungen in der Literatur – bis hin zu Bertolt Brecht –, die Geschichte der europäischen Musik, die gerade auf ihren Höhepunkten geistlichen Charakter trug: all das ist für viele unserer Zeitgenossen in eine fremde Welt entrückt.

Die Spielregeln unseres gesellschaftlichen Zusammenlebens sind eng an die christliche Herkunft unserer Kultur gebunden; wir spüren das am deutlichsten dort, wo diese Spielregeln in Gefahr geraten, beispielsweise, wenn die Kultur des Helfens in Vergessenheit gerät oder die Lebensform der Familie erodiert. Aber die christliche Herkunft dieser Spielregeln ist weithin unbekannt; die Quellen ihrer Erneuerung scheinen für viele Menschen verschüttet zu sein. Die politische Kultur der westlichen Demokratie, in die auch Deutschland in diesem Jahrhundert hineingefunden hat, verdankt dem Christentum entscheidende Impulse; am Konzept der gleichen, unantastbaren Würde jeder menschlichen Person zeigt sich das am deutlichsten. Aber diese politische Kultur wird in aller Regel nur in ihrer säkularen Gestalt, in ihrer für die verschiedenen Überzeugungen in gleicher Weise offenen Form wahrgenommen. Ihre Herkunft gerät in Vergessenheit.

Zu einer solchen Betrachtungsweise wird freilich auch eine Gegenrechnung aufgemacht. Nicht als Quelle der modernen Kultur, sondern als ihr Widerspruch erscheint der Glaube dann. Manche halten den christlichen Glauben für eine kulturfeindliche Macht. Inquisition, Hexenverbrennungen, Eingriffe in die Freiheit von Wissenschaft und Kunst oder der kirchliche Widerstand gegen die Anerkennung der modernen Menschenrechte werden zur Illustration herangezogen. Im Gegenzug gegen die These von der christlichen Prägung unserer Kultur wird der Durchbruch zur autonomen Kultur im modernen Sinn des Worts aus der Emanzipation von der Vorherrschaft der Kirche und des Christentums erklärt. Oft geschieht das in einer Form, in der die christliche Prägung unserer Kultur mit vollständiger Nichtachtung gestraft wird. Diese kirchenkritische Haltung findet sich in den alten wie in den neuen Bundesländern.

Als die DDR entstand, gehörten weit mehr als drei Viertel der Menschen einer Kirche an. Nach vierzig Jahren atheistischer Diktatur hat sich das Verhältnis umgekehrt. Drei Viertel der Menschen in den neuen Bundesländern sind entweder aus der Kirche ausgetreten oder nie mit dem christlichen Glauben in Berührung gekommen. Kirchenkritik begegnet einem weithin im Namen eines atheistischen Humanismus gegen den christlichen Glauben selbst, ja gegen Religion überhaupt gerichtet. Religion wird vor diesem Hintergrund als unwissenschaftlicher Aberglaube gesehen, und als Beleg dafür werden der Prozeß gegen Galilei und die Auseinandersetzung um Darwins Evolutionstheorie angeführt. Religion erscheint als freiheitsfeindliche Legitimation von Unterdrückung und Selbstunterdrückung.

Daß Religion als kulturell schädlich eingestuft wird, ist eine auch in Westdeutschland geläufige Haltung, gleichwohl sie weniger aggressiv auftritt. Kirche gilt eher als kulturell irrelevant. Zugleich gibt es aber eine große Sympathie für vorchristliche und außerchristliche Religiosität, die meist unkritisch aufgenommen wird.

Ein anderer Diskussionsgang betrifft den pluralen Charakter der Gegenwartsgesellschaft. Der Pluralismus der Gegenwart ist nicht nur ein Interessenpluralismus; er trägt auch ein kulturelles Gesicht. Die Debatte darüber, wie diese kulturelle Pluralität zu deuten und zu bewerten ist, bricht in periodischen Schüben auf. Immer wieder erweist sich der Begriff der Multikulturalität dabei als Schibboleth. Ist damit die wechselseitige Absonderung oder die wechselseitige Befruchtung unterschiedlicher Kulturen und Lebensformen gemeint? Ist eine multikulturelle Gesellschaft überhaupt lebensfähig? Welches Mindestmaß an Übereinstimmung, insbesondere über grundlegende Elemente der Rechtskultur, ist notwendig? Welche Anforderungen an die sprachliche Kommunikationsfähigkeit aller Beteiligten ist zu stellen? Und verbindet sich mit dem Vorrang einer bestimmten Sprache in der Gesellschaft nicht auch ein Vorrang derjenigen Kultur, deren Medium diese Sprache ist?

In jedem Fall ist die Lebensform kultureller Pluralität voraussetzungsreich und anspruchsvoll. Sie kann nur gelingen, wenn alle Beteiligten mit den Kohäsionskräften der Gesellschaft besonders achtsam umgehen. Entsprechend verdient die religiöse Komponente kultureller Pluralität besondere Aufmerksamkeit. Inwieweit Religionen gesellschaftlichen Unfrieden schüren und auf welche Weise sie dem gesellschaftlichen Frieden dienen können, verdient Aufmerksamkeit. Die Entwicklung in Nordirland, 1998 symbolisch hervorgehoben durch den Friedensnobelpreis, aber auch die Entwicklungen im zerfallenden Jugoslawien, zuletzt in bedrückender Weise im Kosovo, oder im Nahen Osten weisen darauf hin, wie eng die Frage nach der kulturellen Bedeutung der Religionen mit der Frage nach ihrer Friedensfähigkeit verbunden ist. Die Kulturleistung der Religion muß heute nicht zuletzt an ihrer Friedensfähigkeit gemessen werden.

Schließlich ist vom Verhältnis des christlichen Glaubens zu den konkreten Entwicklungen der Kultur, insbesondere auch zu ihren künstlerischen Ausdrucksformen zu sprechen. Die konfessionellen Traditionen haben eine unterschiedliche Nähe zu den verschiedenen Künsten entwickelt. Vom Protestantismus kann man sagen, daß er über Jahrhunderte hinweg der Musik mehr zugetan war als der bildenden Kunst. Unter den menschlichen Sinnesorganen hat er das Ohr stärker bedacht als das Auge; das Hören hat er wichtiger genommen als das Sehen. Daß der Glaube aus dem Hören kommt, wie der Apostel Paulus sagt (Römer 10,17), war der evangelischen Theologie deshalb über Jahrhunderte hinweg ein besonders lieber und wichtiger Gedanke. Beliebt war er auch bei denen, die eher aufs Reden als aufs Hören spezialisiert waren und Paulus deshalb so übersetzten: »Der Glaube kommt aus der Predigt.«

Die Emanzipation der Künste von den Kirchen ist gerade im evangelischen Bereich weithin mit einer resignativen Gegenbewegung beantwortet worden. Der Dialog mit der Literatur, die Auseinandersetzung mit der modernen Musik, die Beschäftigung mit der Zeichensprache der neuesten Malerei blieb meist auf relativ enge Zirkel beschränkt. Neuerdings jedoch breitet sich die Einsicht aus, daß der Glaube auf den Dialog mit der Kultur seiner Zeit nicht verzichten kann. Die Ausdrucksformen des Glaubens verarmen, wenn die kulturelle Sensibilität der Glaubenden austrocknet. Ohne den Dialog mit der Kultur der eigenen Gegenwart kann sich auch die Kultur des Glaubens nicht entfalten.

Unter »Kultur« verstehe ich dabei den Gesamtbereich gesellschaftlichen Lebens und Handelns, der durch symbolische Kommunikation bestimmt ist – den Bereich also, für den Sprache und Ausdruckshandeln Leitmedien sind. Darin unterscheidet sich Kultur insbesondere von dem Bereich der Wirtschaft, dessen Leitmedium das Geld ist, oder von dem Bereich des Staates und des Rechts, deren Leitmedien die Macht und die Gerechtigkeit sind. Natürlich hat die kulturelle Kommunikation auch für die anderen gesellschaftlichen Bereiche große Bedeutung. Deshalb sprechen wir von politischer Kultur; und ebenso kann auch von Wirtschaftskultur oder Unternehmenskultur die Rede sein. Aber die Eigenständigkeit der Kultur ist dadurch geprägt, daß sie den Bereich symbolischer Kommunikation bildet. Kaum eine menschliche Lebensäußerung ist mehr auf symbolische Kommunikation angewiesen als der Glaube; deshalb ist es angemessen, ja unausweichlich, von einer »Kultur des Glaubens« zu sprechen.

Wenn man im Kontext evangelischer Theologie und Kirche von einer Kultur des Glaubens spricht, ruft man die Erinnerung an die lebhaftesten theologischen Kontroversen unseres Jahrhunderts wach. Der Protestantismus des 19. und 20. Jahrhunderts war auf der einen Seite durch das Bemühen geprägt, den Anschluß an die Kultur der Moderne zu gewinnen und für die Nähe von Glauben und Kultur gute theologische Gründe aufzubieten; er war auf der anderen Seite dadurch gekennzeichnet, daß Gott als der ganz Andere der Welt gegenübergestellt und deshalb auch zwischen Glauben und Kultur eine Diastase behauptet wurde.

Auf der einen Seite ist gerade der deutsche Protestantismus durch das Bemühen geprägt, sich in die Entwicklung der Kultur einzufügen. Eine solche Symbiose zwischen Glaube und Kultur gehörte zur Lebensform des protestantischen Bildungsbürgertums im 19. Jahrhundert; im Rückblick erhielt sie den Namen »Kulturprotestantismus«. Dieser Anpassung des Glaubens an die Kultur wurde eine »dialektische« Gegenposition entgegengestellt, welche die Trennung zwischen beiden Größen proklamierte. Die unverrechenbare Fremdheit des Evangeliums gegenüber den kulturellen Ausdrucksformen der jeweiligen Gegenwart wurde aus der unverfügbaren Souveränität des sich selbst offenbarenden Gottes begründet.

Heute nehmen wir wahr, daß keines dieser beiden Themen den Kern trifft. Die Vorstellung einer Symbiose zwischen christlichem Glauben und Kultur läßt dem kritischen Einspruch nicht genügend Raum, mit welchem der christliche Glaube der Kultur und ihren Erscheinungsformen gegenübertritt. Das Bilderverbot, also der Widerspruch gegen die Vergötzung selbstgemachter Bilder, ist ein bleibender Anhaltspunkt für die unaufhebbare Spannung zwischen Glauben und Kultur. Die Diastase zwischen Glauben und Kultur ist aber in gleicher Weise unzureichend. Denn sie verkennt, daß der Glaube, wann immer er geschichtlich wirksam wurde, kulturelle Gestalt annimmt.

Eine zureichende Verhältnisbestimmung von Glauben und Kultur kann also nur jenseits der falschen Alternative von Symbiose und Trennung, von Bestätigung und Beziehungslosigkeit gelingen; sie ist nur möglich, wenn auf der einen Seite die kritische Wechselbeziehung zwischen Glauben und Kultur respektiert und zugleich auf der anderen Seite gesehen wird, daß der Glaube als gestaltende Kraft auf die Kultur einwirkt und auch selbst kulturelle Form annimmt.

In der jüngsten Vergangenheit konzentrierten sich die Bemühungen um eine neue Bestimmung des Verhältnisses von Christentum und Kultur im Bereich des deutschen Protestantismus vor allem auf das Feld der politischen Kultur. Angestoßen durch die neuen sozialen Bewegungen, an denen sich Christen in nicht geringer Zahl aktiv beteiligen, stellte sich die Frage nach dem Verhältnis von Christentum und Demokratie auf neue Weise. Von den einen wurde die Bereitschaft zu Engagement und Kritik, wie sie sich in der Friedensbewegung, in der Ökologiebewegung oder in der Frauenbewegung zeigte, als Vorbote einer neuen demokratischen Kultur angesehen. Von anderen wurden umgekehrt das beharrliche Engagement auf der Seite protestierender Minderheiten oder die Bereitschaft, um der eigenen Überzeugung willen auch zu Mitteln des zivilen Ungehorsams zu greifen, als Zeichen protestantischer Unfähigkeit zur Demokratie gewertet. Vor allem aus Anlaß der evangelischen Kirchentage 1981, 1983 und 1985 stießen diese Positionen heftig aufeinander. Was in diesen Debatten antithetisch auseinandertrat, wurde durch die Demokratiedenkschrift der EKD von 1985 und durch die Erklärung des Rates der EKD über »Christentum und politische Kultur« von 1997 wieder in einen inneren Zusammenhang gebracht.

Einen wichtigen Anstoß hat das Nachdenken über das Verhältnis des Protestantismus zur politischen Kultur durch die Entwicklung während der achtziger Jahre in der DDR erhalten. Die Rolle der Kirchen und der Gruppen, die sich unter ihren Dächern versammelten, in der Friedens- und Bürgerrechtsbewegung der achtziger Jahre, die Artikulation eigenständiger politischer Ziele und Forderungen im konziliaren Prozeß für Gerechtigkeit, Frieden und die Bewahrung der Schöpfung, die überzeugende Darstellung von Entschlossenheit und Gewaltlosigkeit auf den Demonstrationen, die von Friedensgebeten in Kirchen ihren Ausgang nahmen, und schließlich die kirchliche Prägung der Moderation der »Runden Tische«: all das bot Ansatzpunkte für den Neuaufbau einer politischen Kultur, die nicht in Vergessenheit geraten dürfen.

Im Blick auf den Staat führen solche Erfahrungen zu dem Ergebnis, daß die weltanschauliche Neutralität des Staates diesen nicht daran hindert, die prägende Bedeutung des Christentums für die politische Kultur anzuerkennen; im Blick auf das Christentum aber zeigt sich, daß der Einspruch des Glaubens gegen die Selbstbezogenheit und Selbstmächtigkeit des Menschen in die Mitverantwortung für eine politische und gesellschaftliche Kultur führt, in der die Religionsfreiheit geachtet und der Ehre Gottes Raum gelassen wird, in der Menschen der bewegenden Kraft der göttlichen Liebe etwas zutrauen und deshalb einander in Gerechtigkeit und helfender Liebe begegnen.

Die Diskussionserfahrungen der neunziger Jahre führen über diesen Problemstand noch hinaus. Viele wichtige Themen des Zusammenlebens sind, so scheint es, aus der politischen Kommunikation weitgehend ausgewandert. Das Augenmerk richtet sich auf das Feld der Ökonomie. Die wirtschaftlichen Veränderungen, für die »Globalisierung« zum Symbolwort geworden ist, greifen unmittelbar in die Lebensverhältnisse der einzelnen ein. Auch die Situation der Kirche bleibt davon nicht unberührt. Auch für das Verhältnis von Glauben und Kultur ist es nicht belanglos, wenn die Frage nach zukünftigen Gestaltungsformen von Kirche unter dem Stichwort »Unternehmen Kirche« verhandelt wird. Plötzlich wird über »Unternehmenskultur« der Kirche diskutiert; es wird gefragt, ob die Mitarbeiterinnen und Mitarbeiter dieses Unternehmens sich ausreichend mit dem »Unternehmenszweck« identifizieren, ob die »corporate identity« des Unternehmens Kirche ausreichend ausgeprägt ist und so fort. Das ist nicht zuletzt ein Reflex des Umstands, daß die Leitmedien Macht und Gerechtigkeit hinter dem Leitmedium Geld in ihrer Bedeutung zurückgetreten sind.

Was für die Kirche gilt, ist zugleich ein Signum der allgemeinen kulturellen Situation. Die Ökonomie ist zum Kristallisationspunkt öffentlicher Auseinandersetzungen geworden. Arbeitslosigkeit bildet, wie die Shell-Studie von 1997 gezeigt hat, für viele Jugendliche das zentrale Thema. Die Bundestagswahl 1998 hat erwiesen, daß das nicht nur für Jugendliche gilt. Zugleich ist unverkennbar, daß die Ökonomisierung unserer Lebensverhältnisse Gegenbewegungen auslöst. Fragen des kulturellen Selbstverständnisses und der geistigen Orientierung gewinnen an Gewicht. Die lebhaften Auseinandersetzungen über Grundfragen unserer Erinnerungskultur führen das exemplarisch vor Augen. Die tektonischen Verschiebungen des Gesamtgefüges, in welchem wir inmitten des größer gewordenen Europa politisch existieren, nötigen zur Klärung des gesellschaftlichen Selbstverständnisses. Dabei ist es angezeigt, gesellschaftliche Selbstverständigung und religiöse Vergewisserung neu in ihrem inneren Zusammenhang wahrzunehmen und aufeinander zu beziehen.

Wenn die Suche nach einem gesellschaftlichen Selbstverständnis und die Aufgabe religiöser Vergewisserung miteinander verknüpft werden, muß gefragt werden, welches Wirklichkeitsverständnis dafür die Grundlage abgeben soll. Ist das Wirklichkeitsverständnis, auf das sich gesellschaftliche Verständigungsprozesse beziehen, vom Wirklichkeitsverständnis des Glaubens nicht vollständig geschieden? Haben wir es nicht im einen Fall mit einem auf die Immanenz beschränkten, im anderen Fall aber mit einem transzendenzoffenen Wirklichkeitsverständnis zu tun? Kann man über die Feststellung, daß beide Auffassungen der Wirklichkeit unvereinbar sind, hinauskommen?

Der Glaube sieht die Wirklichkeit Gottes und die Wirklichkeit der Welt zusammen. Er ist eine Erfahrung, die wir mit allen Erfahrungen machen können. Er sondert sich nicht von der weltlichen Erfahrungswirklichkeit ab, sondern läßt sich auf sie ein. Aber er deutet sie in einer Weise, in der die Vorläufigkeit und Relativität dieser Erfahrungswirklichkeit nicht geleugnet, sondern ins Licht gesetzt wird. In diesem Sinn ist der christliche Glaube gelebtes Bilderverbot.

Aber der Glaube ist nicht nur eine Deutungsperspektive weltlicher Erfahrungen, sondern zugleich eine Erfahrung eigener Art. Das Johannes-Evangelium schildert diesen besonderen Charakter der Glaubenserfahrung eindrücklich am Beispiel des ungläubigen Thomas. Die Begegnung des Thomas mit dem Auferstandenen erfährt ihre Zuspitzung in der Aussage Jesu: »Weil du mich gesehen hast, darum glaubst du. Selig sind, die nicht sehen und doch glauben« (20,29). Der Glaube ist eine eigene Erfahrungswelt; manche zeitgenössischen Theologen sprechen in diesem Zusammenhang – in der Korrektur früherer Entmythologisierungsforderungen – auch von »mythischen Erfahrungen«. Kennzeichnend für diesen Erfahrungscharakter des Glaubens ist seine Offenheit für eine Wirklichkeit, die sich nicht aus den Kategorien menschlicher Weltbemächtigung ableiten läßt, sondern sich selbst dem Menschen entgegenbringt. Die Vermittlung dieser Wirklichkeit wird im christlichen Glaubensverständnis dem Wirken des Heiligen Geistes zugesprochen. Der Glaube, der so entsteht, ist in seinem Kern ein unbedingtes Vertrauen auf die schöpferische und befreiende Zuwendung Gottes. Als dankbare Antwort auf Gottes zuvorkommende Güte ist er kein menschliches Werk, sondern verdankt sich selbst dem Wirken Gottes.

Glaube in diesem Sinn ist nicht nur eine Deutung von Erfahrungen mit der Wirklichkeit dieser Welt, sondern eine Erfahrung eigener Art. Aber diese Erfahrung ist auf eine kulturelle Ausdrucksform angelegt und angewiesen. Diese kulturelle Ausdrucksform des Glaubens nennen wir Religion. In diesem Sinn ist das Bemühen um Religion, um gestaltete Spiritualität in persönlicher wie in gemeinschaftlicher Form die wichtigste Weise, in der die Kultur des Glaubens gestaltet und weiterentwickelt wird.

Es ist in diesem Zusammenhang daran zu erinnern, daß die grundlegenden Handlungsvollzüge des Glaubens gottesdienstlich geprägt sind: Verkündigung und Bekenntnis, Feier der Sakramente, Gebet und Segen sind die charakteristischen Handlungsvollzüge des Glaubens. Es handelt sich dabei um Formen des darstellenden Handelns. Friedrich Schleiermacher ist es gewesen, der zwischen zwei Formen des Handelns unterschied: dem Darstellen und dem Bewirken, der Ausdruckshandlung und der Wirkhandlung. Das darstellende Handeln verstand er dabei als »das in die Erscheinung treten der Gemeinschaft selbst, also auch dasjenige, wodurch die Gemeinschaft erst ein Object des Bewußtseins werden kann«. Während also im darstellenden Handeln das Selbst- und Weltverständnis einer Gemeinschaft zum Ausdruck kommt, wird im bewirkenden Handeln durch effektive Mittelwahl verändernd in die natürliche und soziale Welt eingegriffen.

Der Glaube ist in seiner Entstehung und in seiner Vergewisserung zuallererst auf ein darstellendes Handeln angewiesen, in dem die Glaubenden ihre Beziehung zu Gott wie ihre wechselseitige Beziehung in der Gemeinschaft der Glaubenden zum Ausdruck bringen. Neue Aufmerksamkeit für diese Darstellungsformen des Glaubens entsteht nur, wenn die Kirchen sich auf ihre eigene Botschaft besinnen und sie wirksam unter die Menschen bringen: die unvertretbare und lebenswichtige Botschaft von Gottes Gnade, den Einspruch gegen die Selbstverliebtheit des Menschen, der aus der befreienden Wirklichkeit der Liebe Gottes kommt, die Erneuerung des Verhältnisses zur Welt durch die Verheißung der Zukunft Gottes.

Gestalt gewinnt diese Botschaft nur, indem sie das Gewand der Kultur anlegt. Dabei ist zunächst dem Irrtum zu wehren, es gebe ein kulturloses Christentum. Der christliche Glaube ist schon immer mit Kultur in vielfältiger Weise verflochten. Glaubensäußerungen tragen immer eine kulturelle Gestalt. Sie sind in sich selbst symbolische Deutungen der jeweiligen Lebenswirklichkeit. Es ist kein Zufall, sondern Ausdruck einer inneren Notwendigkeit, wenn an dieser kulturellen Gestalt ausdrücklich gearbeitet wird – sei es an der sprachlichen Gestalt von Predigten und Gebeten, an der poetischen und musikalischen Gestalt von Liedern, Kantaten oder Messen oder an der künstlerischen Gestalt von Kirchengebäuden, Plastiken und Bildern. Es gibt keine gesellschaftliche Präsenz des christlichen Glaubens an der Frage nach seiner kulturellen Vergegenwärtigung vorbei. Johann Baptist Metz hat das einmal so ausgedrückt: »Man kann das Christentum nicht kulturell entblättern ohne seine Identität preiszugeben (...). Kulturen sind nicht der Rost, den man vom Eisen des Christentums klopfen kann, um es als blankes dann zurückzubehalten. Ein kulturell entblößtes, ein kulturell nacktes Christentum ist nicht möglich. ›Jesus war kein Christ, sondern Jude.‹ Wer nur das Christentum kennt, kennt das Christentum eben nicht.«

Dem ist als zweites hinzuzufügen: Das Christentum ist nicht an eine einzige kulturelle Gestalt gebunden. Schon von seinen Anfängen an wurzelt es sowohl in der vorderorientalischen als auch in der hellenistischen Kultur, in die der Übergang schon in der allerersten christlichen Generation vollzogen wurde. Die kulturelle Beheimatung hebt den kulturübergreifenden Charakter des christlichen Glaubens nicht auf. Dieser kulturübergreifende Charakter hat es mit der Hoffnungsstruktur und der Zukunftsorientierung des christlichen Glaubens zu tun; denn mit dieser Ausrichtung nach vorn verträgt sich die Fesselung an eine bestimmte kulturelle Gestalt nicht. Die Gleichsetzung des christlichen Glaubens mit einer bestimmten kulturellen Form führt also in die Irre.

Und schließlich: Von Kultur zu sprechen nötigt dazu, deren soziale Dimension zu bedenken. Es ist nicht nur nötig, die verschiedenen Bereiche und Medien kultureller Kommunikation wahrzunehmen; nötig ist auch die Anerkennung verschiedener Kulturmilieus. Das ist gerade im Protestantismus über lange Zeit unberücksichtigt geblieben. Protestantische Kultur wurde allzu ausschließlich beispielsweise mit der Musik von Johann Sebastian Bach, dem »fünften Evangelisten«, gleichgesetzt. Doch wenn man Kultur überhaupt mit »Hochkultur« gleichsetzt, tut man beiden unrecht. Eine solche Gleichsetzung verführt dazu, Verschiebungen zwischen den verschiedenen Kulturmilieus allzu schnell mit der Auflösung oder dem Verfall von Kultur insgesamt gleichzusetzen. Verdoppelte Verfallstheorien sind dann schnell zur Hand; aus der Perspektive einer hochkulturellen religiösen Tradition scheint sich dann beides zugleich durchzusetzen: eine Kulturlosigkeit, mit Religionslosigkeit gepaart.

Statt solcher Pauschalurteile sollte man die soziokulturellen Kontexte bedenken, wenn man von Kultur redet. Die neuere Kultursoziologie greift dafür den Begriff des Lebensstils auf. Er bezeichnet zum einen die Lebensweise, die mit anderen geteilt wird und zugleich ihr Ziel darin hat, sich von anderen zu unterscheiden. Er meint zum anderen die subjektive Aneignung kultureller Standards, die sich im Habitus der Menschen niederschlägt. Heute geht es darum, die kulturelle Gestalt des Glaubens zu erneuern. Dabei müssen die unterschiedlichen kulturellen Milieus berücksichtigt werden.

Jugendkultur muß dabei genauso ihre Entfaltungsmöglichkeit finden wie Hochkultur. Die Aufgabe, an der kulturellen Gestalt des Glaubens zu arbeiten, darf im übrigen nicht gegen die gesellschaftliche Verantwortung des Glaubens ausgespielt werden. Beides gehört zusammen.

Gestaltete Spiritualität und gelebte Solidarität werden gemeinsam die Zukunftsgestalt des christlichen Glaubens prägen. Die Zukunftsgestalt aber wird sich immer wieder aus den Quellen der Vergangenheit erneuern. Die kulturelle Gestalt des christlichen Glaubens gewinnt ihren Reichtum aus der Vielfalt der Traditionen, auf die sie zurückgreifen kann. In einer Zeit der Traditionsvergessenheit sind die Kirchen deshalb Anwälte der Erinnerung und des kulturellen Gedächtnisses. Aber die kulturelle Gestalt des christlichen Glaubens erschöpft sich zu keiner Zeit in der Pflege der Überlieferung. Würde die kulturelle Ausdrucksform des Glaubens auf Traditionspflege beschränkt, wäre blutleere Sterilität die Folge. Der Glaube selbst würde zum Museumsstück, wenn er nicht mehr in die Kultur der jeweiligen Gegenwart einwandern würde. Lebendig ist der Glaube nur, solange nach neuen Gestaltungsformen gesucht und die Auseinandersetzung mit den kulturellen Ausdrucksformen der eigenen Gegenwart lebendig bleibt. Diese Suche, diese Auseinandersetzung ist gerade heute, am Übergang zum 21. Jahrhundert, an der Zeit.

Ob die Prägekräfte des Christentums als Auslaufmodell gesehen werden können oder, angesichts der bedrängenden Frage danach, was die Gesellschaft zusammenhält, erneut Relevanz gewinnen, hängt wesentlich davon ab, ob Christen ihren Glauben ins – öffentliche – Gespräch bringen, ob sie in der Lage sind, vernünftige Gründe für ihren Glauben anführen zu können, kurzum: ob sie sprach- und dialogfähig sind. Dies ist die Voraussetzung dafür, daß Christentum und Kultur wieder ins Gespräch miteinander kommen und es auch bleiben.

Ernst-Ludwig Winnacker

Naturwissenschaften – Wieviel Fortschritt braucht die Menschheit?

Im Jahre 1900 mußten Dreiviertel der Menschen damit rechnen, vor dem 65. Lebensjahr zu sterben, im Jahre 1999 können Dreiviertel der Menschen davon ausgehen, dieses Lebensjahr gesund und munter zu erreichen. Ursache für diesen beeindruckenden Anstieg der Lebenserwartung sind Fortschritte im Bereich der Medizin und der Ernährung. Wer in diesem Zusammenhang nach den großen Erfindungen des ausgehenden Jahrhunderts fragt, dem kommen neben den großen Durchbrüchen in den Informationswissenschaften vor allen Dingen die revolutionären Entdeckungen und Erfindungen im Umfeld der Medizin in den Sinn. Dazu zählen beispielsweise die Entdeckung der Röntgenstrahlen, die Entdeckung der Antibiotika, die Entdeckung der den Blutzuckergehalt kontrollierenden Eigenschaft des Insulins, die Entdeckung der Blutgruppen, die zur Voraussetzung für die Entwicklung von Organtransplantationen wurde, die Erfindungen von Impfstoffen gegen verschiedene Viruserkrankungen, beispielsweise die Kinderlähmung, oder die Erfindung der Gentechnik. Trotz dieser unbestrittenen Fortschritte steht die Menschheit vor einer Vielzahl von Herausforderungen, die sie nicht wirklich gelöst hat. Sie reichen von unserem Unvermögen, im ausgehenden 20. Jahrhundert mit Diktatoren und ethnischen Konflikten auf eine Weise umzugehen, die das Leid von betroffenen Menschen zumindest minimiert, über die großen Probleme, die die gewachsene Weltbevölkerung und ihre steigenden Ansprüche an ihre Lebensqualität beinhalten, bis hin zu den Fragen, die der eingangs erwähnte Anstieg der Lebenserwartung aufwirft. Ich möchte meine Antwort auf die Titelfrage vor diesem Hintergrund mit drei Thesen begleiten:

1. Die genannten Herausforderungen werden nicht ohne, sondern nur *mit* einem Einsatz von Wissenschaft und Forschung zu bewältigen sein;
2. Der Prozeß der Wissensentstehung bedarf eines neuen Wissenschaftssystems, ohne das er nicht zu leisten sein wird.
3. In diese Entwicklungen muß die Gesellschaft in einer Weise einbezogen werden, die wir bislang als Wissenschaftler nicht kannten.

Für mich ist keine Frage, daß diese Entwicklungen am Beispiel der »neuen« Biologie am besten zu verdeutlichen sind. Die Biologie war bis in den Anfang der siebziger Jahre hinein eine beschreibende Wissenschaft. Mit der Erfindung der Gentechnik hat sie eine synthetische Komponente hinzugewonnen. Unter Gentechnik versteht man methodische Entwicklungen, die die Isolierung des Erbguts und seiner Bestandteile sowie seine gezielte Handhabung beinhalten. Da alles Leben die Gegenwart von Genen voraussetzt, muß eine Technologie, die diese zu isolieren und handzuhaben weiß, beträchtlichen Einfluß auf alle Fragen und Herausforderungen gewinnen, die es an uns stellt. Und das sind nicht wenige.

Gene müssen wir uns als Informationsträger, nicht viel anders als ein Videoband, vorstellen. Im Unterschied zum Videoband aber, das Information für Bilder trägt, tragen Gene Information für die Bildung von Eiweißbestandteilen. Nicht nur machen diese Eiweißbestandteile neben dem Wasser die Hauptbestandteile aller lebenden Organismen aus; ihr Ausfall führt zu erheblichen Einbußen unserer Lebensqualität. Den meisten Mitmenschen kommen in diesem Zusammenhang die Erbkrankheiten in den Sinn, wie die Mukoviszidose oder die Bluterkrankheit. In Wirklichkeit sterben aber nur 0,2 Prozent aller Menschen an diesen Erbkrankheiten. Die Sterbetafeln zeigen, daß es sich bei den wirklichen Killern nicht um diese, sondern um Herz-Kreislauf-Erkrankungen (ca. 49 Prozent aller Todesfälle), Krebs (ca. 25 Prozent aller Todesfälle), Altersdemenzen (Alzheimer) oder Zuckerkrankheit (drei Prozent aller Todesfälle) handelt, um nur die wichtigsten Beispiele zu nennen. An deren Behandlung war bislang nur symptomatisch, wenn auch mit nicht unbeträchtlichen Erfolgen, zu denken. Daß man es heute wagt, auch die Ursachen dieser Volkskrankheiten anzugehen, dies verdanken wir der sogenannten

Genomforschung. Das Genom ist das gesamte Erbgut eines lebenden Organismus, also die Summe aller seiner genetischen Information.

Im Jahre 1986 hatte der amerikanische Tumorvirologe und Nobelpreisträger Renato Dulbecco erkannt, daß er und andere mit ihren Arbeiten zur Erkennung von Krebsgenen mit klassischen Methoden der Gentechnik nicht weiterkamen. Man hatte damals die ersten Krebsgene entdeckt, weil sie, getarnt als virale Gene, in bestimmten Viren vorkommen. Solche Glücksfälle sind jedoch selten, so daß man seinerzeit recht ratlos dastand. Dulbecco schlug daher vor, einen völlig anderen Weg zu gehen und zunächst einmal alle Gene des Menschen zu charakterisieren, um dann, auf dieser Grundlage, mit damals noch unbekannten, im Prinzip aber entwickelbaren Methoden die Krebsgene zu finden. »Und da es um den menschlichen Krebs geht, muß es natürlich das menschliche Genom sein«, so schrieb er vor nunmehr gut 13 Jahren. Nun ist das menschliche Genom zwar längst nicht das größte aller Genome; das Erbgut des Weizens ist noch einmal eine ganze Größenordnung größer. Dennoch hätten mit den damals zur Verfügung stehenden Methoden alle biologischen Laboratorien der Welt zusammen 10.000 Jahre gebraucht, um das Projekt »Humangenom« zu einem erstmaligen Abschluß zu bringen, also die zirka drei Milliarden Bausteine wenigstens einmal gelesen zu haben. Inzwischen konnte durch den Einsatz neuer Technologien die Lesegeschwindigkeit dermaßen erhöht werden, daß nun für das Jahr 2003 mit dem Abschluß des Projektes gerechnet werden kann.

Die schnelleren Lesemöglichkeiten verdanken wir der Arbeit an den Genomen von Modellorganismen. Modellorganismen sind nicht irgendwelche künstlichen, von der Wissenschaft modellierte Lebewesen, sondern ganz einfach Lebewesen mit kleineren, weniger komplexen Genomen als dem des Menschen, auf deren Analyse sich die Gemeinschaft der Wissenschaftler aus reiner Arbeitsökonomie geeinigt hat. Beispielhaft mag hier das Genom der Bäckerhefe genannt sein. Bäkkerhefe ist ein Mikroorganismus, dessen Erbgut sich als drei Größenordnungen kleiner erwies als das des Menschen und dessen Analyse damals, 1986, als nicht unrealistisch erschien. Die Aufgabe, insgesamt zwölf Millionen Bausteine zu lesen, wurde insofern zu einer europäischen Herausforderung, als die EU insgesamt 55 europäischen Laboratorien zwei ECU pro Buchstaben versprach, und es diesen in der Tat gelang, sich »zusammenzuraufen« und am 8. Mai 1996 die Gesamtinformation vorzulegen.

So bemerkenswert dieses Ergebnis als europäischer Erfolg war, so überraschend war es noch in anderer, wissenschaftlicher Hinsicht. Zum einen wurden fünfmal mehr Gene gefunden als erwartet. Von den gefundenen 6.000 Genen erwiesen sich gerade einmal 1.000 als bereits bekannt, obwohl die Hefe zu den klassisch-genetisch am besten untersuchten Organismen gehört. Braumeister und Mikrobiologen versuchen nämlich seit Jahrzehnten, wenn nicht Jahrhunderten, sie genetisch zu verbessern. Zum zweiten hat sich herausgestellt, daß ein Viertel aller Gene, deren Ausfall beim Menschen zu schweren Krankheiten führt, wie beispielsweise Dickdarmkrebs, bereits eine entsprechende Variante in der Hefe besitzt, und das, obwohl es 700 Millionen Jahre her ist, daß beide, Hefe und Mensch, einen gemeinsamen Vorfahren besaßen.

Bei den uns näher verwandten Modellorganismen, darunter ein Wurm, ein kleiner Vielzeller, dessen schon beträchtlich größeres Genom Ende 1998 publiziert wurde, werden die Gen-Verwandtschaften noch eklatanter. Ein Gen, dessen Ausfall beim Menschen für die Alzheimersche Krankheit veranlagt, führt beim Ausfall im Wurm zum Verlust seiner Fähigkeit, Eier zu legen. Diesem Mangel kann nicht nur durch den Einbau des Wurmgens, was nicht verwundert, sondern sogar durch Einbau der menschlichen Variante abgeholfen werden. Es gibt danach im Grunde gar kein menschliches Gen und kein Wurmgen, sondern nur das Gen als Kontinuum biologischer Information, das die Natur notfalls über Aber- und Abermillionen Jahre bewahrt hat, wenn es ihr sinnvoll erschien. Mehr als von vielen von uns vermutet, sind wir also Teil der um uns und mit uns lebenden Natur, die wir schon aus diesem Grunde bewahren sollten, wo wir es können. Die Eigenart unserer Spezies, und damit auch jeder anderen Spezies, wird nicht durch einzelne Gene, sondern durch ihr Genom bestimmt. Als das Lebewesen Mensch definiert sind wir nicht durch einzelne Abschnitte auf unserem Erbgut, sondern allein durch unser Genom.

Das Gen als Informationsträger wirft die Frage nach dem Sinn und nach dem Inhalt der biologischen Information auf, also nach den Mechanismen, wie diese Information in die uns bekannten Strukturen, in biologische Form und Funktion umgesetzt wird. Was also läßt sich mit dem Genom anfangen, was läßt sich aus dieser Information lernen? Eine erste Aufgabe ergibt sich aus dem Paradoxon, daß zwar im Zellkern einer jeden Zelle das gesamte Erbgut vorhanden ist, aber ganz unterschiedlich in den verschiedenen Zelltypen, von denen es etwa 300 gibt, beansprucht wird. In Nierenzellen werden nur nierenspezifische Gene aktiviert, in Gehirnzellen nur gehirnspezifische Gene. Die Gene des jeweils anderen Zelltyps sind immer vorhanden, aber nicht aktiv. So kommt es, daß in der Leber keine Haare wachsen und im Gehirn keine Knochen. Dank geeigneter Technologien ist es heute möglich, die Aktivität des Genoms in den unterschiedlichen Zelltypen auf einen Blick zu analysieren. Ähnlich wie Telefonbenutzer nicht nur nach dem Alphabet, sondern beispielsweise auch nach ihren Berufen geordnet werden können – Stichwort »Gelbe Seiten« –, lassen sich Gene – traditionell – entsprechend ihrer Anordnung auf dem langen Faden des Erbguts sortieren, aber eben auch gemäß ihrer Aktivität in den verschiedenen Zelltypen. So entsteht gewissermaßen ein genetischer Fingerabdruck unserer Zellen, ein Abdruck, der eine Zelle der Darminnenwand oder des Gehirns genauso eindeutig charakterisiert, wie der wirkliche Fingerabdruck eines menschlichen Individuums.

Eine solche Fähigkeit zur Analyse von Zelltypen gewinnt sofort Bedeutung für die Medizin, wenn es gelingt, kranke und gesunde Zellen des gleichen Zelltyps zu vergleichen und aus den entsprechenden Unterschieden möglicherweise auf die Ursachen der krankhaften Veränderung zu schließen. Obwohl es um Differenzen großer Zahlen geht, sind schon heute die Techniken so verfeinert, daß es möglich ist, auch nur eins oder zwei oder drei aus vielleicht 15.000 Genen zu finden, die in einer durch einen Infarkt belasteten Herzmuskelzelle im Vergleich zu einer gesunden Muskelzelle unterschiedlich aktiviert sind.

Dank dieser technologischen Durchbrüche lassen sich inzwischen erste Antworten auf die Dulbeccoschen Fragen geben. So wissen wir heute, daß auch die erwähnten Volkskrankheiten eine genetische Grundlage haben. Sie sind allerdings multifaktoriell, also durch den Ausfall nicht nur eines, sondern mehrerer Gene bedingt. Dickdarmkrebs beispielsweise entsteht immer dann, wenn in einer Zelle des Darmepithels, also in der Innenwand des Dickdarms, sechs Gene gleichzeitig ausfallen. Andere Krebsformen, wie der Brustkrebs, sind bislang weniger gut verstanden. Bei der Alzheimerschen Krankheit sind bis jetzt nur vier Gene bekannt, die für ihre Entstehung veranlagen. Sie erklären aber nur zirka 15 Prozent der Fälle, so daß auch hier unser genetisches Wissen noch sehr unvollständig ist.

Dennoch ist die Geschwindigkeit des Fortschritts so schnell, daß bereits an genetische Therapien gedacht wird. Warum auch nicht die defekten Gene einfach durch ihre natürlichen Varianten ersetzen? Dies ist allerdings leichter gesagt als getan. Heute unterscheidet man drei Ansätze: Bei den Medikamenten der ersten Generation handelt es sich zunächst nur um Eiweißbestandteile, die Produkte der Gene. Diese sind, gentechnisch in Bakterien- oder Hefezellen produziert, längst auf dem Markt und gehören zur Routine in der modernen medizinischen Praxis. Die Medikamente der zweiten Generation sind Arzneimittel à la Aspirin, die die Aktivitäten von Eiweißbestandteilen gezielt beeinflussen sollen. Ein Beispiel hierfür ist das Aids-Virus, auch HIV genannt. Es benötigt zu seiner Verbreitung eine Eiweißhülle, die das virale Erbgut vor dem Unbill des organismischen Geschehens schützt. Diese Eiweißhülle entsteht in der infizierten Zelle als ein Vorläufer, der anschließend in verschieden lange Stücke zerschnitten werden muß, die sich dann zur Eiweißhülle zusammenlagern. Die Scherenfunktion übt ein Eiweißbestandteil aus, den ebenfalls das virale Erbgut instruiert und dessen Struktur sich als die eines Nadelöhrs erweist. Durch ein Loch im Innern der viralen Protease, wie sie heißt, muß der Vorläufer hindurch um anschließend richtig prozessiert zu werden. Dieses Loch nun läßt sich gezielt mit chemischen Substanzen verstopfen, so daß der Eiweißfaden nicht mehr geschnitten und sich damit das Virus nicht mehr vermehren kann. Die entsprechenden Medikamente sind heute auf dem Markt und haben dazu geführt, daß Aids-Patienten in unserem Lande nur mehr ambulant und nicht mehr stationär behandelt werden müssen. Ihre Lebensqualität, so viel sie immer noch zu wünschen übrig läßt, hat sich entscheidend erhöht.

Schließlich beginnt man auch an genetische Therapien selbst zu denken, also den Ersatz defekter Gene durch ihre natürlichen Varianten. Ein solches Projekt bedarf vieler Voraussetzungen. Nicht nur muß das defekte Gen bekannt sein, es müssen auch Verfahren zur Verfügung stehen, die es an den gewünschten Ort im Körper bringen, und die es dort und nur dort in der gewünschten Menge aktiv werden lassen. Da all diese und andere Fragen noch nicht vollständig beantwortet sind, konnte die Gentherapie noch nicht zu einem Durchbruch führen, der der Allgemeinheit zugutekommt. Derzeit sind weltweit zirka 200 klinische Studien zur Gentherapie in Arbeit, die Mehrzahl davon auf dem Krebsgebiet und im Umfeld von HIV. Von einer genetischen Schluckimpfung wird aber noch lange nicht die Rede sein können, obwohl die bisherigen Entwicklungen durchaus optimistisch stimmen.

Ähnliche Ansätze, wie im Umfeld der Medizin, wären auch für unsere Ernährung zu berichten. In diesem ausgehenden Jahrhundert konnte dank eines beispiellosen Anstiegs der Nahrungsmittelproduktion der Anteil der Menschen, die weniger als 2.100 Kalorien pro Tag zu essen haben, um Dreiviertel gesenkt werden. Ursache für diese Leistung ist die Einführung neuer landwirtschaftlicher und züchterischer Techniken, die in ihrer Gesamtheit als »Grüne Revolution« bezeichnet werden. Nun aber muß es weitergehen. Bis zum Jahre 2020 wird die weltweite Nachfrage nach Weizen und Mais um vierzig Prozent, also um 1,3 Prozent pro Jahr, steigen. Dieser Anforderung wird man selbstverständlich nicht nur durch Produktionssteigerungen Herr werden, sondern auch durch Verbesserung in der Lagerhaltung, in den Verteilungsmechanismen und in den sozialen Grundlagen weiter Teile der Weltbevölkerung. Dennoch sind sich alle Beteiligten darüber klar, daß es ohne grundlegende und weitreichende Veränderungen in der genetischen Ausstattung der Nutzpflanzen auch nicht gehen wird und daß wir davon weit entfernt sind.

Wer diese Entwicklungen Revue passieren läßt, dem wird sofort klar, daß sie weitreichende Änderungen unseres

Wissenschaftssystems voraussetzen. Zwei Stichworte seien hier genannt: Die Biologie als »Big Science« und die Inter- wenn nicht sogar Transdisziplinarität. Das Vorrecht der »Big Science« hat in der Vergangenheit vor allem die Physik beansprucht. Der Wunsch nach immer höheren Energien für einen immer tieferen Blick in die Ursprünge der Materie führte zum Bau immer größerer Maschinen, mit denen die großen Kräfte, die die Materie zusammenhalten, überwunden werden konnten. In der Biologie hat die »Big Science« erst mit den Genomprojekten wirklich eingesetzt. Bis zum Jahre 2003 sollen die drei Milliarden Bausteine des menschlichen Erbguts wenigstens einmal gelesen worden sein. Dies setzt Konsortien von Hunderten von Wissenschaftlern voraus, die sich dieser Aufgabe anzunehmen haben. Dabei wird es aber nicht bleiben. In der Zukunft wird es um noch viele andere Genome gehen, von denen vor allem die Genome der Nutzpflanzen und Nutztiere bereits in Arbeit sind. Anschließend wird man nach der Funktion der Gene zu suchen beginnen, also dasjenige Thema angehen, was bei den Genomen wirklich von Bedeutung ist, und wofür die Genomprojekte wirklich in Angriff genommen wurden. Dazu bedarf es der Entwicklung neuer Technologien, denn bislang haben Informationsbeschaffung und Informationsverwertung in der Biologie keine große Rolle gespielt, zumindest keine solche, die sie aus den anderen Wissenschaften herausgehoben hätte.

Diese Projekte wollen und müssen organisiert sein. Dies bedarf nicht nur finanzieller, sondern auch struktureller Voraussetzungen. Moderne Wissenschaft ist interdisziplinär angelegt. Das gezielte Design von Arzneimitteln bedarf heute des Mediziners, des angewandten Mathematikers und des Epidemiologen, um in groß angelegten Studien die genetischen Ursachen multifaktorieller Krankheiten zu identifizieren. Je größer die Anzahl der beteiligten Gene, desto größer die Anzahl der Familien und Familienmitglieder, die analysiert werden müssen. Anschließend werden Molekularbiologen und Bioinformatiker benötigt, um die Gene zu isolieren und in ihrer Funktion zu verstehen. Die Physik spielt in dieses Aufgabenschema hinein, weil die Analyse von Raumstrukturen komplexer molekularer Systeme mittels Röntgenbeugung oder Kernresonanzspektroskopie längst noch nicht zur Routine geworden ist. Schließlich kommt der Chemiker ins Spiel, wenn es darum geht, Moleküle zu finden, sie an bestimmte molekulare Targets zu binden, und diese zu optimieren. Das Problem ist nicht so sehr, daß diese Entwicklungen (noch) nicht gelehrt werden, sondern daß es die entsprechenden, interdisziplinär angelegten Departmentstrukturen nicht gibt, die solche Arbeiten ermöglichen. Dabei geht es an den Hochschulen natürlich nicht um Arzneimittelentwicklungen. Es geht darum, in einem überschaubaren Umfeld eine kritische Masse an Menschen mit den zugehörigen Technologien zur Verfügung zu stellen, um Synergieeffekte in der Forschung zu erzielen.

Dabei spielt die Situation des wissenschaftlichen Nachwuchses eine entscheidende Rolle. In Deutschland erreicht er seine Selbständigkeit, die durch den Abschluß des Habilitationsverfahrens definiert ist, im Mittel nicht vor dem 40. Lebensjahr, in den Kulturwissenschaften sogar erst in der Mitte des fünften Lebensjahrzehnts, knapp zehn Jahre bevor die Wirtschaft ihr Führungspersonal mit 55 Jahren bereits in den Vorruhestand entläßt. Es ist keine Frage, daß wissenschaftliche Höchstleistungen auch in der zweiten Lebenshälfte erbracht werden können. Dafür gibt es zahllose Beispiele.

Dennoch spricht nichts dagegen, auch nicht die biologische Situation des menschlichen Gehirns, das bekanntlich mit zunehmendem Alter nicht unbedingt leistungsfähiger wird, diese Ziele auch in früheren Lebensabschnitten zu erreichen. Dabei spielt auch die interdisziplinäre Einbindung eine große Rolle. Während das Durchschnittsalter bei der Promotion heute in Deutschland bei 32 Jahren liegt, konnte es in den Graduiertenkollegs der Deutschen Forschungsgemeinschaft, die kaum neun Jahre existieren, um drei Jahre gesenkt werden. Gleichzeitig sind diese Kollegs, in denen die Arbeiten der Doktoranden intensiv begleitet werden und in denen auch die wissenschaftliche Ausbildung über spezifische Fachgrenzen hinweg vertieft wird, Magnete für ausländische Mitarbeiter geworden. Während der Anteil ausländischer wissenschaftlicher Mitarbeiter in wissenschaftlichen Einrichtungen in Deutschland bei unter zehn Prozent liegt, beträgt ihr Anteil im Graduiertenkolleg mehr als 25 Prozent. Diese Zahlen zeigen, wie die richtigen Strukturen zur wissenschaftlichen Exzellenz beitragen, und wie dies die beschriebene Abstimmung mit den Füßen zu belegen vermag. Leider ist dieses Strukturmodell, so erfolgreich es auch immer sein mag, von den Universitäten bislang nicht in eigener Regie aufgegriffen worden, um die Ausbildung der Doktoranden insgesamt, und nicht nur in den 330 Graduiertenkollegs der Deutschen Forschungsgemeinschaft, zu verbessern.

Die fachliche Interdisziplinarität, wie sie für moderne Naturwissenschaft unverzichtbar ist, muß heute auch Aspekte der Geisteswissenschaften einbeziehen. Grund dafür ist eine Ambivalenz des Fortschritts, die sich gerade am Beispiel der modernen Genetik hervorragend demonstrieren läßt. Ein Stichwort sei die Genomanalyse. Genomanalyse ist ein Verfahren, das es erlaubt, einzelnen Personen gegenüber Aussagen über den Status von Genen zu machen, die sie in ihrer biologischen Existenz gefährden könnten. Auf den ersten Blick bringt ein solches Verfahren eine durchaus segensreiche Erweiterung unseres Methodenspektrums. Denn was könnte beispielsweise beruhigender sein, als die Gewißheit, daß der bei Vater oder Mutter diagnostizierte Defekt in einem Gen, das für Dickdarmkrebs veranlagt, nicht weitervererbt wurde. Auf der anderen Seite kann sich jedoch die Positivdiagnose für ein defektes Gen als durchaus problematisch erweisen, und das aus mehreren Gründen.

Erstens: Unsere diagnostischen Möglichkeiten übersteigen heute bei weitem unsere therapeutischen Fähigkeiten. Dieser Zustand wird sich bessern, aber nur sehr langsam. In der Zwischenzeit sind wir mit der Situation konfrontiert, Krankheiten diagnostizieren zu können, die nicht heilbar sind.

Zweitens: Anders als bei traditionellen Diagnosen, die nur momentane Parameter des Gesundheitszustands beschreiben, wie etwa Blutdruck oder Pulsfrequenz, kann genetisches Wissen über lange Zeiträume hinweg relevant sein. Da defekte Gene oft nur zu Krankheiten disponieren, sie aber nicht unbedingt auslösen müssen, kann dies zu lebenslangen Ungewißheiten führen.

Drittens: Wegen des Automatismus des genetischen Generationenvertrags kann die Genomanalyse Rückschlüsse auf die genetische Konstitution nicht nur eines einzelnen Individuums sondern ganzer Familien zulassen. Eine Diagnose auf Brustkrebs muß heutzutage nicht nur die betroffene

Frau, sondern alle anderen weiblichen Familienmitglieder auch auf den Plan rufen, um ihnen dann vielleicht ähnlich schwere Entscheidungen abzuverlangen wie ihrer Mitverwandten.

Viertens: Am genetischen Wissen könnten auch Dritte interessiert sein, wie Lebensversicherer, Arbeitgeber, oder gar der Staat. Bislang hat die Solidargemeinschaft der Versicherten sich den Trägern defekter Gene nicht verweigert. Die Forderungen nach Risikozuschlägen für Raucher und Motorradfahrer zeigen aber, daß diese Gemeinschaft so solidarisch längst nicht mehr ist.

Die Frage ist also, ob nicht der Preis, den wir für den Atlas der Gene des Menschen zahlen, angesichts dieser Ambivalenzen zu hoch ist. Ich glaube, eher nein. Dennoch muß vor dem Hintergrund unerträglicher Entscheidungszwänge oder schwer zu akzeptierender Alternativen wie dem Schwangerschaftsabbruch für die Betroffenen auch ein Verzicht auf genetisches Wissen möglich sein und respektiert werden. Die Sicherung der Freiwilligkeit der Genomanalyse und der Schutz der Vertraulichkeit genetischen Wissens müssen daher absoluten Vorrang vor eventuellen Interessen Dritter genießen. Eine genetische Klassengesellschaft darf es nicht geben. Auch das Grundrecht auf Forschungsfreiheit hat in diesem Zusammenhang hinter anderen Grundrechten, wie dem auf die unantastbare Würde des Menschen und dem Recht auf körperliche Unversehrtheit, zurückzustehen.

Diese Einschränkungen gelten auch für die neuen Möglichkeiten des Klonens. Klone, die wir bei unserer Spezies als eineiige Zwillinge kennen, sind rein biologisch gesehen, identische Lebewesen. An dem Gedankenexperiment, daß uns ein alter Freund auch nach zwanzig Jahren noch wiedererkennen wird, sein Klon aber nicht, erweist sich aber deutlich, daß sie es auf der kognitiven Ebene des Lebens nicht sind. Das Gedächtnis beispielsweise zählt zu denjenigen Manifestationen unserer Existenz, die nicht genetisch bedingt sind, sondern allein durch die individuellen Erfahrungen eines gelebten Lebens. Der Mensch ist eben mehr als die Summe seiner Gene. Gewisse Facetten seiner biologischen Existenz lassen sich allerdings durchaus auf Gene reduzieren, wie beispielsweise die Blutgerinnung. Sonst wäre die Auflösung eines lebensbedrohlichen

Blutgerinsels wohl nicht möglich, und sonst gäbe es auch keine Erbkrankheiten.

Umgekehrt ist klar, daß die kognitiven Merkmale gerade der menschlichen Existenz die Möglichkeiten der Genetik bei weitem überschreiten. Intelligenz, Musikalität und komplexe Fähigkeiten oder Verhaltensweisen aller Art, die uns im Grunde erst zu Menschen machen, sind gleichermaßen auf Gene wie auf unser sozio-kulturelles Umfeld zurückzuführen. Es sind gerade die Genomprojekte selbst, die uns ihre Grenzen gezeigt und darauf hingewiesen haben, daß die rein stofflichen Grundlagen allein unser Leben nicht beschreiben können. In der Auseinandersetzung zwischen rein biologischer Determiniertheit und einem ausschließlich kulturell bedingtem Menschenbild hat sich die Waagschale bezüglich des Verständnisses kognitiver Merkmale weit zur kulturellen Bedingtheit herübergeneigt. Wie weit, ist derzeit nicht zu sagen, schon gar nicht durch die Analyse der Genome.

Heutzutage, seit dem Klonschaf Dolly, unterscheidet man allerdings zwischen dem Klonen von ganzen Organismen, das angesichts der oben angedeuteten Grenzen der Reichweite des Genoms als vergleichsweise sinnlos erscheint – warum sollte man einen Boris Becker klonen, wenn der Klon nicht Tennis spielen kann –, und dem sogenannten therapeutischen Klonen. Unter diesem Stichwort wird der Öffentlichkeit suggeriert, es müsse doch möglich sein, die Entwicklung einer Embryozelle, die natürlicherweise zu einem ganzen Menschen führt, durch geeignete, gezielte Eingriffe dahingehend abzulenken, daß nur ein Herz, eine Niere, oder aber bestimmte Typen von Gehirnzellen entstehen. Diese dienten dann in der Folge als Quelle für transplantierbare Organe. Abgesehen davon, daß die große Mehrzahl der Wachstumsfaktoren, die die Entwicklung einer Embryozelle steuern, bislang nicht bekannt ist, könnte sich dieser Ansatz durchaus auch als Irrweg erweisen, und zwar dann, wenn die Entwicklung unserer Organe nicht separat und individuell, sondern nur im Kontext des wachsenden Organismus erfolgte. Dies ist derzeit unbekannt, aber nicht auszuschließen. In diesem Falle würde sich die Suche nach Eiweißbestandteilen, die einen direkten Weg von der Embryozellen zum Organ einleiten und steuern könnten, als vergeblich erweisen, und die Versprechungen an die Öffentlichkeit als entsprechend voreilig. Daß die schnelle Verfolgung solcher hehren, aber möglicherweise nicht haltbaren Ziele auch mit ethischen Stolpersteinen unterschiedlichster Art verknüpft ist, darunter auch der verbrauchenden Forschung mit menschlichen Embryonen, die bei uns (und anderswo) verboten ist, kann ebenfalls nicht vernachlässigt werden.

Ich bin nicht gegen jede Änderung unserer Forschungsverbote im Umgang mit menschlichen Embryonen, aber gegen Schnellschüsse, die wissenschaftlich nicht fundiert sind, weil es Alternativen gibt, und die allenfalls die Gesellschaft in unauflösbare Konflikte mit der Wissenschaft geraten lassen. Meiner Ansicht nach muß in dieser Frage zunächst in der interessierten Öffentlichkeit ein intensiver Meinungsbildungsprozeß geführt werden, bevor in der Frage etwa einer Öffnung des Embryonenschutzgesetzes entschieden werden kann.

Der Fortschritt ist unser Schicksal. Seine Grenzen und seine Ambivalenz können aber gleichwohl nicht übersehen werden. Die moderne Genetik habe ich hier nur beispielhaft angeführt. In den Informationswissenschaft stellt sich die Situation nicht anders dar, wenn man daran denkt, daß im Namen von Ideologien mehr Unheil über die Welt verbreitet wurde und verbreitet wird, als es die Wissenschaft je zu leisten vermöchte. In einem Brief an Joseph Stanislaus Zauper vom 7. September 1821 schreibt Goethe: »Die Wissenschaft erhält ihren Wert, indem sie nützt, die Menschen lehrt, wie man lange verborgene, verkannte, ans Licht gezogene, neu entdeckte Vorteile zu unübersehbaren Gebrauch anwenden können.«

Gemeint ist mit dem Goetheschen »Nützen« sicherlich nicht der heute so wichtige Technologietransfer. Vielmehr wird uns damit bedeutet, daß Wissenschaft keinen Schaden anrichten darf und in diesem Sinne möglichst nur zum Nutzen der Gesellschaft einzusetzen ist. Darüber kann und darf die Wissenschaft nicht alleine entscheiden. Vielmehr gilt es, alle denkbaren Anstrengungen zu unternehmen, daß die Gesellschaft nicht zum Diener der Wissenschaft, sondern umgekehrt, die Wissenschaft zum Diener der Gesellschaft wird.

Michael Rutz

Medien –
Hat die personale Kommunikation noch eine Zukunft?

Immer schon stehen, wenn man über die Zukunft spricht, die Unheilspropheten den Verkündern der Hoffnung gegenüber. Des einen Glas scheint ihm halb leer, der andere sieht es halbvoll, und so müssen sich neue Entwicklungen und neue Zeiten bewähren im Widerstreit zwischen Pessimisten und Optimisten. Gerade das Erscheinen neuer Medien hat stets grundsätzliche Kulturdebatten ausgelöst. Das war so bei der Einführung der Zeitung und der des Rundfunks, das hat sich in diesem Jahrhundert mit der Erfindung des Fernsehens wiederholt – und wer hätte in den fünfziger Jahren geahnt, welche Vielfalt dieses Medium einst erreichen würde. Nun tritt zu dieser Vielfalt des Medienkonsums das Internet hinzu mit der Qualität eines dialogisch nutzbaren Mediums.

Kein Zweifel: Medien haben mehr denn je die mentale Prägung der Menschen in der Welt übernommen. Und da *über* die Medien gerungen wird, wird auch *um* die Medien gerungen. Ihre Botschaft zählt, ihren Gesetzen muß man sich anpassen, wenn man den Menschen etwas nahebringen möchte. Medien haben entscheidenden Einfluß im Kampf um die Köpfe. Daher liebt man sie, daher haßt man sie. Die Verkäufer der Botschaften – Politiker zumal – und die Medienproduzenten brauchen sich gegenseitig für den eigenen Erfolg.

Die Medienproduzenten: Journalisten wollen, je nach Medium, immer alles entweder ein wenig schneller als die anderen oder auch die entscheidenden Hintergrundinformationen, die andere nicht haben. Sie suchen den Scoop (sensationellen Pressebericht) – oft mehr noch als die gründliche Recherche –, sie suchen die Schlagzeile, die sich am Kiosk verkauft, das Thema, das die Fernsehquoten hochtreibt.

Und umgekehrt: Politiker, Showstars und die vielen anderen selbsternannten kleinen Könige der bunten Spaß- und Konsumgesellschaft sind auf die Medien angewiesen, um bekannt zu bleiben oder zu werden, um Macht zu sichern und Einfluß zu demonstrieren. Das schafft eine Sphäre der Gefahr für wechselseitige Korruption: Ich versorge dich mit Informationen, du gibst mir Sendezeit, ein augenzwinkerndes *do ut des.*[1]

Da ist es berechtigt, einen kritischen Blick auf die Medienlandschaft zu werfen, weil die Bedeutung journalistischer Anstrengung bei der Wirklichkeitsvermittlung erheblich ist. Denn wenn sie überleben will, braucht die Demokratie Bürger, die ein ernsthaftes Urteil zu den Vorgängen dieser Welt behalten. Sie müssen informiert zu den Wahlen gehen und wissen, worüber sie entscheiden. Die Demokratie braucht Bürger, die aus dem Kopf heraus handeln und nicht aus dem Bauch. Sie braucht Bürger, deren Wirklichkeitsspektrum in diesem rationalen Sinne relevant ist.

Wie aber gehen die Medien mit uns um? Wie entsteht, was wir an – auch und gerade politischer – Wirklichkeit wahrnehmen? Auf welche Medien kommt es an?

Die Prägungen, die das Fernsehen in unserer Gesellschaft bewirkt, gehen tief. Das hängt mit dem erheblichen Fernsehkonsum zusammen, der das Fernsehen zum Leitmedium der Gegenwart gemacht hat. In der Bundesrepublik beträgt der Fernsehkonsum eines Medien-Erwachsenen (ab 14 Jahren) durchschnittlich genau drei Stunden pro Tag. Für Print-Produkte werden nurmehr etwa 30 Minuten aufgewendet. Und je jünger die Menschen sind, um so geringer ist die Lesefreude. Junge Leute zwischen 14 und 19 Jahren sehen zwei Stunden fern, hören zwei Stunden Radio, lauschen 30 Minuten einer Tonkonserve. Sie wenden 15 Minuten für Zeitungen und zehn Minuten für Zeitschriften auf. Perspektivisch scheint hier problematisch, daß die Lesedauer auch im langjährigen Vergleich entsprechender Alterskohorten immer mehr zurückgeht. In den USA sind solche Entwicklungen schon fortgeschritten: Dort liest nur noch jeder Vierte unter 30 überhaupt jemals eine Tageszeitung.

Die Folgen sind vielfältig. Da ist zunächst die *bildungspolitische Konsequenz*: Wer nicht liest, weiß nicht, wie man etwas schreibt. Wer sich aber nicht ausdrücken kann, gerät ins kommunikative Hintertreffen, überdies werden wir uns auf jeweils kleinerem gemeinsamen Nenner immer wieder mit der Forderung nach neuen Rechtschreibreformen konfrontiert sehen.

Hinzu tritt der zu beobachtende Rückgang der Aufnahme von *politischer Information*, während entsprechend der Konsum von Unterhaltung im Fernsehen zunimmt – zwischen 1991 und 1997 ein Plus von sechs Prozent, während politische Magazine und Nachrichten ein Minus von 13 Prozent erlitten haben. Diese Verflachungsspirale hat Folgen für die politische Reife eines Volkes.

Zugleich läßt sich eine zunehmende Engführung der Interessen beobachten. Die Spartenangebote in Zeitschriften und elektronischen Medien greifen um sich. Im normalen Kabelhaushalt finden sich bereits 30 bis 40 Fernsehprogramme, hinzu kommen rund 200 Hörfunkprogramme in der Bundesrepublik, 400 Tageszeitungen, Tausende von Zeitschriften, Anzeigenblättern und anderen Printmedien.

Was generell abnimmt, ist Bildung in einem umfassenderen Sinn, also die Fähigkeit, Wellenlängen und Schwingungen neben mir aufzunehmen und in einen *eigenen* Ton zu verwandeln. Zunehmend wird es schwierig, die Menschen mit Orientierungspunkten zu versorgen, gar solchen, die für ein Volk gemeinsam wären.

Wenn also der Trend zur Unterhaltung geht, wird auch die Politik dazu gemacht. Auf diese Weise verlieren Bürger ihre Entscheidungskompetenz in der Demokratie.

Das ist mißlich in einer Situation, in der die politischen Sachverhalte und Verhältnisse immer komplexer werden: In der Innen-, der Außen-, der Wirtschafts-, der Sozialpolitik, in Sport, Kultur, Technik, Naturwissenschaften. Wir überschauen die Dinge nicht mehr, die Menschen befinden sich in einer Orientierungskrise.[2]

Der Züricher Philosoph Hermann Lübbe hat die Entwicklungen dieser Zeit mit drei Begriffen umschrieben: *Gegenwartsschrumpfung*, *Erfahrungsverluste* und *Sinnanspruchsinflation*.[3]

Mit dem Begriff der *Gegenwartsschrumpfung* beschreibt er die Verkürzung der Zeitmaße, in denen wir mit konstanten

Lebensverhältnissen rechnen können. Tatsächlich hat die »Halbwertzeit« vor allem naturwissenschaftlicher Erkenntnisse abgenommen, und ebenso gilt das für Produkte der Wirtschaft. Im Siemens-Konzern beispielsweise ist kein Produkt älter als 18 Monate. Solche Güter müssen dementsprechend schneller abgeschrieben werden. »Alt« galt früher als Begriff, der den Verschleiß abhängig vom Gebrauch markierte. Heute ist etwas »alt«, wenn es technisch überholt ist.
Das zeitigt fünf Folgen:

- die Entkanonisierung kulturell verfügbaren Wissens,
- die Erhöhung der Veraltensrate beruflicher und sozialer Kompetenz,
- die Erkenntnis, daß man nie ausgelernt hat,
- den Umstand, daß die drei lebenden Generationen zueinander historisch werden sowie
- die Bitternis, daß Altwerden zum prekären Prozeß wird, weil das eigene Urteil rasch der Irrelevanz unterliegt.

Damit hängen die *Erfahrungsverluste* eng zusammen. Früher wußten die Menschen, woher etwas kommt. Sie hatten die Nahrungsmittelkette weitgehend selbst im Griff, sie organisierten auch ihre Lichtversorgung selbst. Vor dem Industrialisierungsbeginn arbeiteten noch 80 Prozent der Menschen in der Landwirtschaft. Das alles vermittelte eine nicht immer erfreuliche, aber jedenfalls stabile Lebenserfahrung. Und es vermittelte – durch die Existenz der Großfamilie – auch eine klare Vorstellung von solidarischer Sozialpolitik: In unseren Regionen war damals so sehr, wie dies heute noch in Schwellen- und Entwicklungsländern der Fall ist, die Großfamilie die beste Versorgungsgarantie für Krankheit und Alter, es ergab sich ein klarer Zusammenhang zwischen eigener Kinderzahl und eigener Altersversorgung.

Die Industriegesellschaft hat nicht nur diese sozialpolitischen Zusammenhänge weitgehend beschädigt. Auf den anderen Feldern hat sich eine Ausdifferenzierung des Wissens ergeben, die Zusammenhänge anonymisiert. Der Nutzen und der Nachteil einer Entscheidung, etwa einer politischen, lassen sich nicht mehr in kurzer Zeit feststellen. Hier wie auch vor allem in technischen und naturwissenschaftlichen Zusammenhängen ist das Vertrauen zum notwendigen Sozialkitt der Gesellschaft geworden: Wir verlassen uns auf die Sicherheit der Zutaten von Lebensmitteln und Arzneimitteln, auf die Sicherheit von Brücken, Autos und Energieversorgungssystemen, wir haben die Erwartung und dringende Hoffnung, der Weitblick unserer Politiker möge größer sein als unser eigener. Wo aber die Zusammenhänge vom einzelnen nicht mehr überschaut werden, nistet sich erst einmal dort Mißtrauen ein, wo Vertrauen gefaßt werden soll.

Mißtrauen aber führt zur Verweigerung des Versuchs, die komplizierte Welt zu verstehen. Die Bürger schlagen sich auf die vermeintlich sichere Seite und sagen Nein zu Veränderungen, sie kämpfen darum, Besitzstände zu wahren – und das gilt auch für jene, die lauthals – stets für andere – Reformen fordern. Das vor allem hat auch der Ausgang der Bundestagswahl 1998 gezeigt, die Analysen sind sich darin einig.

Zufriedenstellende Wahlbeteiligungen dürfen nicht darüber hinwegtäuschen, daß das inhaltliche Interesse an Politik abgenommen hat, schon gar die Bereitschaft zum Engagement. Die Entpolitisierung im Lande setzt sich auch fort durch eine wachsende Geringschätzung gegenüber der politischen Klasse. Sie wird durch mediale Vermarktungsgesetze noch verstärkt, die zunehmend populistischen Überlegungen anheimfallen. Was aber wächst, ist das Klagen über die allgemeinen Verhältnisse.[4]

Und dann ist da die *Sinnanspruchsinflation*. In den letzten 35 Jahren ist die Lebensarbeitszeit von 95 000 Stunden auf heute 60 000 Stunden gefallen. Die Folge ist ein starker Orientierungsbedarf, der die emotionale Leere ausfüllen hilft. Hier haben die Medien längst Ersatzfunktion übernommen, sie sind zu Verdrängungsorganisatoren geworden.

Die Frage, inwieweit die Medien da ihrer Dolmetscherfunktion gerecht werden, ist von großer Bedeutung. Und insbesondere die Massenmedien sind hier zu betrachten, wird ihre Prägekraft in den kommenden Jahrzehnten doch eher zu- als abnehmen.

Ein Blick auf die Nachrichtenentstehung rührt an die alte Schuldzuweisung, nach der die negative Sicht der Dinge durch die Medien verursacht sei. Sie suchten schließlich die schlimmen Ereignisse dieser Welt zusammen und gewichteten sie, als hätte die Welt nichts Positives zu bieten. Tatsächlich mag das Nachrichtengewerbe zynisch erscheinen, wenn man die

Mechanismen der Nachrichtenentstehung systematisiert. Aber letztlich dient ein solcher Versuch dem Rezipienten mindestens dem Aufbau von »Gegenwissen«, wie Niklas Luhmann das nannte. Den Journalisten dient solcher Blick auf die Nachrichten immer der notwendigen selbstkritischen Reflexion und er stellt einen Appell dar an den sorgsamen Umgang mit den Techniken in diesem sehr schönen Beruf.

Wie also entstehen Nachrichten? Immer schon warteten Menschen gespannt auf das Neue, Überraschende. Die Geschichte freilich kennt die eher mühsame Nachrichtenübermittlung, die des armen Läufers beispielsweise, der bekanntlich 42 Kilometer von Marathon nach Athen zurücklegen mußte, um die Siegesnachricht zu überbringen und den Athenern die Angst vor persischer Besetzung zu nehmen. Später dann, etwa im 16. Jahrhundert, waren es Flugblätter, Balladen oder Kriminalgeschichten, die von Mord, Totschlag und Hinrichtungen kündeten.

Heute hingegen beherrscht die serielle Nachrichtenproduktion das Feld, eine Professionalisierung namens »Journalismus«. Das Prinzip blieb: Berichtenswert ist, was überraschend daherkommt. Das ist das erste Prinzip: Gesucht ist die *markante Diskontinuität*. Eine Nachricht ist gut, wenn sie mit bestehenden Erwartungen bricht. Zweitens: Hohes Interesse erzeugen auch *Konflikte*. Sie verfügen über eine menschliche Komponente. Sie eigenen sich in besonderer Weise zur seriellen Nachrichtenproduktion, denn Konflikte verändern sich von Tag zu Tag. Außerdem kennen sie in der Regel Gewinner und Verlierer, sie nähren die spannende Frage: Wie geht es aus? Das dritte Prinzip der Nachrichtenentstehung: *Quantitäten*. Sie fangen Aufmerksamkeit, sie sind scheinbar informativ, wenn die Zahl bestimmt ist. Und sie funktionieren unabhängig vom Verständnis des Sachkontextes, wenn man Quantitäten mit einer Emotion unterlegt: gut oder schlecht. Noch haben wir beispielsweise die Debatte um das 3,0-Kriterium beim Euro in Erinnerung, bei der die Breite der Debattenteilnahme jene der aus Sachkenntnis begründeten Urteilsfähigkeit bei weitem überwog.

Ein viertes, von Massenmedien besonders gepflegtes Kriterium der Nachrichtenentstehung sind *Normverstöße* auf den Feldern des Rechts, der Moral oder der »political correctness«.

Kann man sie »Skandal« nennen, verstärkt das die Resonanz. Äußerungen dazu sind vielfältig, die Sache hat Fortsetzungscharakter und sie vermittelt ein Gemeinschaftsgefühl von Betroffenheit und Entrüstung. Fünftens schließlich: der *lokale Bezug*. Eine Nachricht läuft besonders gut, wenn sie sich auf den unmittelbaren Lebensraum bezieht, national wie lokal.

Die vielen anderen Ereignisse und Sachverhalte, schon gar die positiven, haben keinen Platz inmitten solcher Auswahlkriterien von Nachrichten. Es ist schwer, den Erfolg im öffentlichen Bewußtsein durchzusetzen, und das vor allem dann, wenn er erwartet ist und planmäßig eintritt. Der Mißerfolg hingegen findet rasch Niederschlag.

Aber selbst, wenn positive Sachverhalte an uns herangetragen würden: Es wäre für diejenigen, die von solchen Nachrichten profitieren könnten, noch nicht viel gewonnen. Denn wenn die Barriere der Nachrichtenentstehung überwunden ist, stellt sich die nächste Frage: Wie werden sie eigentlich von uns, dem Empfänger der Nachrichten, verwendet, wie aufgenommen?

Wir stoßen bei dieser Betrachtung auf ein markantes Phänomen, namlich jenes der selektiven Wahrnehmung. Bei erster Betrachtung ist naheliegend, daß man nur Bruchstücke des Angebotenen auch wahrnimmt. Schließlich ist es individuell verschieden, welchen Medien man sich überhaupt aussetzt, was man von den aufgenommenen Informationen überhaupt versteht und was man davon behält.

Letzteres ist nicht nur eine Frage des Erinnerungsvermögens. Vielmehr greifen auch Mechanismen des unbewußten Versuchs der Abschirmung, Schutzmechanismen, die bestehende Einstellungen aufrechterhalten. Die Kommunikationsforscher haben sogar die Bereitschaft festgestellt, angebotene Informationen im Unterbewußtsein so zu verfälschen, daß sie der verfestigten eigenen Meinung entsprechen – die Theorie der »kognitiven Dissonanz«.

Wenn dies aber der Entstehungsprozeß der Nachrichten ist, wenn Menschen nur auf diese Weise vor die Fernsehschirme und hinter die Zeitungen zu bekommen sind, dann laufen die Medien Gefahr, sich von den komplizierten Sachthemen abzuwenden und gerade auch in politischen Auseinandersetzungen einen Wettbewerb zu sehen, ein Rennen, in dem Meinungsumfragen und der Vergleich von Kampagnenkonzepten wichtiger werden als detaillierte politische Positionsbeschreibung.

Ganz unabhängig von den Medieninhalten und ihrem Zustandekommen sowie der Bereitschaft, sich damit auseinanderzusetzen, ist aber das Problem der *Medienwirkung*. Naheliegend und oft bewiesen ist, daß jener, der liest, sich von den angebotenen Informationen am meisten merkt. Wie aber sieht es beim Fernsehen aus, bei dem Medium also, bei dem sich die meisten Menschen aufhalten und informieren? Drei Stunden täglich – da kommt es auf Wirklichkeitsvermittlung also besonders an.

Fernsehen ist eine Symphonie aus Text, Bild und Ton. Es kommt der inneren Neigung, sich von Inhalten abzuschirmen, am wenigsten entgegen. Es überwindet alle Barrieren am leichtesten, es erfaßt alle Sinne. Beim Fernsehen funktioniert die selektive Wahrnehmung am wenigsten, denn die Botschaften kommen ins Haus, ohne daß man irgendeine »kognitive Dekodierung« einsetzen müßte, weder Lesen noch Schreiben. Keine Kulturtechnik mußte erlernt werden, um fernzusehen. Hinzu kommt: Die Menschen gewinnen einen scheinbar überzeugenden Eindruck von der Realität, haben sie doch alles »mit eigenen Augen« gesehen, weshalb Fernsehen als das glaubwürdigste Medium gilt.

Im Hinblick auf die Wirklichkeitsvermittlung in unserer fernsehgeneigten Gesellschaft ist ein weiterer Umstand von Bedeutung. Fernsehen zerfällt in ein *rationales* und ein *emotionales Element*. Das rationale Element äußert sich im Text, das emotionale im Bild.[5]

Beide Elemente werden nun aber unterschiedlich gut behalten: Während die Information des Textes rasch vergessen ist, bleibt die vom Bild geprägte Emotion lange haften. Das heißt: Gefühlsmäßige Einstellungen lösen sich von den Begründungen ab und machen sich selbständig.

In jeder Talkshow können diese Wirkungen besichtigt werden. Man hat einen bleibenden Eindruck von der Qualität der Diskutanten, der sich freilich meist eher an Äußerlichkeiten als an den Inhalten der Debatte festmacht. Das Ergebnis ist: Im Volk können sich positive oder negative Einstellungen zu den Themen bilden, die die Menschen für wichtig halten, ohne daß eine verstandesmäßige Auseinandersetzung mit ihnen vorausgegangen ist oder noch möglich wäre.

Seit 1980 im ersten großen Fernsehwahlkampf der Geschichte Ronald Reagan Jimmy Carter mit Hilfe dieser Mechanismen schlagen konnte, hat man in allen westlichen Demokratien davon Gebrauch gemacht. Seither haben nicht nur in Amerika die Regisseure die Oberhand, wenn es darum geht, Politik oder auch bestimmte Markenprodukte zu verkaufen.[6] Alles wird fernsehgerecht inszeniert, das Fernsehbild mit seinen emotionalen Wirkungen rückt an die Stelle der sachlichen Auseinandersetzung.

Beispiele gibt es viele: Beim Castor in Gorleben oder Ahaus, wo Demonstranten sich fernsehgerecht von schwergeschützten Polizisten wegtragen lassen, bei den Auseinandersetzungen um die Bohrinsel Brent Spar, die ihre politische Sprengkraft nur entwickeln konnte, weil an ihr ein fernsehgerechtes Exempel statuiert werden konnte. Immer kommt es darauf an, fernsehgerechte Symbole zu schaffen, um Emotionalität zu erzeugen. Emotionen bilden heute den wichtigsten Faktor für das »Agenda setting«, also dafür, was eigentlich die Tagesordnung der öffentlichen Diskussion bestimmt.

Und so entscheidet das Fernsehen heute wie künftig über den Ausgang von Entscheidungsprozessen, etwa von Wahlen. Das ist die Wirkungskette:

Fernsehen ist das *meistgenutzte Medium*, es ist zugleich das *einflußreichste Medium*, weil es die *meistgenutzte Informationsquelle* darstellt. Fernsehen ist das *glaubwürdigste Medium*, es macht Politik vermeintlich wirklich anschaulich. Das Fernseh*bild* gibt dabei den Menschen *Vorstellungen* vom Charakter und der Führungskraft eines Politikers – Vorstellungen, die mit der Wirklichkeit nichts zu tun haben müssen. Der Fernseh*text*, also der O-Ton, vermittelt Sachkompetenz.

Weil aber Sachargumente rasch vergessen werden, Emotionen jedoch haften bleiben, kommt es darauf an, die Emotionen weckende Kraft des Fernsehens zu nutzen. Denn: Emotionen bestimmen das Wahlverhalten, und dies um so klarer, je größer die Summe der wiederholten emotionalen Eindrücke vom Charakter und der Führungsstärke eines Politikers ist. Mithin: Fernsehen entscheidet Wahlen.

Hans Mathias Kepplinger hat daraus das *Substitutionsgesetz der Medienwirkung* formuliert: »Die wiederholt kurzzeitige Wahrnehmung von Realität (jenseits eigener Erfahrungsgrenzen) anhand der Medienberichterstattung führt zu dauerhaften Vorstellungen, die für Realität gehalten werden und in diesem Sinne die Realität substituieren.«[7]

Mit anderen Worten: Die Vorstellungen, die Fernsehen vermittelt, müssen mit der Wirklichkeit nichts zu tun haben, der strahlende Fernseh-Politheld ist vielleicht in Wirklichkeit führungsschwach und charakterlos – wie umgekehrt ein negatives Fernsehurteil ungerecht sein kann.

Fügt man alles zusammen, also den notwendigen Überraschungseffekt bei der Nachrichtenrelevanz, das Durchdringen negativer Botschaften, die rasche Vergeßlichkeit bei der Sachinformation, die Bedeutung des Fernsehbildes als Emotionsträger sowie die bleibende Wirkung solcher Emotion, dann verwundert es nicht, daß sich Politiker zunehmend *symbolischer Politik* bedienen, daß sie Ereignisse inszenieren, um Aktivität zu demonstrieren, um Fernsehbilder zu erzeugen und sich die gezeigte Wirkungskette nutzbar zu machen.

Die Orientierungskraft der Medien ist insofern eingeschränkt. Hermann Lübbes Frage nach Hilfe in einer allgemeinen Orientierungskrise können sie nicht beantworten. Aber nichts deutet darauf hin, daß Hilfe von anderer Seite kommen könnte. So ist es eine eher unbegründete Hoffnung, daß zur Jahrhundertwende in unserem Land die Hinwendung zu den Großorganisationen der Sinnstiftung wieder zunehmen könnte, insbesondere zu den christlichen Kirchen. Auch ist die Krise der kleinen Organisationen der Sinnstiftung, vor allem der Familie, hierzulande ungebrochen: Die Zahl der Scheidungen wächst, und wo Familien bestehen, fehlt offenkundig zu häufig Zeit und Wille zur Wertevermittlung.

Und die Medien? Sie laufen in ihrer Vielfalt Gefahr, Menschen zu »Lumpensammlern der Information« zu machen. Sie haben die Fähigkeit verloren, ein Bild der Welt und ihrer Geschehnisse zu entwerfen. Das ist die andere Seite des Pluralismus: Medien vermitteln kein »fabric of life« mehr, wie die Lyrikerin Edna Milley das genannt hat, und sie schrieb: »Wir haben Weisheiten genug, uns zu erlösen, sie werden täglich neu ersonnen, nur ist kein Webstuhl da, der alles wohl zusammenfügt.«

Tatsächlich: Es fehlt der Webstuhl, der jenen Stoff weben könnte, der sich um das Leben ausbreitet. Es gibt keine gemeinsamen Wertemuster mehr, seit christliche Glaubensmuster als Bindeglied unserer Gesellschaft an Kraft eingebüßt haben.

Die Ersatzgötter des letzten Jahrhunderts boten da keinen Trost: Weder Charles Darwin, der die Schöpfung in Frage gestellt hat, noch Karl Marx, der den Nationalismus bekämpfte. Auch Sigmund Freud nicht, der sich gegen die Vernunft wandte. Auch die selbsternannten ideologischen Götter dieses Jahrhunderts sind zerbrochen: Der Nationalsozialismus wurde im Feuer geboren und ebenso vernichtet, vom Kommunismus ist allenfalls ein Steinhaufen am Rande Berlins übrig.

Die Welt wendet sich der Wissenschaft zu: Sie aber kennt keine Moral. Die Welt redet mit Begeisterung von Technologie und macht entsprechende Innovationsmessen zu den Sakraldomen der Gegenwart. Aber Max Frisch hat schon recht: Technologie ist die Kunst, sich die Welt so zurechtzurücken, daß man sie nicht erfahren muß. Insofern taugt auch sie als Wertemuster nicht.

Dabei käme es darauf an, für das Zusammenleben in einer enger aufeinander bezogenen Welt einen Sinn gemeinsam definieren zu können. In Zeiten der ethnisch ausgelösten Krisen, der Auseinandersetzungen um Lebensraum und Ressourcen geht es, wie Vaclav Havel das vor dem US-Kongreß gesagt hat, um »eine Überlieferung, die uns hilft, Menschen mit einem elementaren Sinn für Gerechtigkeit zu sein und der Fähigkeit, mit den Augen anderer zu sehen, mit einem Sinn für Verantwortung, mit archetypischer Weisheit, mit gutem Geschmack, Mut, Mitgefühl und Glauben«.

Derweil beobachten wir: Die Gemeinsamkeiten nehmen ab. Die Atomisierung des Lebens in der globalisierten, arbeitsteiligen Welt fordert ihren Preis, die Atomisierung der Medien erhöht ihn, sofern sich nicht das Internet als heilsames, weltumspannendes Pflaster erweist. Bisher dividieren Medien eher auseinander, als sie zusammenfügen. Alles läuft darauf hin, daß sich eine Kluft auftut in unserem Volk. Einerseits die Leute, die informiert sind, andererseits die, die nicht über Informationen verfügen, von ihnen aus kulturellen oder auch wirtschaftlichen Gründen ausgeschlossen sind. Einerseits die, die ein Wertemuster für sich haben und es gewinnen aus sozialen Bezügen, andererseits die vielen, denen ein solches Wertemuster abgeht.

Nicholas Negroponte schwärmt in seinem Buch »Total digital« von einer Zeit, »in der eine Kombination sensorischer Fülle und Intelligenz über uns ausgegossen wird. Und gerade während sich die Politiker mit der Altlast der Geschichte abmühen, entsteht aus der digitalen Landschaft eine neue Generation, die frei von alten Vorurteilen ist und sich von den Beschränkungen geographischer Nähe als einziger Basis für Freundschaft, Zusammenarbeit, Spiel und Nachbarschaft gelöst hat.«

Vor uns also eine schöne, virtuelle Welt? Die Fensterscheibe wird zum Bildschirm. Wir lassen uns dann live den Anblick einspiegeln, der unserer Gemütsverfassung entgegenkommt: pazifisches Meeresrauschen anstatt Berlin-Marzahn. Unsere Freunde suchen wir im Internet. Unsere Wiederauffindbarkeit wird gesichert nicht durch die physische Adresse, sondern durch eine virtuelle Adresse in den E-Mail-Boxen des weltweiten Netzes. Und für manchen liegt schon heute der Hort des sozialen Wohlbefindens in den elektronischen Gemeinschaften ohne Bezug zum physischen Raum.

So werden sich auch die Wertevorstellungen eines Staates wandeln. Sie werden denen weichen, die in elektronischen Gemeinschaften gebildet werden. Kreuzzüge werden nicht mehr physisch stattfinden, sondern im Internet: So läßt sich in die Welt tragen, was an Überzeugungen verbreitet werden soll. Wir stehen vor einer Entgrenzung, die Gemeinsamkeiten nicht mehr an geographischen Grenzen festmacht, die Nationen und Sprachgemeinschaften im internationalen Raum zusammenfaßt, Wertegemeinschaften sowieso.

Oder kommt alles ganz anders? Wenden sich Menschen vom Zugriff der multimedialen Technik ab, von virtuellen Realitäten? Wollen sie von den gepriesenen Vorzügen dessen, was wir alles »on demand« genießen sollen, weniger wissen, als die Marketingstrategen erhoffen? Nutzen die Menschen die neue Technik allenfalls zur Information, suchen ihre Gemeinschaften aber außerhalb elektronischer Gegenwart?

Sitzen sie zu Hause, zünden Kerzen und Kaminfeuer an, schalten Fernseher aus, lesen, spielen, reden gar miteinander?

Vielleicht reden sie nicht über Anspruchshaltungen, über die Oberflächlichkeiten der unterhaltungsorientierten Gegenwart, über Showstars und deren Amouren – sondern über die Möglichkeiten, im Familienkreis zu helfen, über die Bildung von Bescheidenheit. Vielleicht reden sie nicht nur über Auto-Rennen, Fußball und Boxkämpfe, sondern über die Sicherung der Zukunft unserer Kinder, über den Mut zur Erziehung. Vielleicht reden sie nicht über Scheinwelten, über Illusionen, sondern über den Glauben.

Vielleicht reden sie nicht über die Neben-, sondern über die Hauptsachen, vielleicht kehren die Menschen zu sich selbst zurück. Das könnte die wahre Alternative im neuen Jahrhundert sein.

Anmerkungen:

1. Vgl. Niklas Luhmann: »Die Realität der Massenmedien«, Westdeutscher Verlag, Opladen, 2. Auflage 1996, 53ff.
2. Vgl. Elisabeth Noelle-Neumann, Renate Köcher: »Allensbacher Jahrbuch der Demoskopie 1993-1997«, Band 10, 438ff. (zur selektiven Wahrnehmung).
3. Vgl. Hermann Lübbe: »Erfahrungen von Orientierungskrisen in modernen Gesellschaften«, in: »Orientierungsverlust – Zur Bindungskrise der modernen Gesellschaft«, hrsg. von Werner Weidenfeld und Dirk Rumberg, Gütersloh 1994.
4. Vgl. Institut für Demoskopie Allensbach, »Das Wahljahr 1998 im Spiegel von Repräsentativumfragen und Medieninhaltsanalysen«, Archivnummer 5457/98 (vertraulich).
5. Vgl. Heinrich Oberreuter (Hg.): »Parteiensystem am Wendepunkt? Wahlen in der Fernsehdemokratie«, Olzog-Verlag München/Landsberg, 1996.
6. Vgl. Gunter Hofmann, Wahl 1994: »Politik und Medien«, in: Bertelsmann-Stiftung (Hg.), »Politik überzeugend vermitteln. Wahlkampfstrategien in Deutschland und den USA«, Gütersloh 1996.
7. Vgl. Hans Mathias Kepplinger, Hans-Bernd Brosius, Stefan Dahlem: »Wie das Fernsehen Wahlen beeinflußt. Theoretische Modelle und empirische Analysen«, Fischer-Verlag München 1994.

Udo Hahn

Zeitenwende – Was Menschen Mut macht

Der Übergang von einem Jahr zum anderen, von einem Jahrzehnt zum nächsten, der 18. Geburtstag als Datum der sogenannten Volljährigkeit, der 25., 50., 75. Geburtstag, aber auch der Tauf- und Namenstag, der Tag der Konfirmation, der Hochzeit, ebenso der Todestag eines nahestehenden Menschen – derartige Zäsuren lassen einen innehalten. Um wieviel mehr Aufmerksamkeit zieht der bevorstehende Übergang in das 3. Jahrtausend auf sich?

Unweigerlich drängen sich Fragen auf: Woher komme ich, und wohin gehe ich? Was ist der Sinn meines Lebens? Fragen, die sich jedoch nicht die gesamte Menschheit stellt, sondern nur die, die sich am christlich geprägten Kalendarium orientiert. Muslime und Juden hingegen folgen einem anderen Kalender.

Und in unseren Breiten ist das Bewußtsein für den christlichen Wurzelboden unseres Lebens, Denkens und Handelns, unserer Geschichte und Traditionen nicht mehr allgegenwärtig im Bewußtsein der Menschen.

»Seid allezeit bereit zur Verantwortung vor jedermann, der von euch Rechenschaft fordert über die Hoffnung, die in euch ist.« Diese Aufforderung aus dem ersten Petrusbrief (3,15) ist ein unmißverständlicher Auftrag, der sich an Christen richtet. Mit anderen Worten: Seid stets bereit, jedem Rede und Antwort zu stehen, der nach der Hoffnung fragt, die euch erfüllt.

Wer zur Verantwortung gezogen wird, muß sagen, was Sache ist. Er sollte es jedenfalls tun, wenn er beispielsweise vor Gericht steht, ob als Angeklagter oder als Zeuge. Oder wenn er als Geschäftsführer Rechenschaft abzulegen hat.

Was aber wird von den Adressaten des ersten Petrusbriefes erwartet? Sie werden um Auskunft gebeten über die Hoffnung, aus der heraus sie ihr Leben gestalten. Es ist eine bohrende Frage. Denn hier geht es nicht darum, diese oder jene Einstellung zu haben, dies oder das zu meinen, sondern konkret zu sagen, was einer hofft, was eine glaubt. Eine Frage, die sich nicht nur an die Profis, Theologinnen und Theologen richtet, sondern auch an Laien.

Die Frage nach einer Begründung des Christseins stellte sich für die abendländische Menschheit lange Zeit gar nicht. Schließlich lebte sie über Jahrhunderte hinweg in Europa in Ländern und Gesellschaften, die ganz selbstverständlich vom christlichen Glauben geprägt waren. Wenn jeder Christ ist, wo ist dann der Erklärungsbedarf?

Zu der Zeit als der erste Petrusbrief entstand, war dies offensichtlich noch nicht so, bildeten die christlichen Gemeinden eine Minderheit. Kehren wir an den Ausgansgpunkt zurück, werden Christen wieder zu einer Minderheit? Manches deutet darauf hin.

Daß Christen danach gefragt werden, was sie glauben, ist eine neue, ungewohnte Situation: Wie werde ich Christ, und wie bleibe ich es? Die Situationen, in denen man nach einer Antwort gefragt wird, sind sehr unterschiedlich. Da immer mehr Angehörige anderer Religionen, Muslime, Buddhisten und Hinduisten, unter uns leben, stellt sich die Frage, was uns unterscheidet, aber natürlich auch, was uns verbindet.

Das Verbindende wird sich vor allem auf ethischem Gebiet zeigen lassen. Ratschläge, wie man sich verhalten sollte, daß andere keinen Anstoß an einem nehmen, wie man anständig lebt, dazu findet man nicht nur im christlichen Glauben eine Anleitung, sondern auch in anderen Religionen, ebenso im Humanismus und natürlich auch im Judentum.

Und was ist das Besondere am Christentum? Zunächst – wie es schon der Name sagt – die Bindung an Jesus Christus. Das klingt vielen Zeitgenossen noch einleuchtend, wenn sie an den irdischen Jesus denken, der mit der Bergpredigt ethische Maßstäbe gesetzt hat, die auch unter Nichtchristen Zustimmung finden. Aber damit ist noch nicht alles gesagt.

Die Hoffnung, nach der Christen gefragt werden, gründet letztlich nicht auf dem Jesus der Bergpredigt, gleichwohl diese Leitlinien wichtig bleiben, sondern christliche Hoffnung gründet in dem am Kreuz gestorbenen und von Gott auferweckten Christus. Christen tragen eine »lebendige Hoffnung durch die Auferstehung Jesu Christi von den Toten« in sich, heißt es zu Beginn des ersten Petrusbriefs. Dies ist das unterscheidende Kriterium.

Aber: Auferstehung von den Toten – wer glaubt das eigentlich noch? Ein Theologieprofessor sagte sich unlängst in einer spektakulären Erklärung vom Christentum los. Er könne nicht, genauer: nicht mehr an Christus glauben. Zuvor hatte er von sich Reden gemacht, indem er das Glaubensbekenntnis, das in den Gottesdiensten gebetet wird, als Unsinn bezeichnete. Es verbiete sich geradezu, Pfarrerinnen und Pfarrer in der Ordination darauf zu verpflichten, denn sie glaubten das längst nicht mehr, was vor Urzeiten einmal als Quintessenz des christlichen Glaubens festgehalten und als verbindlicher Kernbestand über Konfessionsgrenzen hinweg tradiert wurde.

Der Glaube der Christen – alles nur eine Hirngespinst? Keineswegs: Die christliche Hoffnung ruht auf einem vernünftig verantwortbarem Grund. Dies läßt sich aus dem griechischen Urtext dieses Verses aus dem ersten Petrusbrief eindeutig herauslesen.

Aber vernünftige Ratschläge werden nicht zwangsläufig befolgt. Was bringt es, Christ zu sein, was bringt der christliche Glaube für mich ganz persönlich?

Meine Antwort: Der christliche Glaube hilft, die Lebenslügen unserer Zeit zu durchschauen. Und die lauten: Du mußt dich selbst verwirklichen, du mußt etwas leisten, du mußt etwas darstellen unter den Leuten. Zu meinen, man bekäme dadurch Gewißheit für sein Leben, daß das Leben einen Sinn hat, diese Gewißheit stellt sich nicht ein, auch wenn man Spaß am Erfolg hat und ihn haben sollte. Aber das Leben beschert einem ja nicht immer nur Erfolge und Glücksgefühle. In der Regel widerfährt einem eine Mischung aus Erfolg und Mißerfolg, Freude und Leid. In diesem Lebensphasen Halt zu haben, das habe ich nur, wenn ich auf diesen Jesus sehe. Er ist der einzige Halt.

Und dieser Halt gibt mir Freiheit, innere Freiheit. Der Freiheit bescherende christliche Glaube meint freilich keine Freiheit von den Gefängnissen unserer Zeit, die viele Namen haben können: Angst, Unzufriedenheit, Unsicherheit. Es ist eine weitere Lebenslüge zu meinen, man könne nur glücklich und zufrieden sein, wenn man alle Einschränkungen der Lebensqualität überwunden habe. Aber meist verläßt man nur das eine Gefängnis und findet sich gleich im nächsten wieder. Worum es geht? Um Freiheit in fesselnden Lebenssituationen. Damit sollen ungerechte Verhältnisse nicht gerechtfertigt beziehungsweise stabilisiert werden. Stabilisiert werden muß hingegen der Mensch, er muß zu innerer Freiheit gelangen, um mit den Widrigkeiten des Lebens umgehen zu können – sie abzuschaffen oder wenigstens zu verändern, oder schlimmstenfalls darin zu bleiben und nicht zu verzweifeln.

Und an wen richtet sich diese Botschaft? An jeden – jede ist der Adressat, doch wird nicht jedem mit derselben Antwort gedient sein.

Ich sehe drei Gruppen von Menschen:

Zum einen sind es getaufte Christen unter uns, die es für eine Tradition halten, Kirchenmitglied zu sein. Aber auch traditionelle Halteseile können brüchig werden und reißen. Sie fragen dann: Was bringt mir der christliche Glaube? – und wissen keine plausible Antwort mehr.

Zum anderen sind es Menschen, die nie mit dem christlichen Glauben in Berührung gekommen sind, die aber durchaus aufgeschlossen sind, neugierig, was es denn mit »den« Christen und der Kirche auf sich hat.

Schließlich gibt es noch die Zyniker, die vom Glauben, auch von der Kirche, vor allem aber vom Leben Enttäuschten. Die mit allem abgeschlossen haben, die alles besser wissen, nicht mehr zuhören können. Die umgeben sind von einem Betonmantel, den sie selbst von innen und andere von außen mit aufgebaut haben. Mit Zynikern will kaum jemand etwas zu tun haben, gleichwohl diese doch – wenigstens gelegentlich – kaum zu hörende Klopfzeichen aussenden. Den Einsamen und Enttäuschten gilt auch das Zeugnis der Glaubenshoffnung.

Gut und schön, mag mancher denken, aber in der Praxis? In dieser Disziplin, so lautet ein oft zu hörender Einwand, versagen Christen meist. »Ich frage mich vor allem dies eine«, hat Heinrich Böll einmal notiert: »wie ist es möglich, daß 800 Millionen Christen diese Welt so wenig zu verändern vermögen – eine Welt des Terrors, der Unterdrückung, der Angst? In der

Welt habt ihr Angst – hat Christus gesagt –, aber seid getrost: Ich habe die Welt überwunden! Ich merke so wenig davon, daß die Christen die Welt überwunden, von der Angst befreit hätten; von der Angst im Wirtschaftsdschungel, wo die Bestien lauern; von der Angst der Juden, der Neger, der Kinder, der Kranken. Eine christliche Welt müßte eine Welt ohne Angst sein. Und unsere Welt ist nicht christlich, solange die Angst nicht geringer wird, sondern wächst; nicht die Angst vor dem Tode, sondern die Angst vor dem Leben und den Menschen, vor den Mächten und Umständen, Angst vor dem Hunger und der Folter, Angst vor dem Krieg ... Aber hin und wieder gibt es einen Christen, und wo er auftritt, gerät die Welt in Erstaunen, 800 Millionen Christen haben die Möglichkeit, die Welt in Erstaunen zu versetzen.«

Heinrich Böll gab in diesem Zusammenhang keinen Namen preis. Aber es gibt sie, die Vorbilder, die »Wolke der Zeugen«, von der der Hebräerbrief spricht: Dietrich Bonhoeffer, Martin Luther King, Mutter Teresa. Eine christliche Elite, zu deren Kreis sich viele Christenmenschen nicht im entferntesten zurechnen mögen.

Aber es gibt auch Vorbilder, deren Beispiel uns nicht zurückschrecken läßt: Von einem, der zwar nicht die Welt, aber einen einzelnen in Erstaunen gebracht hat, berichtet die Apostelgeschichte. Seine Name ist Philippus. Er lief einem Menschen über den Weg, der in seinem politischen Amt nicht wenig Macht und Einfluß hatte. In der Apostelgeschichte wird die Begegnung des Philippus mit dem äthiopischen Finanzminister geschildert. Dieser las mit wachsender Ratlosigkeit in biblischen Schriften, bis es Philippus gelang, ihm plausibel zu machen, was es mit diesem Christus und dem Glauben an ihn auf sich hat. Der Politiker zog zwei Konsequenzen: er ließ sich taufen – doch noch weit wichtiger erscheint mir, wie sich bei diesem Menschen die Einstellung zum Leben veränderte. »Er zog seine Straße fröhlich«, heißt es in der Apostelgeschichte.

Es ist schade, daß gerade unter Christen von dieser Fröhlichkeit des Glaubens oft so wenig zu spüren ist. Deshalb wünsche ich mir eine Leichtigkeit des Christseins, die den Ernst des Lebens nicht ignoriert, aber doch voller Vertrauen in die Zukunft blickt, auf die wir – obwohl sie im einzelnen noch ungewiß ist – im Ganzen doch in der Zuversicht des christlichen Glaubens zugehen dürfen.

Das ist die Hoffnung, die mich bewegt. Und diese Hoffnung konzentriert sich nicht nur auf die Frohe Botschaft des Evangeliums von Jesus Christus, sondern auch auf die Kirche, wie sie vor Ort zu finden ist – als katholische, evangelische, mennonitische, orthodoxe oder anglikanische: daß sie die Kraft des Glaubens immer wieder neu entdeckt und aus ihr lebt; daß sie auf Menschen zugeht, sich für deren jeweilige Lebensumstände, auch für deren Sorgen und Nöte interessiert; und daß es der Kirche gelingt, öffentlich über die Sache des Glauben so zu sprechen, daß sie verstanden wird. Dann verlieren auch Zeitenwenden ihren Schrecken.

Die Autorinnen und Autoren

Biser, Eugen, Prof. Dr. Dr., Leiter des Seniorenstudiums der Ludwig-Maximilians-Universität München.

Bubis, Ignatz, Vorsitzender des Zentralrats der Juden in Deutschland, Frankfurt am Main/Berlin.

Hahn, Hans-Otto, Pfr. Dr., Direktor von »Brot für die Welt«, Stuttgart.

Hahn, Udo, evangelischer Theologe und Publizist, Rethmar bei Hannover.

Huber, Wolfgang, Prof. Dr., Bischof der Evangelischen Kirche in Berlin-Brandenburg, Berlin.

Köcher, Renate, Dr., Leiterin des Instituts für Demoskopie, Allensbach.

Kock, Manfred, Präses der Evangelischen Kirche im Rheinland, Vorsitzender des Rates der Evangelischen Kirche in Deutschland (EKD), Düsseldorf/Hannover.

Küng, Hans, Prof. Dr., Direktor des Instituts für ökumenische Forschung, Tübingen.

Raiser, Konrad, Prof. Dr., Generalsekretär des Ökumenischen Rates der Kirchen (ÖRK), Genf.

Rutz, Michael, Honorarprofessor, Chefredakteur »Rheinischer Merkur«, Bonn.

Schavan, Annette, Dr., Ministerin (CDU) für Kultus, Jugend und Sport des Landes Baden-Württemberg, stellv. Vorsitzende des Zentralkomitees der deutschen Katholiken (ZdK), Stuttgart/Bonn.

Tworuschka, Udo, Prof. Dr., Inhaber des Lehrstuhls für Religionswissenschaft, Jena.

Vogel, Bernhard, Dr., Ministerpräsident (CDU) des Freistaates Thüringen, Erfurt.

Walter, Norbert, Prof. Dr., Chefvolkswirt der Deutschen Bank, Frankfurt am Main.

Winnacker, Ernst-Ludwig, Prof. Dr., Präsident der Deutschen Forschungsgemeinschaft (DFG), Bonn.